魏晋南北朝

［日］川胜义雄 著

林晓光 译

九州出版社

JIUZHOUPRESS

图书在版编目（CIP）数据

魏晋南北朝 /（日）川胜义雄著；林晓光译 . -- 北
京：九州出版社，2022.1（2024.5 重印）

ISBN 978-7-5108-8998-1

Ⅰ . ①魏⋯ Ⅱ . ①川⋯ ②林⋯ Ⅲ . ①中国历史—研
究—魏晋南北朝时代 Ⅳ . ① K235.07

中国版本图书馆 CIP 数据核字 (2021) 第 211774 号

《GISHIN NANBOKUCHOU》

Akiko Kawakatsu 2003

All rights reserved.

Original Japanese edition published by KODANSHALTD.

Publication rights for Simplified Chinese character edition arranged with KODANSHA
LTD. through KODANSHA BEIJING CULTURE LTD. Beijing, China.

著作权合同登记号：图字 01-2021-0335

魏晋南北朝

作　　者	［日］川胜义雄 著　　林晓光 译
责任编辑	李　品　　周　春
出版发行	九州出版社
地　　址	北京市西城区阜外大街甲 35 号 (100037)
发行电话	（010）68992190/3/5/6
网　　址	www.jiuzhoupress.com
印　　刷	河北中科印刷科技发展有限公司
开　　本	889 毫米 × 1194 毫米　32 开
印　　张	14.25
字　　数	336 千字
版　　次	2022 年 1 月第 1 版
印　　次	2024 年 5 月第 14 次印刷
书　　号	ISBN 978-7-5108-8998-1
定　　价	88.00 元

目录

跨越国境的"文明史"与"权力史"二重奏

川胜义雄（1922—1984），是日本京都学派东洋史学第三代学者的代表人物之一，在国际学界久负盛名，国内已翻译出版了他的代表论著《六朝贵族制社会研究》（徐谷芃、李济沧译，上海古籍出版社，2008年），为读者所熟知，这里不多做介绍。而《魏晋南北朝》一书，与前者不同，并非针对具体问题进行论述的学术论著，而是讲谈社《中国の歴史》系列中的第三卷（初版于1974年，2003年出版文库本），换言之，是一部六朝史概说性的著作。了解日本学术的读者或许知道，日本这类系列性概说书与中国习惯的教科书式写法不同，大出版社策划的系列往往具有很高的学术性，邀请著名学者撰写，编辑与作者群之间密切讨论互动，以确定论题、内容和写作方式，其成品足以视为对此前研究的前沿性总结。而这部《魏晋南北朝》在日本学界的评价更非比寻常，岛田虔次誉之为"目前能入手的概论中最高明者"，是"将基本完成形态的川胜中世史，以饱满的篇幅作平易叙述"之作（《中国人の歴史意識》编后语，1986年）。时至今日，距离岛田虔次写下此言的时节，又已经过去了三十年，而该书出版更已是四十余年前的事情了。但这一评语远未过时，在我看来，本书仍然堪称迄今分量最为均衡合理、论说最精粹独到的一部魏晋南北朝史概说之作——这也就是我如此盼望将其译介给中国读者的原因。

一、"基础性研究"的魅力

翻译外国学者的这种中国史概说书，到底有何意义呢？如果只是把我们已经知道的历史事件叙述一遍，那么中国自己固有的教科书早已汗牛充栋，又何必多此一举，嚼饭哺人？不过，正如宫崎市定曾经感慨过的一样：优秀的概说性著作，并不只是既有知识的归纳介绍，其本身就是一种基础性的研究（宫崎市定《中国史·序言》）。而本书正可以说充分体现出了这种"基础性研究"的魅力。

然则，概说书作为综合性的"基础性研究"，与单篇论文、专题论著的区别何在？在我看来，有两点可能最为重要。其一，是无须斤斤计较于形式，不必摆出一副"西装革履"的姿态，生怕被同行讥为无根游谈而不敢越论题之雷池一步。须知学问一道，除了对某一专题做精细严格的资料搜集、逻辑论证之外，更有学者自身积数十年之功，游心于书海人世之中而形成的种种思悟直感。对于大师级的学者而言，这些直感往往如同浑金璞玉，隐含着重大的学术价值，但人生而有涯，举毕生精力而能抵达完成状态的研究，未必能及学者腹笥之百一。于是这些直感便无法在专题研究中求得容身之所，而不得不停留在脑洞空想的形态，随着斯人之逝去而湮灭无余。在此情形下，概说书便成为一个方便的阵地，尽可以随文发挥作者历年胸中积蓄。读者非但不至于像论文审稿人一样对形式求全责备，甚至能从这些灵光闪现之处获得诸多启发。其次，同时也与前一点关系密切的是，概说之为概说，必定是针对一个相当宽阔的领域进行论说，这势必要求作者综合各种专题研究加以调和取舍，高明的作者更会在此综合基础之上，思考那些专精研究的题中所无，不必、也往往不能触及的"大问题"，通过熔铸贯通已有各专题成果而将其融为一体，以统一自洽的逻辑解释历史对象，照见常人难以察觉的整体轮廓——毋宁说只有抵达这一步，才是最终达成了研究的真正目标。虽然正如第一点所论，这些"大问题"常因过于宏大高远而难以完成最终的严密论证，但即使是吉光片羽，通过大师的头脑对不同领域、学科的知识进行消化后，也往往能够发生神奇的化合反应，从而引领读者挣脱成规，突破一般的问题层次与思考方式，进入不可思议的新天地。

一部概说书，如果能在扎实完成基本知识综合叙述的"常规动作"基础上，对以上两点有良好的表现，那么这部著作一定相当好看。而在川胜义雄的这部著作中，作为概说书之"基础性研究"价值的这两点，得到了非常精彩的呈现。

一般而言，断代史概论或教科书往往难免平铺直叙、记流水账之嫌，这是由于学界不将概论书视为个人著述，而是定位为偏于基础知识整理介绍的"客观中立"著作（甚至只为基础教学及应试服务），这点在中国大陆的传统中尤为明显，导致这类著作中的观点时常滞后于研究前沿。与之截然不同的是，本书的主旨取向极为鲜明，所谓"魏晋南北朝"这华丽的乱世四百年，在作者笔下是被高度凝练为一个具有宏大主题的整体，被充满个性地叙写出来的。在整部书中，几乎很难找到游离于主题之外，仅仅是孤立地作为一种"历史事实"而被罗列介绍的内容。这使得这部概说甚至已经成为一部具有自身完整生命的"作品"。正如作者在《结语》中的夫子自道：

> 我在撰写本书之际，为了尽可能使论旨一以贯之，不断加入了我自己尚未得到学界认可的许多意见。因此希望读者不要将书中所写的内容看作确凿不移的定论汇总，而应只看作我个人提出的一种解释。关于历史事实，固可期待其尽可能正确无误；但事实所含有的意义，却有许多是我个人的解释，这是希望读者谅解的。在我看来，所谓历史学，就是看能将历史上的各种事象整合性地解释到何种地步的试验。（页365）

观乎此，也就可以理解本书的旨趣与魅力所在了。对作者而言，基本的事实，当然是应当尽可能准确地加以叙述的，但那不过是前提而已；如何解释，尤其是如何"整合性地"解释，亦即对魏晋南北朝构筑起完整的图景，使各种事象都能在其中获得合适的安放，才是追求的目标所在。历史不是事件的机械堆积，而是经过学者头脑的消化融汇后，呈现出具有贯通性意义的整体，哪怕这些解释中包含了大量个人性的、尚待讨论证实的成分，学者也不应止步于"正确"，而将"解释"的权利和义务拱手相让。

很显然，这种写作观念，已经完全是研究性的了。事实上本书正是一部与《六朝贵族制社会研究》（以下简称《研究》）相得益彰、最适合于对读的论著。如书末所附详尽的"参考文献"所示，除第一、二两章主要参照了其他领域的研究，以及末三章对北朝的分析以谷川道雄的研究为蓝本，三至八章全部都以作者的独立研究成果作为基底，而这些单篇发表的论文也基本上都已收入《研究》当中。但是，本书又绝非后者的简单重复，因为《研究》是专题论述性的，选取特定史料论证特定问题，导致无论在材料上还是叙事上都必然有大量内容被弃而不取，各自独立的诸论题之间留下了大量的空隙。而本书恰恰填充了这些空隙，使《研究》中语焉不详的部分得到清晰的呈现，点明了作者的深层理路。打个比方，如果说《研究》撑起了川胜史学的骨架，那么本书就堪称其血肉筋脉，以丰富的细节和动态的叙事来最终构筑起完整的川胜式"中世豪族共同体论"[1]。

不妨略举一二例子为证。"豪族共同体论"的核心之一即在于强调共同体中的舆论力量，所谓"乡论主义"的重要性，而在魏晋南朝的具体历史语境下，这一意识形态武器就表现为九品官人法规定下的门阀等级制度。在听到作者和谷川道雄高谈"乡论主义"时，读者或不免心存疑窦：一种如此腐朽僵化的思想何以能对现实造成如此正面性的影响力？难道当时人真的会对这种显著不公的等级制度及观念如此五体投地，而不是像今天一样痛加

---

[1] 之所以要强调是"川胜式"的，是由于这一理论虽然由谷川道雄与他共同提出，更以谷川为首倡者和主导者，但在论说重心和理路上，川胜都有其独擅胜场的思考。详见下论。

批判？事实上我们一般更愿意征引的，是像《晋书·刘毅传》里"上品无寒门，下品无势族"那类痛斥门阀制度弊端的论调——那样的想法显然更好理解，更能唤起现代人的同感。然而作者灵光一闪，在第六章中巧妙设譬，如是解释华北亡命贵族在携带着他们的乡论主义进入南方地域社会之时的双方关系：

> 在北方的先进文化与其制度及意识形态中，核心性的支柱就是九品中正制度，以及支撑着这一制度的观念。简而言之，那就是"基于乡论空间中的人物评价来构建政治性、社会性的金字塔秩序"观念，是"由这种意识形态缔造的体制才是先进的、有文化的"观念。
>
> 这种先进性的意识形态力量究竟是何等巨大？只要联想到二战以后直到今天仍在我们身边泛滥不已的民主主义大旗，也就足以明白了。欧美式的民主主义及其体制，对自卑于社会发展比欧美迟缓的日本人来说，诚然是先进的、有文化的；当民主主义的旗号在面前升起之际，日本人自不免要脱帽致敬了。（页174—175）

简明的以今譬古，立刻让我们理解到一种意识形态之力量，并不来源于其超越历史之后的合理性，而来源于其在特定历史阶段、社会关系中的相对优势。作者这里想起的是"二战"后美国式民主主义对日本的全面灌输，无论事后看来何等荒谬不经，身处其中的人们却是不禁要脱帽致敬、痴迷若狂的，这种狂热本身就是一股推动社会变迁的巨大力量。作者跨越时空的这一比较史思路，可以说已有了社会学命题的意味，轻轻一笔便点出其"乡论主义"学说的真意，而这种大开大合的论说显然是在专题论著中难以落笔的。

又如3—4世纪中原汉族对江南的开发，在中国史上已是众所周知的常识。但这种开发对于当时人的感觉，尤其对于"江南"这片天地的形象来说，究竟意味着什么？即使在掌握了经济社会史的知识之后，恐怕也不是人人能体会到的。而作者只用了一个比方，便使抽象的知识立刻栩栩如生地展现在读者眼前。他指出，那个时代的江南，其实就是美国西部片中的西部大开发前线，只要将手枪换成刀剑、干旱风沙换成湿地沼泽，我们便完全可以将19世纪的美国印象用于理解六朝史。这种时空大置换是否合适甚至成立？如果一一考核细节，当然是非常危险的；但作者的用意显然不在于从"事实"出发类比，而在于提示出3世纪江南地域中同样存在着"文明人"进入新开发地域时所面对的那种进入未知世界的危险氛围，那种大航海时代式的探险开拓精神，以及在开发者与原住民之间存在的紧张关系。而这种时代气氛，并不能单纯地在阅读六朝文献中直接获得，这几乎完全诉诸作者作为历史学家，在充分消化史料后建立起来的历史想象。如果能够合乎分寸地把握这种想象（而不是过于胶柱鼓瑟地执着于细节），对我们真切把握历史中的因果脉络显然是大有助益的。

二、跨越异文明的比较史思路

从上面一二示例中已经可以窥见，"脑洞""直感"并非天外飞来，而是有待于以超越狭窄专题知识的跨时代，甚至跨国别、跨文明理解作为参照坐标。不言而喻，海外汉学家天然地更具备这种跨越性的文化背景优势，其所谙熟的本国历史文化与作为研究对象的中国历史文化之间是很容易引起对比意识的。川胜义雄这部著作正强烈地表现出从本国历史出发，去体悟、追问异国历史的旨趣，这也就使得本书具备了跨文明比较史学的价值。

这种以日本史为背景色的历史比较，在书中有时明确点出，有时则隐而不显。不妨举一二例。第六章针对东晋贵族制社会的成立，专辟一节"与镰仓时代东国相似的江南情形"，借助日本中世史现象来论述4世纪江南社会如何面对流亡而来的北方士族。这当然是考虑到便于日本读者理解而做出的联想，但这种多少带有被动性的取向，却正好点燃了峨冠博带的学术论文中稀见照亮的景象：镰仓时代的北条氏家族，明明已经具备了客观上的足够实力，却无法就此公然篡夺征夷大将军之位，而不得不从京都迎来具有传统政治权威的摄关家子弟作为傀儡。如果说傀儡是毫无意义的，那么这种大费周章又有何必要？——事实上这绝非无聊之问[1]，如果说在中国历史上这种傀儡政治只是散点状的分布，那么日本史上这便是自古以来的惯例性常态，由此产生的历史差异甚至造成了中日两国史的基本形态分歧——即所谓革命性的国家与万世一系的国家。既有政治权威是最终可以彻底颠覆、重新洗牌的，抑或必须在尊重其名分的

1　饶有意味的是，这与著名思想史家渡边浩在《东亚的王权与思想》（区建英译，上海古籍出版社，2016年）中强调江户时代身份尊卑与幕府权威彰显的讨论思路颇有相通，勾勒出的正是如渡边氏所言的那种"在人们各种各样的'心性'、意识或潜意识以及无意识中存立的"历史过程。

前提下进行实权争夺？当然，在这两种形态之间必定还存在着种种比重不同的中间形态，而历史也就在这种力量牵引下表现为不同的具体进程。中国虽然整体上走的是革命国家之路，并且我们也常常因此更容易接受革命性的思考方式，但并不意味着后一种形态在中国历史上完全不存在。毋宁说基于这种不同模式的视域对照，更能让我们摆脱固有思路而理解历史的另一种面相。顾荣等人何以最终选择了对几乎赤手空拳进入江东的司马睿遮道跪拜，使南人从此屈膝于"伧人"之下，令同时代的周玘和百年后的丘灵鞠扼腕叹恨不已？单纯从一种数值化的实力对比论是无法解释这种结果的。如果认为原因仅仅在于他们的愚蠢短视，自然也就无须深究；但如果我们不能满足于以一种后见之明的上帝视角去裁断古人，那么作者的这一思路无疑将启发我们追寻更深处的历史微妙曲折。

类似而更微妙的关怀，也见于第七至第九章中讨论的南朝时期的"下克上"风潮主题。出身微贱的武将和商人等不甘被压制在底层，纷纷各显神通往上攀升。在作者的观察中，宋齐皇帝种种匪夷所思的倒行逆施，背后就是这些黑暗力量的蠢蠢欲动，摇撼了上层权力的稳定性；而当时南朝高速发展的商品经济又给寒人的上升提供了推动力。南朝的各种事象，都被统一在了这一个基本历史动向中予以观察。关于南朝寒人的兴起、南朝后期土豪的得势，当然也是中国史家早已论及的经典话题，但将"寒人""土豪"的兴起提炼为"下"对"上"的超克，进而放大为足以连贯统括南朝史整体的一个基本命题，则似乎还未之见。这可能同样是因为，"下克上"对战国以后的中国历史来说实在是一个太寻常的现象，自从陈胜喊出那一声"王侯将相宁有种乎"以来，下层对上层的颠覆便成为中国史上反复上演的剧目，甚至都不值得成为一个专门提起的题目了。然而在日本史学中，"下克上"却是一个具有时代区划意义的命题，被视为日本中世尤其战国时代的基本权力运作原理。作者在此虽然没有明确提出日本史作为参照对象，但这一术语的运用本身就已经点出其思理脉络。

然而，"下克上"要成为一个时代的主题，其实需要一个基本的前提，那就是前一个时代并不"下克上"。日本史学之所以会如此注重这一点，是因为在13世纪之前，确实存在着一个长达四五百年的身份社会，用作者的话来说，是以"古老的身份意识"来维持上下尊卑秩序的时代。而从镰仓时代后期开始，这一纵向的重层身份结构在各个层次上都被颠覆了（一定程度上类似于中国春秋战国时的礼崩乐坏）。两个相对长期且各自结构鲜明的时代之间的转型，足够引起学者对这一关节点的重视。而站在这一背景下回看，宋齐时代也恰恰是在东晋百年的身份等级森严时代之后——无论我们是选择用"士族门阀"还是用"贵族社会"来称呼这个时期——发生了军人刘裕革命、强化宗室权力、恩倖得势等一系列的历史现象；而其后侯景之乱、陈朝建国的一系列过程，更是令王谢等老牌门阀凋零殆尽。然而东晋时代的相对短促，让中国史上的这一相似进程不容易凸显出来，很容易被宽度更大的历史单位淹没。作者的这一提炼，即使说不上石破天惊，至少也让我们对这个时代转折获得了更为明晰可触摸的印象。

除了这些局部性的引譬连类之外，甚至作者开宗明义，自言"时常抱有疑问"的一个根本性命题，都是由此引出：

> 在这个漫长的战乱时代，可以想见武力才是唯一可以依靠的东西，尽管如此，武士最终却未能形成统治阶级，原因究竟何在？（页007）

武士阶层、武士集团几乎在绝大多数时代都未在中国史上成为主角，对于中国人来说，这个问题毋宁说是有些突兀难解的。为什么长期战乱，武士就应该成为统治阶级？在我们中国人的心目中，统治阶级当然是皇家，还有围绕在皇帝身边的一群"封建官僚文人"。听惯了"可马上得天下，不可马上治天下""半部《论语》治天下"的我们，很不容易想象有文化的阶级被长期打压，而好勇斗狠的武士高居庙堂的情景（也许除了五代、元代会多少有这样的印象）。但作者这个问题，同样是以日本历史为思想底色而发出的。日本史"古代"与"中世"的分野，正是由于原本质朴无文、只配为公卿贵族担任侍卫爪牙的关东武士，攫取了平安公卿的高贵地位和权势，从而开启了中世时代。在日本史中，不但有绵延数百年之久的武士阶层、武士集团统治模式，甚至后来还衍生出了独特的武家文化。乃至于后来日本所言"士农工商"四民中的"士"，都不像中国一样指称文士、儒士，而是"武士"，武士才是这个国家中的特权阶级[1]。中世、近世武士文化与贵族文

---

[1] 童书业、李零等学者考证先秦的士原本就是武士，是军事贵族，这与日本的情形也许略有接近。但那在中国史上已经是遥远得不容易产生真实感的时代了。

化之间的冲突交融，成为日本文化史上的重要课题。如果有了这样的知识背景，我们也许就能理解何以作者会对"武士"未能成为统治阶级如此关注，甚至同样希望获得这个问题的解答了——这样的问题，恐怕是过去中国人的中国史研究不会出现，也不会研究的。

或许也正因为作者基于本国历史文化的这种"他者"敏感，本书虽然处处见出作者对"中国文明"的爱重之情，但同时也处处表现出对"汉族中心主义"的警惕。在中国正史和传统叙述中，六朝史和其他时代一样，天然地是由汉人担任主角的。然而作者笔下的六朝中国远远超越了这种结构。书中具有总论色彩的前两章，分别以中国的"内"与"外"两种视角展开。第一章着眼于中国疆域内部，第一节"南与北"从地理学和生态史的角度鸟瞰南北大地，后两节分别登场的主角则是"华北的异族"和"长江中下游流域的异族"。而在中国式话语中不言自明的三国英雄们，到了作者笔下便挂上了"汉人孙策、孙权兄弟"这类的表述。换言之，在本书所呈现的六朝画卷里，这些异族从开端便成为历史展开的底色。而汉人也是一种同样需要从陌生化视角加以审视的存在。北方异族的进入中原固然使得汉族必须面对强有力的外来挑战；而开拓、逃难到南方的汉族更是像入侵的殖民者一样，要将其放在当地土著的接受、排斥与融合反应中去看待。而接下来的第二章更越出国境，用了整整一章来叙述"华夏文明圈的扩大"。在中国本土四分五裂的同时，其外缘也随之波澜涌动，东到三韩、日本的建国浪潮，西至西域丝绸之路的商旅流动，甚至远至地中海世界与六朝中国的文明交织映照，都囊括在作者无远弗届的视野之下。六朝时代的中国历史被有机地编织进了东亚乃至全球历史当中，成为这一巨幅斑斓画卷中的中心形象。如此宏阔的构思角度，恐怕也是一般国人所撰六朝史鲜有虑及的。

之所以得以如此，有三个因素值得重视。其一当然是前述作者基于本国历史文化的特殊立场。其二则是日本学界的丰厚积累。这不仅指狭义的中国史研究的成果，更包括梅棹忠夫、上山春平等文明生态学家，以及榎一雄、羽田亨、山口瑞凤等内亚、西藏专家的研究，给作者提供了多维度观察中国史的立足点。而尤其值得注意的是第三点。正如气贺泽保规教授在本书文库版解说中特别强调的，作者对西洋学问有着长期浸淫与高度修养，因而特别重视从西欧史比较的立场来看待中国史，"这种强烈意识到西欧历史的姿态，在中国史家中实在并不普遍，说得上是著者史观的特色之一"（页369）。这一取向的形成，正如气贺泽教授所指出，是由于作者深受其姐夫下村寅太郎（著名西哲学者，京都教育大学教授）、老师铃木成高（著名西洋史学者，京都大学教授）及桑原武夫等京大人文研中精研西洋文明的同事影响。砺波护也回忆道："1966年4月以后，人文研西洋部会田雄次氏主持的'封建国家比较研究'班，在中村贤二郎氏的协助下起步，川胜先生和我也参与其中。这一研究团体的成员，还有日本中世史家黑田俊雄和西洋中世史家鲭田丰之，以及后来加入的桦山纮一等，连不善言辞的川胜先生也兴致盎然地发言讨论。在加入会田班后，他一向就抱有的对东西文化比较的热情更增加起来了。1974年秋天，由日本文化会议主办的'历史像之东与西'主题研讨会上，他提交的论文是《中国人的历史意识》……现场回答了木村尚三郎、堀米庸三、铃木成高等学者的疑问。"[1]事实上，作者本人就曾两度赴法国留学及访问，对欧洲学术有亲切的体会，法国汉学名著如马伯乐《道教》、石泰安《公元2世纪道教政治宗教运动评述》就是由他翻译为日文的。一位擅长运用中西比较史方法的日本学者——正是这种不同文明间的兼通互照，赋予了作者常人难以想及的思考高度。

本书最出乎意外而又令人折服的表现之一，可以说就是通过这一比较视野而获得呈现的一个核心主题："中国知识阶层的厚度与韧性"，谷川道雄、川胜义雄共同提倡的"豪族共同体论"，认为地方豪族由于受到来自乡村共同体的抵抗，而无法彻底发展为封建领主，不得不转向与自耕农妥协共存之道，负担起文化指导的职能，发展为文人性的贵族。这已为中国学界所熟知。但坦率地说，恐怕相当多的中国学人面对这一过于宏大甚至有些"空洞"的学说，心中是不能无所疑虑的。事实上在谷川、川胜其他较常见的论著中，对中国豪族作为文人贵族这一点的论说只是就六朝史内部展开，就不免显得单薄缺乏支撑。而在本书中，作者的眼光却跨越万里，直接投射到了中世纪的地中海世界——同样是在大帝国基盘上建设起来的统一文化，同样是在大帝国崩溃后进入战乱分裂时代（这一理解又有乃师宫崎市定的味道），但地中海世界却在进入中世纪以后便无法继续维持固有的罗马式古典文化，以至于"7—9世纪的知识人都几乎已经无法再用正确的拉丁

---

1 《中国人の歴史意識》平凡社1993年版《解说》，页359—360。文中提及的鲭田、桦山、木村、堀米等都是日本学界代表性的西洋中世史家，其中鲭田、木村二氏的东西文明比较立场尤其突出。

语写文章了"（页67）。在这一背景下来看，中国文明的巨大力量基于何底便立刻呈现出来——不要说六朝时代，即使20世纪初那一场轰轰烈烈的新文化运动，也并没能彻底使中国人忘记以古典文言为载体的阅读和写作。不仅如此，在这一视角下，作者进而指出：

> 毋宁说，正是在政治上分裂与大动乱的六朝时代，中国才确立了最华丽、最富于韵律的完善文章体式——"骈俪体"。这如实地反映出中国知识人的强韧精神及其主体努力的坚韧不拔：即使在政治分裂与战乱最严重的时刻，他们仍然能在珍重守护其古典文明的同时，更进一步将其发展得更加丰饶。（页67）

在东西文化比较的大背景下，骈文不仅不是"形式主义""腐朽文化"的代表，反而成了中国文明强韧生命力的最有力证据。在这位史家的眼中，文学艺术并不是一种单纯"审美"性的玩物，而是承担着文明、知识和自我认同代代传承的重大使命。已经没人会写拉丁文的世界，尽管还是那个地中海，还是那些种族，却已不能说仍是同一个文化生命体；而中古时代东亚世界的整体性，也就在这一支离破碎的背景下越发凸显出来。

作为新文化运动的后裔，已经习惯了用批判性、否定性眼光审查传统文化和骈文古文的我们，面对这样的思路实在难免有些吃惊。即使是已经走出大批判时代，开始正视骈文的当今古典文学界，这样的声音也还似未曾闻。如果从这一基点出发，系统地重新审视这一时期的文学文化形态，固有论说体系将会遭到何等程度的冲击？真是令人不禁驰想联翩的话题。这种冲击可能性的提起，绝不是为了标新立异的反弹琵琶，而是基于把握对象时的立场与方向性差异。在文学史家的一般眼光中，"六朝"文学是与汉、唐文学乃至宋以后日渐兴起的通俗叙事文学放在一起衡量的，文学作品是一种"审美"对象，以其内部的创作水平为评判标准；而在川胜义雄这位史家的眼中，"六朝文学"却是中国文明发展所催生的灿烂之花，文学的形态直接反映、响应着这一文明、这一时代的力量与高度。在近代文学观念模式下的"审美"之眼看来，越是泥守古代经典，以搬弄典故、陈陈相因为尚，脱离"现实"，缺乏"创新""个性"的文学创作，就越是毫无意义；而从文明史的角度来看，文学创作发展到六朝骈文这种极度重视学习古典、重视文体形式之传承稳定的形态，却恰恰是这一时期的文明承担者们面对着文化冲击，努力维系其文明生命的表现。这种表现，仅从该文明内部进行观察时，诚然是难以发觉的（因此价值评判也就不得不在许多时候沦为论者的心证）；只有将发展形态相近而结果却截然不同的其他文明取为比较对象时，其"数值"高低才会直观呈现出来。

当然，宏大的比较视野必然带来一定的危险。敢于进行这样的尝试，践行者也就必须准备好去担负更广阔的知识领域带来的沉重压力，去面对由于知识更新和专业化所可能带来的重新拷问。冒险之路是有起点而无终点的，作者的具体观点是否正确？应当由后人继续依据类似的，甚至更宽广、更完整的视野和更深入细致的研究去讨论修正。在这个意义上，作者恐怕也只能说是踏出了第一步而已。而接下去的一步，究竟是沿着这个方向继续前进，还是退回原地？恐怕本身就是值得今天的我们去深思践行的命题。在这个意义上，《魏晋南北朝》或者仍是一部尚未最终完成的著作吧。

三、"文明史"与"权力史"的二重奏

从上面的叙述中读者或许已不难发现，在这种超越国界、超越时代的巨大视野下，作者的思考已不可能仅仅局限在王朝更替、权力斗争等短时段的纷纭人事层面。当然，人类历史，尤其那些"重大事件"的历史，不可否认总是由权力和利益为主导，表现为政治军事上的博弈甚至搏斗——在这个意义上，政治史，包括军事史，本质上是一种权力史。作者对六朝史的叙述，毕竟也无法不以天下大事为基本的叙述框架。但是，身为京都学派东洋史学的第三代传人，作者的思考无疑也深深地受到祖师爷内藤湖南独特的"文化史观"的影响。而这同样也是作者上述取向的必然结果。然则在权力博弈的事件链条之下，如何勾连融贯文明性的思考，让深处潜流的文明之力穿透表层而清晰呈现？不言而喻会成为作者解释历史时的重要着力点——正是"权力史"与"文明史"的二重协奏，成就了本书最意味深长的基调。

从章节的构思上已可看得出来。在纲领性的"绪言"中，作者设置的两个小节正是：1.中国史上的乱世；2.华丽的黑暗时代。而全书的头两章则分别题为：第一章 宏大的政治分裂时代；第二章 华夏文明圈的扩大。——像本书这样，开头整整两章从北方的胡族讲到南方的蛮族，从东方的岛国讲到西域的商人，却迟

迟不肯开始按部就班叙述史事的断代史著作，恐怕说得上凤毛麟角。而那正是作者必须要以千钧笔力，劈头展现给读者的宏大构想所在。在纲领性的这两章中，政治与文明的双轨对峙一目了然。政治上的黑暗分裂，与文明上的扩散开花，这种"悖论式的现象"，正是全书展开论述的基点。何以在政治上分裂争乱的"黑暗时代"，却绽放了如此华丽的文明之花？贯穿全书的这一核心追问，说得更彻底一点的话，其实质就是政治史与文明史的交织生克，是权力史观与文化史观的角力共存。前文已经提到的，贯穿在作者构想中的两个核心问题，均与此紧密相连：

1. 在战乱频仍，武力称雄的六朝乱世，为何武士最终都无法（像日本中世以后那样）成为稳定的统治阶级，而最终非得依靠文化统治，向文人贵族转化不可？

2. 何以地中海世界的罗马古典文明，在遭受北方"蛮族"入侵时，干脆地崩溃消亡，而面临着相似状况的中国，虽然上古秦汉帝国同样因北方"蛮族"入侵而陷入政治乱局，但古典文明仍然延续下来，甚至发展得更为壮大？

为了解答这些问题，作者最终寻求到的核心元素，就是六朝时代的"知识人"——这个阶层随不同场合及学说，拥有各种各样不尽重合的变体：一般称为"士族""士大夫"；着重于其文化性时又是"文人"；用京都学派的术语来说，叫作"贵族"；而豪族共同体论中则称为"豪族"。正是这一阶层及其中人物，在汉末大乱中坚守儒家共同体信念，作为清流身遭党锢；也是他们在五胡十六国蹂躏中原时，携带着先进的文化技术流入东北，将知识和信仰传递到东方异国；在东晋面临北方强敌时，力挽狂澜的，是他们当中的王导和谢安；在南朝下克上的浪潮中，致力于重建新朝秩序的，也是他们当中的萧衍、范云和沈约。而作者的这一立场，更直接与其所属京都学派的"中世贵族社会论"血脉相连，支撑在"知识人"的背后的，是那个时代的基本骨架——门阀贵族社会：

> 这样的文人贵族层，超越了国家兴亡而长久延续。他们正是在这漫长乱世中强韧地坚守着华夏文明，并进而使其发展壮大的中流砥柱。所谓华夏文明的强韧性，一言以概之，正是源于作为其担当者的知识人的强韧性，源于支撑着这些知识人的汉族社会的存在方式，而这与所谓"贵族制社会"是深深地联系在一起的。（页008）

然而，像这样的言论，对20世纪以后的中国人而言恐怕是相当陌生的，甚至多少不免有些"外国友人过奖了"的受宠若惊。试观一百年来的史学著作，不管是新文化运动催生的现代史学，还是社会主义意识形态下的马克思主义史学，哪有一种是把这些腐朽没落、百无一用的文人士族当正面形象的？不打倒在地再踏上一千只脚就已经很幸运了。"创造历史的是人民群众"，"东晋南朝的腐朽文化需要北方游牧民族的新鲜血液来拯救"，这些才是我们熟悉的话语。我无意于一面倒地赞扬作者的这种立场，即使对一字一句地推敲过全书的译者而言，这种观点都不是那么容易接受的。但这种通过异文明比较而呈现的声音，至少可能让我们开始思索一些东西：为什么本来应该是救世主的北朝文化，却迅速地被南朝毒药腐蚀同化了？腐朽没落的文化形态，为什么会对那个时代的人具有如此巨大的吸引力？这样的东西，真的是那么一无是处的吗？如果我们不再像五四前辈那样把中国传统文化看作一无是处，那么六朝贵族除了腐朽惰性的剥削生活，除了对家族门阀的顽固维护之外，他们的身上是否也有着值得肯定的文明价值？

同样令人敬重的是，作者尽管如此"反弹琵琶"式地论说了贵族及贵族文化的正面价值，却也并未就此拜倒、一味讴歌不已；而是清晰地体认到他们在精神文明层面的坚韧厚重，与政治层面上的软弱失败，是二者并存的。正如第八章叙述侯景之乱后贵族阶层的没落，作者深有感触地渲染了贵族们因失去实际政治经济能力而无力应对残酷现实的惨象。陈朝虽然还有若干王谢子弟担任高官，却已不复能对实际政事发挥作用——

> 这一班乡野武士之所以要待残存的若干贵族以高位，不过是想替他们的政府添上些壁花龛炉般的文化装饰罢了。因为在荒凉的战乱之后，还能传留昔日黄金时代所凝练的文化气息的人物，毕竟还有一些陈朝稀缺的价值。对距离文化遥远的乡野武士来说，这种气息令人轻蔑，有其弊端，然而另一方面，这毕竟又象征着令人心折的美的价值。（页245）

这种评论既正视了贵族已堕落成历史刍狗的现实，又对其曾经作为历史主体的辉煌绚烂深怀惋惜，不因此一笔抹杀其所代表的文化价值。政治史视角与文化史视角在相互碰撞的同时又相互融合，照亮了复杂纵深的历史地层。对六朝士族这种深沉矛盾的喟叹，在中国史家笔下同样不容易见到；然而在日本史著作中，类似的感触却随处可见——被中世武士取其位而代之的天皇与贵族公卿，正是在高贵地位的外在装饰下，作为文化摆设过着黑暗贫困、寄人篱下的痛苦生活。这与南朝贵族的遭遇可谓异曲同工。而著名的日本文化史家家永三郎更在《贵族论》中指出：贵族文化一方面逐步被新兴的武士文化所取代，然而另一方面，由昔日光荣结晶成的贵族文化，却仍然在多方面成为武士文化艳羡取法的典则，"贵族文化即使在离开了贵族阶级这一社会性根基之后，仍然渐次为新兴指导阶级的文化建设注入丰富的营养，以此对日本文化的发达做出贡献"。权力史与文化史的分别实现与价值错位，在此得到了微妙的呈现。

"文明史"与"权力史"之间相互联结影响，而又往往并不同步，反倒是此消彼伏，交错搏击，甚至成为"祸兮福所倚"式的历史发展模式。这可以说是作者在本书中给予了最多笔墨，也最有感染力的灵魂所在。前文已提到的，东晋南渡贵族利用晋朝正统权威和先进的乡论主义意识形态来压制军事力量占优的南方豪族，可以说是文化优势压制了武力强权的一个案例。而另外的一些时候，文明则不得不屈服于军政独裁之下。典型的表现，就见于这段壮丽历史的落幕时刻。在南朝陈、北齐、北周三国衔尾互斗的过程中，最终由北周撷取了胜利的果实，开辟出新的大统一时代之路。作者反复强调，当时的南朝已经过梁代文化的高度成熟，货币经济也发展到异常的高度；北齐同时受惠于南朝文化和经由突厥而来的胡商经济，也有类似的发展。而恰恰是这种经济文化生活上的发达，使得陈和北齐无法消弭各势力间的争斗，只能在沉溺在享受与内耗中衰弱下去；人口、经济、文化都最为贫弱的北周，却得以平衡、统合胡汉势力，打造出军政合一的军国主义体制，击败对手。这样勾勒出来的历史图景，无疑会让我们立刻想起七百年前上演过的相似一幕：正是文化落后被视同野兽的秦国，最终席卷东方六国而一统天下。作者并不回避一个基本事实：这种"野蛮""贫乏"往往会提供缔造一个武力强国的原动力，使落后国家反而可能在政治上、军事上战胜发达国家。但同时，他也没有采取在许多学者身上习见的那种非此即彼的单线思维方式，因为某国在政治军事上取得了胜利，便对其屈膝跪拜，讴歌赞扬其进步性，甚至努力从中寻求历史发展的必然规律。

当这种"文明"vs"权力"双轨史观被置于更为广阔的跨越性视野中时，便唤起了更为深沉微妙的意味。文明价值的携带与重生，与政治上的一时成败之间，并非只在双方直接对冲的场合才表现出来。如上所述，作者的思维方式有着明显的内藤式痕迹，但他并未株守前辈的成说，而是使这一学说延伸到了新的方向。众所周知，内藤湖南将东汉至中唐定义为中国中世时代，从中国内部的社会构造而言，这一时期被认为是贵族文化的时代；而从外部同时也是与上古时代相对应的因素来说，则是上古期受到华夏文化扩张的刺激而成长的异族，反过来压缩华夏，使之收缩的时代。内藤湖南所观察的版图，在于汉人政权与五胡十六国。这当然是作者史观的重心之一，也是他花费了许多篇幅来着墨的部分。但当眼光越过中国国境内的汉胡之争，进一步越过大陆边境接邻的塞外异族时，时代性质的判断却奇异地发生了逆转。在第二章叙述三韩、日本等更外围的"东方异族"受中国文明刺激而成长为国家的视野下，魏晋南北朝不复是"华夏文明内缩"的时代，而恰恰相反，变成了扩散和膨胀的时代——

> 各民族所汲取的华夏文明成为促使这一东亚世界成立的共通要素；在形成适合各自土壤的胡族、汉族混合文化的过程中，他们是将汉族文明的一方当作共通媒介来相互联系的。在这一点上，不妨说六朝时代是华夏文明的巨大扩散期；而站在华夏文明的立场上来看的话，则是其巨大的膨胀期。……汉族的政治力量衰退期，反而成为汉族的文明膨胀期。（页52—53）

在直接与中国接壤、可以武力直接取而代之的条件下，异族入侵造成了政治分裂；而在军事力量无法或不足以直接入侵中国的条件下，异族接受到的便主要是意识形态上更高级的文明之力，这种力量牵引着他们的脚步，追随中国走上了建国之路。换言之，内藤湖南所注目的上古时代华夏文明外扩，尽管进入中世后已转换成了边缘民族的对内反压迫；但在更外围的世界中，这一外扩趋势却仍如涟漪般逐层传递，持续辐射其能量（这也正是内藤史观的内部逻辑）。这样的观察，不能不说背后仍潜藏着"文化史观"的巨大威力。从政治史的角度理解，魏晋南北朝当然是汉人政权摇摇欲坠，无复秦汉威光的时代，称之为"内缩"丝毫不错；然而在超越了权力之争的文明生命力层面，尽管发生在朝鲜半岛与遥远海岛上的事情和某个具体的"中国人"或"中国朝廷"

几乎毫无关联，却不可否认正是中国文明的能量，宛如通过站站传递的火炬一般，穿越大海而在异邦创造了历史。这种看不见的"文明扩散"或"文明膨胀"，毋宁说在某种意味上更具有恒久的历史实体价值。

四、贵族—豪族还是教养人—知识人？精巧与缺陷兼备的理论构想

当然，作者在本书中的阐述，尤其关于贵族制理论的部分，是否就尽善尽美、略无疑义了呢？我们自然也不必为贤者讳。在我看来，作者的理论中最滋人疑问的一点，恐怕就在于他过度地想要将贵族制打造成一种覆盖性的解释框架，从而将某些并非必然属于贵族制，乃至于可能与贵族制原理相冲突的元素，也都一并视作贵族制来处理了。如作者所言，贵族制的本质是一种基于门第高低的金字塔式等级秩序。这种体制既然是以家门出身为基准的，血缘自然就成为最重要的影响因素，而个人的才华能力便容易遭到压抑忽视。先天传承的家族血缘与后天习得的个人能力，这两者从原理上说是根本矛盾的。六朝向来为人所批判的"上品无寒门，下品无势族"，正是这一原理的体现。像谢灵运之父谢瑍那样的低能儿，却照样以公子起家散骑常侍，则是最典型的例子。但作者在书中反复强调的却正是，贵族制一方面以家门为依据，一方面却又以所谓"人格主义、教养主义"为基础。例如在第十一章论述北魏羽林之变时，作者便认为羽林军人被排挤出了上层贵族圈，同时又因为粗鲁不文而无法符合贵族制原理的需求，处于不利的地位。这种说法最大的一个问题，便是将重视"贤愚"也当作了贵族制的特点。然而纵观中国史乃至人类史，要求选贤任能显然不是贵族制所独有的，毋宁说是一种普遍性的社会原理，甚至如前所论，乃是与贵族制的血缘原则格格不入的。这就使得作者的论述与事实之间出现了凿枘。

作者与谷川道雄共同提出的"豪族共同体"论，正是这一问题出现的背景，恐怕也正包含有同样的根本性缺陷。豪族共同体论认为，原本具有封建领主倾向的六朝士族由于受到强大的自耕农阶层抵抗，无法彻底封建领主化，不得不依赖于乡里共同体进行结合，转变为自耕农的文化指导者，从而成为文人贵族。然而在中国史上，自耕农阶层的厚壮，以及"乡里共同体"的存在，也都不是六朝隋唐时期所独有的。例如明清时期乡绅与农民的关系，和六朝的豪族共同体有何异同，又何以未能演化为贵族制社会？这就是专注于六朝研究的谷川、川胜所不予置论的了。

当然，我们不难理解作者产生这种想法的因由。因为在六朝贵族身上，体现得最鲜明的正是他们作为上层文化的创造者和承担者，文采风流，代代相传；而日本学界（如森三树三郎《六朝士大夫的精神》）也早已论述过六朝贵族作为"教养贵族"的性质。如果单纯认为六朝贵族制同时兼具这两方的表现，是没有问题的。但是，"人格""教养"与其说是贵族制的基础性原理，不如说是在贵族制成立以后，基于其权力、资源垄断而带来的现实优势使然。对贵族制来说，血缘对每个个体来说都是先天必然的；而文化却不是。贵族中完全可能出现凡庸无文或粗鲁勇猛的人物——无论日本还是欧洲中世纪的武士贵族社会，在这方面都有显著表现；而平民中也尽有超逸不群的草野俊才。之所以在被称为贵族制社会的六朝时代，会出现血缘高贵与文采风流复合于同一阶层的情形，其实是一种特殊形态，而不可视为同等级的原理作用。

在这一问题点上，凸显出的并非作者对某一具体问题的分析错误，而毋宁说是更深层次的，更必然性的理论架构内部矛盾。那就是，六朝时期的士族，到底是应当从豪族—贵族，亦即掌握地方—中央权力（包括政治经济乃至文化的权力）的特权阶层角度去理解；还是更应当从教养人—知识人，亦即作为一种文明中身负文化价值的特定阶层去把握？

类似地，也许更容易惹起当今六朝史学者（尤其偏重于北朝的研究者）的商榷的，是作者针对十六国至北朝一脉所采取的理解立场。和当代中国史家相比，作者在这方面的立场毋宁说更接近于中国的传统史家——汉人士大夫代表着更先进、更高等级的文明，而胡族国家则有其体质上难以回避的先天性缺陷：所谓"宗室性军事封建制"，使得五胡各国始终无法摆脱部族强人内部自相残杀，政权难逃堕落为各牟私利工具的命运。这一命运，每当胡族统治者接受汉文明程度较深时，例如苻坚和魏孝文帝，通常有可能避免（但相应地则会产生过度理想化而无视现实的弊病）。这无疑是把汉文明当成了那个时代的最高标准，而将其他种族社会置于学习者的立场。不论学习了汉文明后是会成功还是会失败，在作者的历史想象中，时代的目光总是汇聚流向汉文明这一辉煌中心的。这样一种具备鲜明的文明价值评判的视角，恐怕不免于为今日的相对主义论者所讥。

不过，如果像作者一样，将中国—边缘异族—周边异国结合成一个大型的文明涟漪来看待的话，他的这种想法也就未必那么难以理解了。无论我们今天如何痛烈自省，信奉文化相对主义，在一千多年以前的东亚世界，中国相对于周边各国，作为文明中心而被仰视却是不争的历史事实，那是不以后世人的价值审判为转移的。而相对于五胡色彩浓烈的北朝，南朝当然是较多地保存了所谓"华夏正统"因素的一方。换言之，如果选择"政权""人民"等角度切入，我们对南北朝史的诠释可以完全不同甚至对立于作者；但只要和作者一样以"知识人"所肩负的文明为核心去理解历史，恐怕很难不得出和他相似的结论。立场的分歧，背后隐藏着的其实是视域的差异，是将什么和什么放在一起来衡量比对的问题。东晋南朝的孱弱，在与十六国北朝的战争胜负中会无可辩驳地呈现出来；而东晋南朝的强大，却要放在与东亚各国的文明影响关系中才能看得透彻。

现在我们可以看到，这种以文化辐射力为准则的探索立场，实际上和一般所理解的"豪族共同体论"并不是完全重合的，毋宁说已经产生了相当重要的分歧——尽管这种分歧已经通过尽可能巧妙精致的论述，被小心翼翼地弥合起来了。"豪族共同体论"强调的是乡里社会中的豪族与小农之间的共同体关系，这种关系中的一个重要侧面固然是豪族作为"文化指导者"居于小农之上，得到小农的信服追随，但这种文化形象是被置于"豪族—小农"的相互关系中展开的。所谓"豪"本身并不必然包含"文"这一素质，毋宁说在汉语语感中，这两者往往是相互冲突的[1]。诚如作者自己在第三章中所着重论述的，"豪族"并不都是维护乡里共

---

[1] 因此所谓豪族和小农之间是否真是如此普遍地存在这种田园式的"指导与被指导关系"，也正是过去中日学界对这一理论抱有疑虑的焦点所在。

同体，坚守儒家伦理的文化型士大夫；有文化的士人反倒往往是清贫隐居的"逸民"，甚至像郑玄那样起自佣工的大学者。因此"豪"与"文"之间其实是无法等同视之的，只是在一定范围内重合在相同人群身上而已。当这一关系被限制在共同体论内部关系的一个侧面看待时，并不会发生严重的问题（不文的豪族会被视为共同体的破坏因素而被排除出这一关系），但如果将"文化人""士大夫"从中抽取出来，独立作为时代的中心要素予以观察时，事情就变化了。因为此时"文明"及文明的守护者"士族"面临的就不仅仅是"豪族—小农"关系，而是来自四面八方的各种关系——文化统一与政治分裂、文明捍卫者与破坏固有文化秩序的"蛮族"、先进文明与后进文明的提携与摩擦、人文中心与边缘流散、国境之内与四邻周边……其所涉及的关系远远超出了豪族共同体论固有的论域，而演进为一种新的文化史观。而这才真正是本书所着力书写的方向。

就这一意义来说，我们实在不免要为川胜义雄感到惋惜，因为他原本大可以发展出一套超越共同体论的学说，旗帜鲜明地为六朝史提出一个更富有延展性、开放性，同时也更符合六朝文献特性的观察焦点——毕竟那个时代留下来的材料，正都是由这一阶层自己来书写的。但他最终未能摆脱这一框架，而使自己的学说停滞在一种蜕变不完全的中间形态，也使相关论说出现了摇摆游移的缝隙。

那么，作者为何没能直率地以"知识人"的文明史来搭建自己史观的基本框架呢？可以考虑到的理由包括两点。其一，当然是他和谷川的深挚友情。两位战友一同探索出来的豪族共同体论框架弥足珍贵，假令——只能是假令——作者真的已经意识到自己思想的展开方向未必与豪族共同体论完全一致，恐怕他也狠不下心来出手挑战这一理论，而会宁可选择在既有学说框架下进行微调。这自是人之常情，不难理解。其二，也许更严重的制约来自那个时代的大环境。那是一个马克思主义史学占据绝对主流的时代，"人民群众"才是无可置疑的历史主体、历史推动力。"知识分子"怎么能被当成历史主角呢？在"结语"中，作者其实已经委婉地表达了这种无奈：

> "推动历史的是人民群众"，这是人们常常挂在嘴边的口号。而在本书中，我毋宁说却是将重点置于文明的中坚承担者，文人贵族／知识人的身上，去追踪历史的展开。这一立场或许会招来非议，以为是在与上面的口号反其道而行之。然而，如果只是一味地把"民众""人民"之类的词汇抽象出来夸夸其谈，"推动历史的人民群众"的具体形象反而会在不知不觉中消失不见。要真正接近过去时代的"民众"，唯一的办法就是时常关注：民众的意志在种种历史现象当中，究竟是以怎样的具体形态展现的？（页363—364）

无法公然挑战"人民史观"的作者，只能采取迂回战术，声称人民群众固然才是推动历史的真正力量，然而六朝史料中根本未曾留下多少"人民"的痕迹，为了避免抽象空谈，知识人正可以视为"民众意志"在历史现象中展现的"具体形态"反映——归根结底，不就是因为人民群众选择了知识人来作为他们的指导者，知识人才得以维持如此强大的力量吗?

这种辩论逻辑在今天看来,已经迂阔得有些可笑。然而身处那个时代的川胜们,却只能采取这样曲折隐晦的苦斗姿态。川胜学说体系中的暧昧之处,至少相当程度上应该在这一了解之同情的基础上予以把握。时至今日,我们也许已经足够幸运,无须像作者一样为了说服自己配合"人民史观"而烦恼;因而也就应该更能够剥去具有时代性的修辞外衣,直接前往作者真正希望抵达的新起点。在这种新的学说中,阶层、集团、生产关系实际上都已经让出了核心支点的位置,"文化"的力量、"文明"的延续,成为各种力量缠绕作用的中心光点。这显然不是六朝史研究的唯一可能出发点;但是,只要采取和作者同样的比较文明、比较历史视野,这一命题就会顿时光芒四射地凸显出来,成为我们无法回避的根本性追问焦点所在。这或许就是本书留给我们的,最为余味深长的展望课题吧。

五、关于翻译的余话

最后说明一下翻译中的若干体例问题。本书最早于1974年作为讲谈社《中国の歴史》系列(全十卷)之第三卷出版。作者于1984年英年早逝,其后由弟子气贺泽保规教授主持,于2003年修订出版了讲谈社文库本。此次翻译所据版权即为文库本。文库本与单行本的内容绝大部分保持一致,仅在如下方面有所改动:1.增加了气贺泽保规的"解说"及作者逝世后面世的魏晋南北朝研究成果目录;2.专名上的与时俱进,如中国某县已改为某市,修订本加以修正[1]；3.原书作为系列丛书之一卷，行文上常有与上下各卷相呼应的表述，文库本悉数删去；4.封面、内页彩图及插图有所增删改易；5.初版偶有失检疏误，如第八章称晋怀帝被杀于312年，实应为313年，文库本已予以改正。不过，也偶有初版不误而文库本反误之处，如同章刘聪设四十三内史，文库本误作十三人。个别段落的分合调整，文库本也未必一定胜于初版。对于前三点差异，译文一依文库本处理。对于第4点，则在依据文库本的基础上参照初版，尽可能择善而从。

本书的定位是概论性著作，所以作者下笔以平易近人为旨趣，由此造成几方面的情况。一是有些段落的叙述前后偶有重复之处，应是为了避免读者前后翻检之烦。作为译者，在翻译时虽不免略感烦冗，但读者想必会因此得到更为爽快的阅读感受。二是行文常以现代语汇或日本史上的惯用概念代称六朝人事，如称都督为军团长[2]，主帅为司令，刺史、县令为州、县长官，寒门武将为乡野武士，地名也多以今天的四川省、浙江省等来指称，等等。这对专业学者来说也许是多余的，但应当说也使内容更加显豁，有古今贯通、便于观览的功效。译文对此不加改动，一本原文意趣。三是引文大多不加出处，且往往只是撮叙大要，加入作者的理解阐释，并非学术论文式逐字逐句的直译。对书中直译的引文，固然不妨恢复原文；但对于这样包含了意译甚至注释的部

1　遵循这一原则，有些地名在修订本出版后又有新的变动，译文也都直接写作新地名。

2　当然隋唐府兵制度（西魏北周开始形成）中已有军团之称，这里也可理解为将后来的概念移前通用。

分，如果直接恢复为原文，则不免鲁莽灭裂，失去作者意匠处理后的不少信息。因此译者在这种场合采取的处理方式，是在正文中用白话直译作者文字，而于页下注出所引原文及出处，以省读者查证之劳（少数引文原书已随文注出出处，则改入注中，以统一体例）。译者才疏学浅，个别引文未能查考到出处，也予说明，盼学问先达有以教我，共同改善译本的质量。今本《北齐书》多有采《北史》等补阙的篇章，但作者所引述北齐史事，主要依据的应当就是今本《北齐书》，故译注于此亦不拘泥史源，但一以《北齐书》为注。

此外需要交代的两点是，首先，出于读者不难理解的原因，译文对书中的一些局部，未能完全契合原文译出。作为译者而未能彻底贯彻忠实原文主义，自问不能辞其咎，谨此向读者及川胜义雄先生致以深切的歉意。其次，本书所取得的版权为文字部分而不包括图版。因此图版的部分，包括图像与说明文字，都与原书不尽相同。

本书值得特别提示的一个长处，是书后所附多达近两百种文献的参考目录，除了世界文明史、西域史、日本史等其他领域的参照著作之外，可以说相当详尽地囊括了至20世纪70年代为止的日本重要六朝研究成果，许多文献后更附有作者的扼要评述。2003年出版的文库本，还增加了多种作者生前未及得见的新出六朝史论著作为附录。如此详尽全面的参考文献目录，若非这种通观全局的概论性著作，论述专门题目的著作恐怕不会开列。得此一册，日本六朝学最重要的成果已大致胸有成竹，颇便学人索骥。为便于读者查阅，标题及作者名均保持日文原貌，而于其后括号加注汉译。其中引述的西方学者著述，均就译者所知尽量注出，偶有不知，未能查得者，亦盼识者赐告。

本书在接洽之际，多承京都大学文学研究科高岛航教授惠予方便。初稿完成后，又承净友项巧锋兄审读若干章节，指出大量疏漏；栗山雅央兄多次解答疑难。责编在校正书中系年及世界史译语方面提出了宝贵的意见。前辈友兄、学界同仁的帮助诚可感谢。其后历次参照原书检读译文，每每有所更定，更增愧悚。古人说校书如扫尘，一面扫，一面生，其实译书亦何尝不如是。如果这支拙劣的译笔还能稍稍传达出作者的笔力风神，已属译者之幸。译文中存在的错误不足，则自当敬请读者不吝批评赐教。

2021年10月

译者改定于大阪大学文学部研究室西窗下

绪 言

中国史上的乱世

作为中国最早的统一国家，秦汉帝国走过了长约四百年的历史。与之恰恰相反的是，从接下来的2—3世纪之交开始，则进入了可怕的、混乱与分裂的四百年。在本书中，我们将对这个时代来做一概观。被称为"魏晋南北朝"的这一时代，直到将近6世纪末，隋帝国再次统一全中国的时候才告终结。在那之后约三百年间，则继之以绚烂华美（至少在表面上）的隋唐帝国时代。被夹在秦汉、隋唐这两大帝国时代之间的魏晋南北朝，似乎只能看作所谓黑暗低谷的时代了。

从政治上来看，这诚然是个乱世。继孔子之后号称亚圣的孟子，曾经提出历史进程就是"一治一乱"的更迭。依孟子之见，从尧、舜到夏朝的禹王时代，延续了美好的盛世。随后夏朝渐渐走向衰乱，至夏桀时祸乱已极，殷朝的汤王讨伐夏桀，再次回归美好盛世。殷朝到了纣王的时候，乱世至于极点，于是周文王、武王等名君又将其恢复至美好世界。而"周之王道"毕竟也要归于衰歇，到如今正当大乱之世。

如果从这样的政治观出发，我们这跨越四百年的魏晋南北朝时代，在"一治一乱"的巨大循环中就是"一乱"的时代了。与相对而言治理较善的秦汉帝国四百年，或者接下来的隋唐帝国三百年相比，这乱世四百年只能认为在价值上是等而下之的。而这种政治观到了今天，甚至连孟子的"一治一乱"说都用不着搬出来讲了。为什么呢？因为直到现在也还是颇有些人以为：中国历史只不过是在反复上演着巨大专制国家的兴亡更替，直到19世纪中期受到欧洲近代文明冲击为止，中国还浑浑噩噩沉睡在漫长停滞的迷梦中呢。

事实上，自唐帝国灭亡后的10世纪以降，中国历史就是宋、元、明、清这些巨大的帝国的此起彼伏。这很容易让人以为，只要理解了构成中国史主干的就是这些专制国家，理解了这种专制君主制的国家政体是怎样的一种组织，为什么会灭亡，又为什么会重新兴起，就算是把握住了理解中国史的关键。当我们将目光如是集中在专制君主体制上的时候，自然也就很容易将长达四百年间未能确立起这种体制、不断混乱分裂的魏晋南北朝时代，当作中国史上的非正常时代，投去轻视的目光了。

然而，魏晋南北朝时代真的就应当被看作黑暗低谷的时代，或者非正常的时代而加以轻视吗？

原本所谓乱世，就是激烈的时代，是人们能量沸涌、势不可遏的时代。被孟子称为"一乱"时代的春秋战国，恰恰是以孔子为首，诸子百家之学争鸣竞放，一举提升了华夏文明[1]水平的光辉

1　原书表述为"中国文明"。下同。按：本书注释如无特别说明，皆为译者注。

时代。政治上的乱世，却能成为文明之花盛放的华丽时代，这一点不论东洋西洋，都是一样的。我们的魏晋南北朝时代，也绝对不是黑暗低谷的时代。

华丽的黑暗时代

乱世屡屡将人们推落可怕的悲惨苦难当中。更何况在我们这个时代，还遭到来自北方、西方的各种异族入侵，华北的先进地区被践踏得处处荒残，黑暗时代的面貌确实是处处都表现出来。汉帝国崩溃后的这个时代，正与罗马帝国崩溃后的所谓欧洲黑暗中世纪有着酷似的面貌。然而，就在中国的这一黑暗时代，却开出了比欧洲还要华美得多的文明之花。

例如将书法艺术推至登峰造极的王羲之、号称"画圣"的顾恺之，可谓大名鼎鼎，无人不知吧。书法和绘画的起源当然很早；然而书家、画家必须要到他们不再是匠人，而是自觉成为有个性的艺术家的时期才能出现。正是在这个时代，书法绘画被提升到了艺术的高度，对其加以评论的书论、画论也流行起来，成为自觉的文体。

此外，田园诗人陶渊明之名也是我们耳熟能详的。伴随着这个时代的开幕，诗也一举繁荣起来。那位断绝汉帝国命脉、奠定了魏国基业的曹操，同时也是一位杰出的诗人。自他以后，在这乱世中诗人络绎辈出，令人目不暇接。而陶渊明就是其中一个光彩而独特的存在。抒情诗的文体确立，是这个时代最辉煌的产物之一。

与此同时，文章也如同策马并驰一般，驱使着四言、六言的对句，锤炼出了齐整均衡的华丽样式。人称"骈俪体"的这种样式，将深厚的古典教养和对汉语音调的敏锐感觉协调统一起来，是最为考究的文体。文学的体类在这个乱世当中获得了完全的独立。其中的名文和代表诗作，我们可以从6世纪初编纂的那部著名诗文集《文选》中看到。这部文集对于后世，甚至对我们日本文学曾留下过的深远影响，同样是不应该被忘记的。

上述各种文学、艺术体类之所以能够得到确立，是由于充满个性的、各式各样的教养人[1]辈出。而各式各样的个性，又是在思想自由的基础上发展繁荣的。在汉代风靡一世的儒教思想，到了这个时代，已经不再是唯一的权威。在此之外，还有传承了老子、庄子一脉的道家思想，追求个人得救的道教信仰，再加上从西方传入并普及的佛教思想、信仰等，所谓儒、佛、道三教，并行不悖，相互交融，极大地拓宽了人们的精神振幅。在这个时代，各式各样的价值并存，人们不断摸索探求着更加切实的新价值。

这些努力大大拓展了华夏文明的疆域，也深化了它的质地。前文举例所示的文学、艺术体类之确立，也不过就是华夏文明这种疆域拓展、质地深化的表现之一罢了。还有在宗教领域和学问领域，华夏文明也都在这个时代丰富和发展起来。即使是如此漫

---

1 "教养"一词在日语中指教育培养，也指需要教育学习的知识文化，更进而指由此陶冶养成的人的品位。"教养人"和"知识人"一同，都是本书中反复出现的核心概念，指具有文化教养和知识的人物。这一术语确实特别适合用于界定六朝士族。汉语中不容易找到完全对应的译语，故译文保留原词。此外，现代汉语中有"知识分子"一语，但含有过于特定的意识形态色彩，并不是很适合用于古代。这也是译者私心希望中文世界能够接受"知识人"一词的理由所在。

长可怕的政治黑暗时代，也无法断绝中国的上古[1]文明，反而使它的内涵变得更加新鲜丰富了。

本书的课题

光辉的黑暗时代——这种悖论式的现象是如何产生的？这就是本书需要面对的核心课题。事实上，西方世界在罗马帝国衰亡后，希腊、罗马古典文明就已没落、沦入黑暗时代；与之相比，中国的这种现象形成了鲜明的对照。中国上古文明尽管经历了如此漫长的乱世，却不但没有断绝，反而还在维持其一贯性的同时，发展得更为丰富，范围更加宽广。这一点是如何做到的呢？要回答这一问题，恐怕还需针对华夏文明惊人的一贯性与强韧性进行探究。

面对这个巨大的课题，我现在还无法给出完满的答案。不过，我心里时常抱有的一个疑问，或许与此课题相关。那就是：在这个漫长的战乱时代，可以想见武力才是唯一可以依靠的东西，尽管如此，武士最终却未能成为统治阶级，原因究竟何在？

这个时代的中国社会，一般被定性为"贵族制社会"。其强烈倾向是社会阶层多重分化，家族门第被固定在各自所属的阶层中。而位于最顶层的名门，则必须是世世代代都孕育出具有丰富教养的知识人的家族。只知道好勇斗狠的武人，无论立下多少战

---

1 原文为"古代"。作者所采用的，是京都学派东洋史学的中国史分期法，以东汉以前为"古代"，六朝至中唐为中世，宋以后为近世。唯"古代"一词，汉语中通常指清代以前，容易引起误解，本书译为"上古"。

功，都是挤不进贵族圈子的。贵族阶级不是武士，而是有教养的文人。在漫长的战乱时代，这样的社会体制竟能延续不绝，真称得上是惊人的事情。

当然了，掌握了武力集团的武人是能够建立新的国家，当上皇帝的。尤其席卷华北的各异族都是以武立国，其首领和中坚骨干也都是武人。因此北族系统的武人家族也能够成为贵族。然而他们为了统治汉族社会，把国家维持下去，却非得到汉族社会中的名门，也就是文人贵族层的合作不可。通过这样的合作，帝室及武人贵族也就普遍地受到贵族阶层的影响而逐步文人化了。

这样的文人贵族层，超越了国家兴亡而长久延续。他们正是在这漫长乱世中强韧地坚守着华夏文明，并进而使其发展壮大的中流砥柱。所谓华夏文明的强韧性，一言以概之，正是源于作为其担当者的知识人的强韧性，源于支撑着这些知识人的汉族社会的存在方式，而这与所谓"贵族制社会"是深深地联系在一起的。

接下来，我将从这样的视角出发，探索孕育出这四百年乱世的种种因素，思考这个时代的意义，并且追踪在其中强韧生存着的"贵族制社会"的变迁轨迹。

第一章　宏大的政治分裂时代

一　南与北

分裂混乱的四百年

我们接下来将要概观的魏晋南北朝时代，大体上从3世纪初开始，到将近6世纪末为止，跨越了四百年左右。在此之前的秦汉时代，也就是公元前3世纪末以后的大约四百年间，虽然有时也会发生动乱，但就整体而言，统一帝国始终巍然屹立，统治着整个中国。而魏晋南北朝却背道而驰，再次进入可怕的、分裂与混乱的四百年。只要看一看下面所列的简明年表，就能充分了解到这一点。

换言之，中国全体被统合在一个帝国之下，获得相对安定的时期，只不过是280年晋帝国（为与其后的东晋区别起见，一般称为西晋）吞并吴国以后的二十余年，仅仅相当于这四百年中的5%而已。其余95%的时间，中国都处在分裂当中，动乱不息。在四百年中，全中国统一的时期竟然仅有二十年。将这一时代称为旷日持久的宏大分裂时代，无疑是很合适的。

```
220年  265       316      398                        534 550 577
              魏
           221  263
                      晋 304    五胡十六国    439        北 魏      东魏 北齐 581
   汉    蜀          347      420                         535  557
         222   280  317                  479  502       西魏 北周        隋
              吴         东晋      宋      南齐    梁         555  587
                                                         西梁
                                                        557  589
                                                            陈
```

魏晋南北朝王朝交替表

　　当然，如年表所示，中国是在220年前后分裂为魏、吴、蜀三国的。其后隋文帝于589年再度一统天下，终结分裂局面。因此，即使将西晋的短期统一合计在内，分裂时代也不过三百七十年左右。称之为四百年，似乎略有过度夸张的嫌疑。不过，我们有必要把220年以前的汉末大乱时期也一并纳入考虑范围。

　　汉帝国进入2世纪下半叶，世风日渐骚然。就在社会不安急剧激化之际，184年春天，以正好六十年周而复始的甲子年为期，多达数十万的某派道教信徒一同缠上黄色头巾，在华北各地武装暴动，风起云涌。这就是所谓"黄巾大叛乱"。

　　这次叛乱明确以打倒汉帝国为旗号，帝国的统治体制被彻底击溃了。以此为契机，拥有武力的群雄在各地割据相争，无休止的大动乱时期就此拉开了帷幕。群雄豪杰斗智斗勇，殊死相争，天下最终归于魏、吴、蜀三国。这一过程被写进著名的小说《三国演义》中，已是众所周知的了。220年开始的三国鼎立，与其说是分裂时代的起点，还不如说是在那之前更加激烈的混乱与分裂总算有了个收场。

分裂的根本原因

这么说起来，分裂与混乱的时代早在2世纪80年代就已开始了。此后直到589年隋朝再度统一中国为止的四百年间，正是中国的大分裂时代。这绝不是什么夸张的看法。

然则，曾经一度在秦汉帝国统治下享受了四百年统一岁月的中国，为何又不可避免地进入了如此漫长的分裂争乱时代呢？如果像人们经常所说的那样，中国自古以来就牢固地确立了源于专制君主权力的统治体制，并且，如果就像"专制君主体制"一词给予我们的印象那样，专制君主单方面对人民施加了强力统治的话，照理说应该就不会出现如此漫长的分裂动乱时期才对。就算短期的混乱难以避免，强有力的专制君主也理应能最终收拾局面，确立其稳固的统治体制。然而，正是因为做不到，才有了魏晋南北朝这四百年的历史。要理解这个时代的历史，仅靠所谓"源于专制君主权力的统治体制"这种自上而下的视角，是根本行不通的。毋宁说反过来，除了探索自下而上阻碍了专制君主体制延续的原因之外，再也没有其他能够理解这个时代历史的关键了。至少在我看来是如此。

这一长期分裂时代之所以能够延续不断，原因之一就在于中国内部各地区独立性的增强。其最显著的表现，甚至还成为南北分立，也就是所谓南朝与北朝分裂的远因。在此之外，还有汉族与异族间的民族问题，以及处于分裂状况底层的各地势力聚合方式亦即社会关系问题等，种种原因叠合在一起，才孕育出如此长期的分裂时代。不过下面首先还是就中国各地的独立化问题，以南北问题为中心来作一概观。

开放型地域·华北自然降水农耕地带

如果从近来流行的生态学角度进行分类的话，中国本土以淮水为线，可以大体区分为南方和北方（参照下页插图）。如果从更大的类型来区分，那么淮水以北可被命名为开放型地域（open land），在这一分类中与沙漠地带相区分，它又可被归入稀树草原地带（steppe）。当地的干燥度很高，所以森林发育不完全，就算在一定程度上长出了森林，一旦遭到采伐的话也很难再生。没有郁郁苍苍的森林阻碍视线，华北大平原一望无际（也就是所谓的"开放型"），便于群体移动，交流很早就发达起来了。

此外，这片地域上的黄河之水，自古以来就以治理困难闻名，处在几乎无法利用的状态，因此农业只能主要靠小规模灌溉和自然降水，成为所谓的小型灌溉自然降水农耕地带。而且因为干燥度高，尽可能避免土地中水分蒸发的旱地农法也很早就发展起来。人们在相当艰苦的自然条件下，不但对麦、粟、稗等适于当地种植的作物，甚至对原本更适宜湿润的南方地域的稻谷，都积累起了如何提高生产力的智慧。

6世纪中叶撰于今山东省的农书《齐民要术》，就集大成式地反映出了上古时代中国人在这样的华北地区磨炼出来的高超农业技术水平。

在稀树草原地带，尤其是小型灌溉自然降水农耕地带，多晴天、高温、光照充足，原本只要有水，植物就能成长得很好；但正是因为受到水的制约，可耕地的面积有限，结果导致农耕地和居住地出现了点状分布的倾向。而且，只要降雨量有些微变动，就会给作物的成长带来决定性的影响。因此自然降水农耕地带的收获很不稳定，丰年和荒年的农作物收获量变化很大。换言之，有些地方有适度的雨水，有些地方却没有，于是不同地区的丰歉落差往往十分明显。为了抵消这种丰歉的地域性落差，唯有将广大地域统合成一个社会来进行协调。这与开放型地域一望无际的优越性以及交流上的便利性相辅相成，导致这片地域容易形成庞大的帝国。

以上从生态学角度进行的说明，应该在一定程度上有助于理解秦汉帝国那样的庞大上古帝国的形成原因。在华北地理上、生态学上的各种条件中，上古时代的中国人为了自主克服、协调种种困难，建立起庞大的帝国，积累生存智慧，缔造出了高度的文

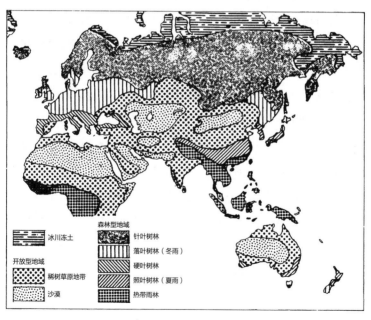

冰川冻土

开放型地域
稀树草原地带
沙漠

森林型地域
针叶树林
落叶树林（冬雨）
硬叶树林
照叶树林（夏雨）
热带雨林

旧大陆生态系统区分图，据京都大学人文科学研究所人类研究班所制原图

明。凭借着以华北为中心凝聚起来的这股巨大力量，秦汉帝国统一并主宰了全中国，更进而向东南西北侵入相邻的域外。统治力量从全中国伸展到海外的秦汉帝国，不言而喻，其核心基础就在华北这片小型灌溉自然降水农耕地带上。

华北各地的独立性

在前后四百年间维持了相对安定的汉帝国时代，灌溉设备充分发展，农业技术进步普及，华北的未开垦地得到高度开发，可耕地面积大为增长。华北各地的农业生产力提高，以及随之而来的蓄积增加，带来了全局性的人口增加和自耕农的大范围成长；与此同时，也加剧了各地富裕豪族和贫农之间的阶级分化，增强了豪族对周边农民的控制力。随着各地豪族及富农阶层的形成，这一阶层吸收了学问和文化，各地都广泛地出现了有厚度的知识人阶层。于是自2世纪中叶以后，以各地的这些知识人为中心，人物评论的风气开始盛行，获得好评的名士在各地纷纷出现（详见第三章的讨论）。

华北各地名士的出现，孕育了不同地区的乡土意识。从2世纪中叶开始，以今天河南省、河北省南部、山东省西部等先进地区为中心，各地名士纷纷开始在风起云涌的舆论背景下登台亮相，各擅胜场。作为这一风潮的余韵，各地在3世纪陆续出现了汇集当地名士传记的著作。我们可以列出下表为例。书名中"先贤""耆旧""烈士"等名号前所冠的字样，都是当时的郡名、国名、地区名。

魏晋时代名士传记一览

书名	作者	郡治所在地现名
《汝南先贤传》	魏·周斐	河南省汝南县
《陈留耆旧传》	汉·圈称	河南省开封市
《陈留耆旧传》	魏·苏林	河南省开封市
《鲁国先贤传》	晋·白褒	山东省曲阜市
《东莱耆旧传》	魏·王基	山东省烟台市
《济北先贤传》	不详	山东省济南市长清区
《山阳先贤传》	晋·仲长毅①	山东省金乡县
《楚国先贤传》	晋·张方	湖北省
《吴先贤传》	吴·陆凯	江苏省苏州市
《会稽先贤传》	吴·谢承	浙江省绍兴市
《豫章烈士传》	吴·徐整	江西省南昌市
《益部耆旧传》	晋·陈寿②	四川省成都市

① 《山阳先贤传》不见于《隋书·经籍志》著录。《元和姓纂》有长仲毅著此书（前人已指出"长仲"应为"仲长"之误）；《新唐书·艺文志》著录此书，而作者题为仲长统。
② 《隋书·经籍志》著录此书作者为陈长寿。

以上是从唐初撰成的目录书《隋书·经籍志》中录出大致成书于3世纪末之前的著作，不过如今大抵都已散佚，仅能将其他文献中所引的片段重辑起来而已。如果将3世纪以后出现的一并统计，数量还要更多。不管怎么说，持续创作这种以出身地为标准来分门别类的名士传记，是从2世纪末以后的魏晋南北朝时代开始的。这就是这一时代各地独立意识高涨的证据。即使同在今河南省地区，汝南郡出身的人物和颍川郡出身的人物也要分一个高低，乡土意识强到了连"汝颍优劣论"都能成为论争题目的程度。

这种乡土意识还表现在地方志上，各地的地方志也是从这个时代开始编撰的。青山定雄已经确凿论证过，自周处《阳羡风土记》以降，这些地方志大部分都出自当地人或寄寓其地的人物之手。这也正是各地域自我意识的一种自觉表现形态。

这种地方意识的显著表现，不消说是对各地独特性的自觉，是由于各地风物、人物上的蓄积已经提高到了足以形成这种自觉的程度。在秦汉时代堪称铁板一块的大一统之下，一旦各地区的力量分别高度发展起来，顺理成章的结果就是统一局面崩溃，进入到各地区之间相互分裂、各自探索自身发展道路的时期。从铁板一块的上古大一统帝国，到各个不同地区成为推动历史的主体，分别踏上漫长苦难的道路——这一历史转变过程正可理解为上古向中世的转变。尽管对于中国史发展历程的时代分期法，日本学者不见得已形成共识；但是，至少就以华北为中心展开的历史而论，我是把汉帝国的崩溃看作从上古到中世的转型期的。

森林型地域·长江流域

在前文中，我以华北的小型灌溉自然降水农耕地带为中心，描述了生产力的提高促使华北各地独立意识觉醒的情形。不过，从所举证的各地名士传记集以及地方志的书名就可以看到，这种现象并不仅限于华北，还扩展到了长江流域的华中。而这片地区，正大致相当于前列年表的下半部分，也就是吴、东晋、宋、南齐、梁、陈六个王朝先后割据的地域。

这六个王朝的首都，虽然有建业、建邺、建康等名称上的变动，但都在今天的南京。这六个朝代延续的年代基本上涵盖了整个魏晋南北朝时段，因此魏晋南北朝时代又称为"六朝时代"。而在这个宏大的分裂混乱时代中，维持了华夏文明传统，并进而将其孕育得更加丰饶的核心地区，正是以南京为中心的江南。然

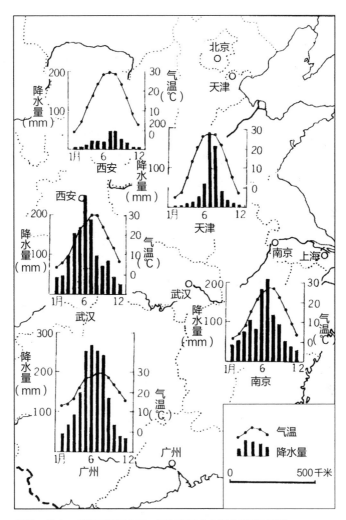

华北、华中、华南气候风土图，据东京天文台编《理科年表》

而，这里绝非从一开始就适宜于这种文明的温床。

淮水一线以南的这片长江流域，在生态学上的分类叫作森林型地域（forest land），而在这一分类中，这片地带又和日本一样雨量集中在夏天，因此成为常绿阔叶树林繁茂的地域。由于夏天高温多湿，不但森林繁茂，林中的草丛灌木也十分密集。这种森林发挥了妨碍群体移动的功能，使各地间的交流难以发达。

此外，因为雨量极其充沛，水的供给相当恒定，所以这里不同于被水限制了可耕地面积的开放性地域，一旦耕地开垦出来，就有可能不断扩展。降雨量的变动虽对开放型地域的农作物收获量有着决定性的影响，但在森林型地域中，就不会造成如此显著的丰歉落差。雨量的变动甚至能给开放型地域带来50%的丰歉落差，而对森林型地域的农作物收获量就仅能造成5%的影响而已。

在拥有这种条件的森林型地域中，如果某地区拥有相当大面积的耕地、能够自给自足，那么凭借着草木丛生、郁郁苍苍的森林，即使不容易和其他地区交流，原则上来说也有独立生存的可能。在开放型地域，为了调和各地区间严重的丰歉落差，容易形成统合广大疆域的大帝国；在森林型地域则相反，从一开始就有着各地独立、分别形成封建性小国的倾向。这是从生态史观出发的解释。

悠然的昔日江南

在长江流域，春秋战国时代就已经有楚、吴、越等疆域辽阔的王国，或并存鼎立，或兴亡相继。秦汉帝国则更不必说，已将这片土地收入领土、置于治下了。

然而，在汉帝国的全盛时期，公元前2世纪末撰成的《史记·货殖列传》中，司马迁留下了这样的描述："楚越之地，地广人希，饭稻羹鱼，或火耕而水耨，果隋蠃蛤，不待贾而足，地势饶食，无饥馑之患……是故江淮以南，无冻饿之人，亦无千金之家。"司马迁应该亲身到过这片地域，所以这一描述必定是据其亲眼所见而言的。

从司马迁留下的这段描述来看，当时的长江流域，尤其是下游被称为江南的一带，竟是这等悠然自得的社会？实在令人惊叹不已。通过与华北小型灌溉自然降水农耕地带的艰苦自然环境作战，汉族磨炼了生存智慧，凭借巨大的帝国建设起政治体制和高度文明。而在江南如此悠然地享受着近于原始生活的人群，果真在当时就和汉族属于同一个民族吗？这不由得令我感到，从司马迁文字中看到的这种江南生活，包括学界长期论争的"火耕水耨"农业方式在内，恐怕都是与汉族稍有差异的南方系统泰语族原住民的营生吧。

不过，汉族与异族的问题且留待下一节中再做概观，现在我们只要记住，直到司马迁的时代，也就是公元前2世纪末的江南，人们似乎还过着尚未阶级分化的原始共同体生活、自给自足地广泛分布于各地，也就够了。

汉民族的江南开发

如司马迁的记载所见，过去的"楚越之地"亦即长江流域，与已发展出高度华夏文明的华北相比，是整体上落后得多的不发达地区。当然，1972年从长沙附近的马王堆发掘出汉墓，出土了面目栩栩如生的贵族女性尸体，这一著名事件确证了在大约比司马迁还要略早些的时期，跨越湖北、湖南两省的"楚"地中心地区的诸侯家族已享受着极为高度的文明。诚然，墓中出土的物品精美绝伦，耸人听闻，不过其实此地早在"楚"的时代，就已受到华夏文明的影响而达到了很高水平，这一事实却不待今日而始知。而且，长江上游的蜀地，尤其以成都为中心的四川盆地，也是在汉代以前就已接受华夏文明，早就得到开发了的。然而，与这样的中游、上游一带相比，位于长江下游地域的江南在整体上还是落后的。

汉族对江南的开发，当然自古以来就已经在逐步推进。不过，大量汉人移民进入以苏州为中心的三角洲地区和鄱阳湖周边，以及以绍兴为中心的钱塘江右岸和海岸地带进行开发，则是西汉末到东汉时期的事情。那时候，今天的南京还只不过是穷乡僻壤而已。苏州不消说，早在战国时代就已经是吴国首都，从古至今都是繁华之地；但南京的开发甚至比绍兴一带还要更晚。

汉人移民在这些地区辛勤劳作，不断开拓占有土地，积蓄起财富。在司马迁笔下还"无千金之家"的这片土地，到东汉时代就已纷纷出现汉人豪族。随着人口的增加，汉帝国政府逐步置县，在边境增设都尉（警备长官），将其管治起来。当时江南的情景，正可以比作西部片中所看到的美国西进运动前线——只要把环境想象得比美国西部那种干燥地带潮湿得多，再把手枪替换成刀剑，便虽不中亦不远矣。

汉末华北陷入动乱，南下避难的汉人随之急剧增加，进一步刺激了这种江南开发的形势。不久后进入公元3世纪，三国鼎立的时代来临。孙吴定都建业，亦即今天的南京，在这片地域建国，从而展开了正式的开发事业。

接下去进入4世纪，如"五胡十六国"之名所示，北方、西方的各种异族将华北的先进地区蹂躏得处处荒残，建立起各式各样的国家，兴亡动乱更迭不休，汉人纷纷避难江南。不只是一般民众而已，连过去代表着华北先进文明的知识阶层都率先大批避难至此，在东晋王朝治下维持发展传统文化。这不消说会高速推进江南的开发，甚至应该说，他们正是推动江南发展成为华夏文明中心地域的先驱者。

南北地位的逆转

继4世纪初成立的东晋王朝之后，宋、齐、梁、陈诸王朝在5至6世纪先后更替。尽管改朝换代之际多少有些动乱，而且这些王朝内部也反复出现过若干次动乱，但与华北的大战乱相比，从4世纪初到梁陈易代的6世纪中叶这近二百五十年间，江南要安逸得多了。

受惠于比华北更为优越的自然条件，汉民族对江南的正式开发得以显著推进，江南的生产力在这二百五十年间飞跃上升。而曾经的先进地区华北，却在4世纪到5世纪初的百余年间被胡族蹂躏，受到了巨大的打击。于是过去的落后地区江南反而赶超华北，夺得了先进地区的地位。

在5世纪上半叶，江南的刘宋王朝与统一华北的北魏王朝对峙，自那以后的时代称为南北朝。而这一南北对峙的出现，正是基于南北双方各自社会力量的颉颃对抗。最晚到6世纪的梁朝，江南不但在文化水平上，而且在经济实力上都已经远远超越了华北。北方和南方的这种形势逆转，不能不说是魏晋南北朝时代发生的一件大事，对后世中国产生了深远的影响。

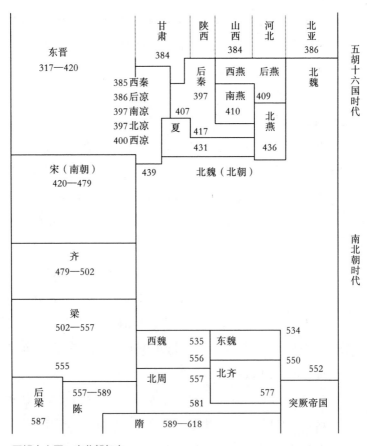

五胡十六国、南北朝年表

二 华北的异族

"五胡"

在造成魏晋南北朝时代的宏大分裂状态，并且使这种状态复杂化的种种因素中，异族问题起了巨大作用。尤其如本书第九章至第十一章所述，如果无视异族因素，这一时代的华北历史是无法成立的。其所发挥的重大作用一至于此。那么，为什么在华北各地会开始居住着形形色色的异族呢？首先就让我们对此做一概观。

追根溯源，从史前时代就筚路蓝缕、建设起殷周时代高度繁盛的华夏文明的民族，当真就是这个被称为汉族的单一民族吗？这本身就是个问题。倒不如说是早在殷周时代以前就居于华北的多种不同民族，以逐渐形成的华夏文明为核心结集起来，才同化成了汉族这一形态。不过这种远古时代的事情，这里就先按下不表。我们姑且把缔造了秦汉帝国、支持着其兴隆强盛的民族，认为是已经同化融合为单一民族的汉族。而本书所讨论的华北异族，则是如前列年表中所见"五胡十六国"部分所示，是以"五胡"为主体的异族。所谓"五胡"，是匈奴、羯、鲜卑、氐、羌五种异族。这些异族从4世纪以来陆续建国于华北、兴亡相继的历程，我们留待下文追踪；这里先来探讨他们是些怎样的民族，以及何以会开始居住在华北的问题。

匈奴及其南北分裂

首先，匈奴是与秦汉帝国为敌的最强大的北方骑马游牧民族。从公元前3世纪的冒顿单于时期开始，以蒙古高原干草原地

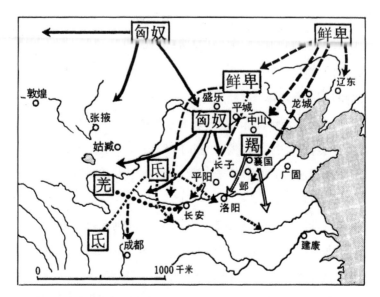

五胡分布与移动地图

带为中心，形成了横跨广大地域的部族联合国家。在秦始皇筑起万里长城，汉武帝雄心勃勃讨伐匈奴，东汉窦固、窦宪及班超等更继而北伐之后，匈奴主力最终于1世纪末向西方迁徙而去。

在秦汉帝国对匈奴帝国作殊死战争的过程中，汉朝讨伐匈奴的事业逐步获得成功。匈奴统治氏族的内部纷争、被统治部族的反抗，以及1世纪20年代持续的大干旱、大饥馑，都给了匈奴巨大的打击。48年，出自单于家族的日逐王比率领辖下的八部族四五万人归降汉朝。自此以后，匈奴分裂为南北两部。前述于1世纪末迁徙至西方的主力，乃是其中的北匈奴，他们于2—3世纪之际居于中亚，在4世纪时继续西进，以匈族之名入侵东欧，成为引起西方民族大迁徙的原动力。这在历史上也是有名的。

另一方面，降服汉朝的南匈奴在日逐王（更名为呼韩邪单于）统率下迁往长城以内的中国本土，东起今河北省北部，西至鄂尔多斯、陕西省北部，分居各地。他们最初仅有四五万人，但其后北匈奴的降附部族也被并入南匈奴，尤其87年五十八部族归降，导致人口激增。据90年的记录，已达到户数三万四千，人口二十三万七千余，此外还有兵士五万余人。[1]

迁居华北的南匈奴

移居长城一线内侧的南匈奴，是这种由数十部族组成的部族联盟，各部族分别由称为"大人"的首领统治。部族民并非聚居于一处，而是分为若干帐篷群落（称为"落"），别居于草原各地。

统治这些部族联盟的核心统治部族称为屠各种。由日逐王呼韩邪单于子孙依次继位的单于家族，就是这一屠各种部族中的最高氏族——挛鞮氏。换言之，单于是屠各部族的"大人"，同时又是整个部族联盟的君长。与单于家族通婚的呼衍氏等异姓部族首领与单于家族共同形成统治阶层，拥有左贤王、右贤王等王号，以及骨都侯等称号，各自对隶属部族群体进行分割统治，同时接受最高君长单于的集中统率。

如此一来，"部"既是政治单位，又是同一族群形成的血缘集团。这样的种族血缘制并非仅见于匈奴，而是与鲜卑等异族共通的特征。他们的这种基本体制，在日后入主中原、独立建国

---

1 《后汉书》卷八九《南匈奴列传》："是时南部连克获纳降，党众最盛，领户三万四千，口二十三万七千三百，胜兵五万一百七十。"按胜兵当指胜任作战之成年男性，作者似将胜兵理解为一般人口以外之兵力。

时，仍然发挥了重要的作用。

不过，有必要注意到，在"部"或"落"中有大量沦为奴隶的异族人口。早在匈奴称霸漠北、统治广大地域之际，应当就有许多被征服的异族成为其奴隶。到匈奴南北分裂，南匈奴不得不降于汉朝的时候，想必流失了许多奴隶。尽管如此，迁入中国本土的南匈奴辖下仍有羌族、丁令族等大量异族奴隶。前面所说的近三十万南匈奴人口，并不全部都是匈奴族，还杂有相当多的其他民族。

然而，南匈奴的半独立性体制并不能一直顺利维持下去。面对着前述87年五十八部归降带来的人口激增，单于的统治力并不足以应付。此外，诸部族虽然曾以漠北征服战争及从中掳掠的财富为纽带维持了团结，但在迁入中国本土后，征服战争本身已经不复可能，团结的纽带自然也就分崩离析。加之北匈奴西迁后，鲜卑、乌桓诸族取北匈奴而代之，入侵中国边境，南匈奴遂被东汉政府驱使充当防卫。这对他们来说毫无好处，只是徒然增加了苦痛和经济负担而已。被统治部族的不满情绪激化，他们最终背叛单于，宁可出逃到鲜卑方面。如此一来，单于的权威更加失坠，南匈奴呈现出内部崩溃的状态。

不过，等到东汉帝国方面也因为黄巾大乱而开始内部崩溃的时候，当时在位的於扶罗单于趁着东汉政府请求救兵的机会，南下今山西省，率军抵达黄河南岸。单于已经失去权威、再也回不了大本营，就此留在今山西省南部的平阳，汾水流域遂开始有不少匈奴人定居。今陕西、甘肃方面同样出现了匈奴族南下的现象。他们最初在长城一线内侧的移居地，则逐渐变成后来南下的鲜卑等族的居住地。于是残留在这一带的匈奴便脱离单于的统治，进入了鲜卑等族的统治之下。

匈奴的民族构成

如此说来，所谓匈奴是怎样一种民族呢？前文叙述其部落内奴隶情况时已经提及，匈奴在进行漠北征服战争的过程中，吸收了大量的被征服民族，其种族构成是极其庞杂的。匈奴语是古代阿尔泰语的一种，似与今日俄罗斯伏尔加河沿岸居于萨玛拉和喀山之间的楚瓦什人语言相近。

不过，至少在匈奴的统治部族中，似乎也有应被认为是印欧系的人种成分。如内田吟风所指出，被认为是匈奴王侯墓的诺彦乌拉古墓出土的刺绣人物，确实就具有这种特征。

此外，在汉武帝朝讨伐匈奴的名将霍去病墓前所置的石刻中，有倒于马蹄下的匈奴人仰卧像，其容貌则有北欧人种的特征。匈奴的统治部族屠各种是印欧人种的可能性相当大。不论是在中原建立了汉—前赵王朝的单于后裔刘渊，还是其族人刘曜，都是身高超过一米九的魁梧大汉，中国的史书对此是特笔记载了的。

不过，从文献上可以更明确追踪到这种印欧人种尤其北欧人种特征的族群，则要数接下来的羯族。

羯

羯族是后赵王国建立者石勒所属的族群，文献中称为"匈奴别部"[1]的羌渠种部族。据说他们随匈奴南下，居于今陕西省东南部，

---

1 《晋书》卷一〇四《石勒载记》。

银制胡人像　战国　洛阳金村古墓出土

当时上党郡武乡县的羯室，故由此而得名。不过"羯"在汉字中指去势的羊，大约还是因为汉人偏好对异族使用这种兽类蔑称，所以这一称呼才固定下来的吧。

在记有羯族石氏建立后赵情形的《晋书》载记中，留下了这样的故事：

羯人孙珍问汉人官僚崔约道："我有眼病，有什么好的治疗办法吗？"

崔约向来轻蔑孙珍，就嘲弄他说："往眼睛里小便，病就好了。"

"眼睛里怎么能小便进去呢？"

"你眼窝深深，正好装小便啊。"

孙珍怀恨在心，告知石虎的太子石宣。石宣在石虎诸子中容貌最有胡族特色，眼睛深陷，闻孙珍之言大怒，遂诛杀崔约父子。[1] 这段逸事反映出羯族的特征之一乃是轮廓鲜明的面貌。

此外，后赵于350年为汉人冉闵所灭，当时冉闵率军对羯族实行了大屠杀，被杀者超过二十万人。据史书所载，其中因"高鼻多须"[2] 而被误杀者接近一半。

---

1 《晋书》卷一〇六《石季龙载记上》："太子詹事孙珍问侍中崔约曰：'吾患目疾，何方疗之？'约素狎珍，戏之曰：'溺中则愈。'珍曰：'目何可溺？'约曰：'卿目睕睕，正耐溺中。'珍恨之，以白宣。宣诸子中最胡状，目深，闻之大怒，诛约父子。"
2 《晋书》卷一〇七《石季龙载记下》。

如上所见，中国史书用"高鼻""深目""多须"之类的词语来表现羯族的特征，这有力地证明了羯族并非所谓蒙古人种，而是印欧人种。除羯族之外，当时华北还有卢水胡、山胡、契胡等被称为"胡"的族群屡屡见于史书。有显著的迹象表明，这些也是原本作为匈奴之一部而南下华北的印欧系民族。

鲜卑

匈奴，尤其其"别部"羯族，很有可能是印欧人种。与之相对，鲜卑则是蒙古人种，"其言语习俗与乌丸同"[1]。虽然曾有学说认为乌丸（也写作乌桓）是通古斯人种，但现在的定论已经否定此说，认为乌丸和鲜卑都是蒙古人种。这些民族生活在今天辽宁省到内蒙古自治区一带，以狩猎牧畜为主。乌丸居于南侧的老哈河流域，似乎很早就已兼事农业；而鲜卑则居于北方的西拉木伦河流域，一直以狩猎牧畜为生。

当匈奴在漠北建立大帝国之际，他们都隶属其下。但在汉帝国屡次讨伐匈奴的过程中，居于南部的乌丸率先被迁入长城一线内侧，多有与汉人杂居的机会；而鲜卑中也出现了归属汉朝者。其后匈奴南北分裂，北匈奴迁徙到西方；鲜卑，尤其其中的拓跋部随即向西大举扩张势力，又追随南匈奴之后南下。而居于今辽宁省的东部鲜卑，包括段氏、慕容氏等部族也都伺机南下。众所周知，慕容氏在华北平原建立了前燕、后燕、南燕等国；拓跋部则建立北魏，统一了华北。

---

1 《三国志》卷三〇《魏书·乌丸鲜卑东夷传》。

总而言之，有必要注意到，鲜卑族的势力是在南下匈奴族的羽翼覆盖之下扩张起来的，因此，就像最初各民族被统合在匈奴势力之下一样，在鲜卑族势力扩张后的羽翼之下，也同样包含了各种各样的民族。例如，鲜卑虽然原本是包含在匈奴名下的，但后来却主客逆转，匈奴被鲜卑吸收进去，成为其一部分。后来建立了北周的宇文氏据说原本是鲜卑的宇文部，而这个宇文部本身其实可能就是被吸收进鲜卑里的匈奴族。

羌·氐

建立了后秦王国的姚氏属于羌族，这是居于今甘肃省西部到陕西省之间的藏族系统的民族。读石泰安《西藏的文明》便知道，今天的藏族是由多个族群构成的。羌族虽说是藏族系，但和单一民族的我们所想象的不同，绝不属于某个单一的所谓藏族。至少，羌族应该是与后来在西藏建立吐蕃国的民族有所差异的游牧民族。

羌族有的处在匈奴统治之下，有的则受东汉统治。羌族顽强地抵抗东汉王朝的压迫，屡屡掀起叛乱，令东汉政府极感棘手。为了平定羌族叛乱，东汉政府所费不赀，深为所苦，这甚至成了东汉衰亡的原因之一。汉末大乱后，他们更进而大量涌入今陕西省。

氐族也是居于今甘肃省、陕西省西南部到四川省之间的藏缅语族的族群。他们与羌族不同，看来是以农耕为主的。在汉末三国时代，他们居于魏、蜀两方之间，被卷入魏蜀战争中，魏国曹操将边境地区的氐族大量迁徙到今陕西省。后来，今四川省的氐族建立了成汉国；而关中，亦即以今陕西省渭水流域为中心一带的氐族则建立了前秦等国。

今四川省方面的氐族，又与"巴""賨"等名称联系在一起。建立成国的氐族李氏，史书中也称为"賨人"。传说氐、巴、賨等出于共同的祖先"廪君"，按照古代中国人对异族的称呼方式，属于"夷"的范畴。

"夷"或"蛮"之类的称呼，比如东夷、西戎、南蛮、北狄等，只是些大而化之的说法；不过，前面提到的羌族被归属于"戎"，而氐族尽管同样是藏缅语族的民族，却被纳入"夷"范畴中，与羌族似乎就有着相当的差异，毋宁说更接近于同属"西南夷"范畴的"蛮"族。实际上，氐族与被称为"板楯蛮"的"蛮"族之类有极为密切的关系。虽然不容易和今天中国南部残存的少数民族作比照推定，不过和现在的羌族或摩梭族比起来，氐族毋宁说应该和傈僳族、苗族、瑶族等更为接近。

上面对匈奴、羯、鲜卑、羌、氐等所谓五胡做了大致的说明。以五胡为主的异族诸集团分布于从华北到今四川省各地，与汉族杂居，各自纠合武装集团，相互斗争。这些异族虽然人口数量不详，但3世纪时的关中（今陕西省），北有匈奴，西有羌族、胡族等涌入，南有氐族大量迁入，据说人口半数都由这些异族构成。这些形形色色的族群分别组织集团，相互对立竞争，同时又通过交流相互混杂，与上节所述各地汉族的独立潮流形成互动，使华北的分裂状况变得更加错综复杂。

三 长江中下游流域的异族

武陵蛮

在前文叙述长江上游地域今四川省的氐族时，已经稍稍提到过和氐族相近的“蛮”。属于这一“蛮”范畴的人群，当时仍广泛分布于长江中游的今湖北、湖南、江西、安徽各省。尤其号称“武陵蛮”或“五溪蛮”的“蛮”族，其分布范围西起今湖南省洞庭湖西岸至贵州省，东抵今江西省，在当时的史书中是屡屡可见的。

田园诗人陶渊明（365—427）所写的《桃花源记》——也就是描写了桃源乐土的那篇文章，自古以来就脍炙人口。事实上这篇文章似乎就和武陵蛮不无关系。

陶渊明大致上是这样描写的：

箋註陶淵明集卷之五
桃花源記
晉太元中武陵人捕魚為業漁人姓黃名道真
溪行忘路之遠近忽逢桃花林夾岸數百
步中無雜樹芳草鮮美落英繽紛漁人甚
異之復前行欲窮其林林盡水源便得一
山山有小口髣髴若有光便捨船從口入
初極狹纔通人復行數十步豁然開朗土

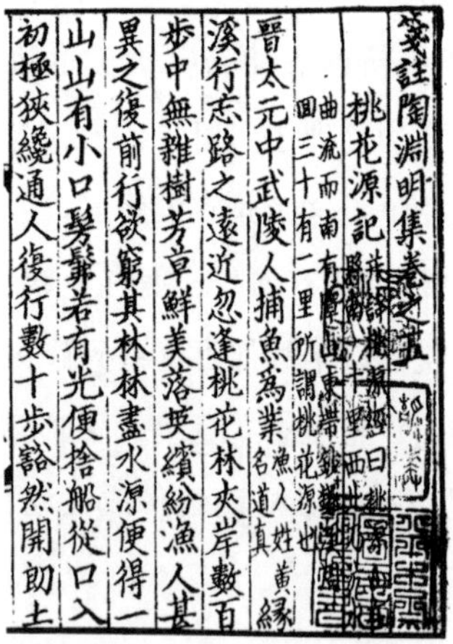

《桃花源记》 东晋　陶渊明作
图中可见武陵人、桃花林等文字

晋太元年间（376—396），有武陵渔人沿着谷中溪流驾船前行。将近一千米的路途间，夹岸桃花盛开。渔人心感惊异，继续前进，想要穷尽桃林，而溪水已尽，抵达源头，桃林也到了尽头。出现了一座山，山有小洞，深处朦胧有光。渔人弃船入洞，入口极窄小，而前进数十步后，忽然出现平野，展开了一片理想化的美妙田园风光。村中人如同生活在另一个世界，褐色的头发结成总角[1]，都非常满足快乐。村中人见到渔人，惊问他从何而来，为之杀鸡奉酒，欢聚款待。自言："我们先祖避秦时乱世，举村携妻子来此绝境，不复外出，与外界隔绝。不知现在外面已是怎样的世界呢？"他们连汉帝国也一无所知，更不必说魏晋了。渔人为之详做说明，听者都惊叹不已。村中人纷纷邀请渔人到自己家中招待。数日后渔人辞去，村人道："请不要向外界人说起。"但渔人回去后向郡守报告了这个异世界的存在。郡守派遣调查队去搜寻，结果一无所得。后来也就不再有人去寻访桃花源了。

武陵渔人寻觅这种桃源乐土的逸事，在4世纪末到5世纪中叶似乎流行颇广。除陶渊明以外，还有其他文献记载了同样的故事。其中之一记录在刘敬叔的《异苑》中，而发现了相同的理想乐土的，则是武陵蛮的猎人。

要从这类故事中考出确切的事实，是很困难的，不过下面让我们来看一看，唐长孺、周一良等中国学者对于这一故事是如何理解的。

武陵蛮与汉文化

3—4世纪之际，逃避华北动乱的汉族陆续涌入长江流域，华中渐渐得到开发。"蛮"族原本就多居住于山地，受到北方汉族南下的影响，他们被进一步驱逐到不适于农耕的山林深处，甚至不得不依靠狩猎捕鱼为生。这种情形的泛滥，正是武陵人或武陵

---

1 此句为作者对"黄发垂髫"的误解。

蛮作为猎人、渔人登场的背景。为什么呢？学者的解释是："由他们发现了桃花源"的桃花源传说本身，正反映出他们的梦想；能够"鸡犬相闻"、自给自足的原始共同体式的农村形象，本身就是他们已失去的理想乐土。

他们被驱逐的结果，是形成了残存于今广西、贵州、云南、四川各地，今天仍然可以见到的各少数民族。然而不能忘记的是，他们并不仅仅被驱逐，同时也与汉族混同融合，为华夏文明做出了相当大的贡献。事实上写下这篇《桃花源记》的陶渊明本人，很可能身上就流着"五溪蛮"的血。为什么呢？因为陶渊明祖父辈的同族陶侃，是为奠定东晋王朝基业立下过大功的名将，而陶侃原本出身于鄱阳（今江西省东北部）非常贫贱的家庭，最初担任渔场的小吏——可以说也就是渔人。不但如此，他即使在已经发迹成为掌控长江中游的军团长[1]以后，还被汉人温峤称为"溪狗"，也就是五溪蛮的下等人（《世说新语·容止篇》）。

东晋名将陶侃是五溪蛮，中国第一流的大诗人陶渊明身上也流着五溪蛮的血液，果真如此的话，这些"蛮"族对于维护、发展华夏文明所做的贡献，真是不可忽视的了。

说起来，在陶渊明祖先所居的鄱阳一带，当地原住民于3世纪时建立过被称为"宗部"的组织，顽强抵抗东汉朝廷派来的官吏和三国时的孙吴政权。在《三国志》的记载中，组织宗部进行抵抗者则被称为"山越"或"山民"。看来，今江西省一带西有武陵蛮，东有山越，是这两个族群交杂的边境地区。那么接下来

1　陶侃时任荆州刺史、征西大将军，镇守江陵。

就对山越做一概观。

山越

在3世纪的江南，从今江苏省南部[1]到安徽、江西、浙江、福建、广东各省，广泛分布着被称为"山越"的族群。在汉末战乱中，汉人孙策、孙权兄弟以今天的南京为首都建立了吴国，却苦于不知如何镇压山越。孙权曾经慨叹道："倘若山越都已驱除，便能大举讨伐北方的魏国了……"[2]可知山越从内部对孙氏所立吴政权的行动形成了严重的掣肘。

山越，据说是春秋战国时代便立国此地的"越"族后裔。不过学界对此尚无定论。司马迁描述这一时代的越人"文身断发"（纹身刺青、披散头发），这一文化被定为今天考古学上所谓的"几何形印纹陶器"文化。当地对铜器的使用也相当广泛，铜器铸造的

印纹陶器
器面有独特的拍打纹，多见于中国南部沿海地区

规模虽然还不大，但也已经出现了。像越王勾践剑一样，江南所铸的"干将莫邪"剑自古以来就是名剑的代表，其名脍炙人口。

越族其后在今浙江省南部一带建立东瓯王国，在今福建省一带建立闽越王国，在今广东省则以汉人赵佗为君长，建立了以越

1　江苏省南部为平原，作者似将苏南与浙南混淆。

2　《三国志》卷五七《吴书·虞陆张骆陆吾朱传》载孙权语："若山越都除，便欲大构于丕。"

族为主体的南越王国。这些独立王国于公元前2世纪末逐步被汉武帝吞并。不过，越族当然并未就此烟消云散。西汉、东汉两政权都于此地置都尉（地方警备长官）镇抚越族。随着汉人逐步进入此地，越族无疑也渐渐接受汉文化而被其同化了。然而在3世纪时，东瓯国的故地似乎仍残存着可能最接近越族原型的族群。关于这些人，沈莹在3世纪后半叶，最晚不迟于280年所撰地方志《临海水土志》中做了如下记载。

安家之民

所谓安家之民，都居于深山中，于"栈格"上建造屋宅如二层小楼，其衣食住及首饰等与"夷洲"（当时对台湾岛的称呼）民相似。父母死后，杀犬祭祀。造四方形箱子盛放尸体，饮酒歌舞之后，将其悬挂于高山岩石间，不像汉人一样建造坟墓土葬。男女都不穿鞋。今安阳罗江县周边（现在浙江省温州市南至福建省福州市北一带）的住民即其子孙。其人都爱吃猴头羹……[1]

在"栈格"上建造的二层楼房式屋宅，就是所谓干栏式建筑，到今天还广泛见于东南亚各地到太平洋诸岛原住民、台湾高山族的住宅，而以伊势神宫主殿为首的日本神社建筑也还残存着这种形态。此外，上面所说的这种葬法在民族学上被称为崖葬，要待尸体化为白骨之后，再行清洗埋葬，因此又被称洗骨葬。这种

---

1 《太平御览》卷七八〇引《临海水土志》："安家之民，悉依深山，架立屋舍于栈格上，似楼状。居处饮食、衣服被饰，与夷州（洲）民相似。父母死亡，杀犬祭之，作四方函以盛尸。饮酒歌舞毕，仍悬着高山岩石之间，不埋土中作冢埏也。男女悉无履。今安阳罗江县民是其子孙也。皆好猴头羹，以菜和中以醒酒，杂五肉臛不及之。其俗言：'宁自负人千石之粟，不愿负人猴头羹臛。'"

葬法也仍广泛见于中国南部的少数民族地区、东南亚及太平洋诸岛，日本同样有这种痕迹残存。犬祭虽然是居于遥远北方的通古斯族的风俗，但上述地域也有若干例子可循。

至于猴头羹，看来是相当可口的美味佳肴，据说安家之民将其看得比三百石米还要贵重。驰名世界的中国烹饪，应该也是兼取中国内部这些异族美味之精华，经历漫长岁月千锤百炼以后才形成的吧。

此外，关于"居处饮食、衣服被饰，与夷州（洲）民相似"的所谓"夷洲民"，沈莹的记载幸而被其他文献引用而得以残存。据其所记，当时台湾岛的"山夷"已经种植五谷，将生鱼肉装入大容器中盐渍一个月以上，以为美味。织作"细布"和"斑文布"等，刻画纹样作为装饰。看来当时的台湾人还处于石器阶段。夷洲民此外的习俗还有猎人头、女子出嫁前拔去一枚上侧门牙、敲击木鼓召集部落民等。除以上报告外，沈莹同时还记下了夷洲"山顶有越王射的，正白，乃是石也"的逸闻。[1]

越族与台湾高山族

沈莹指出，3世纪的台湾人和当时大陆的安家之民十分相似；其记载又称越王勾践传说流行于当时的台湾人中。这令我深感兴味。为什么呢，因为今天台湾高山族的各种语言，据说属于波利尼西亚语族，而安家之民所属的越族，则被推定为属于中国南部到越南的侗台语族，因此台湾高山族和越族应出自不同系统

---

[1] 《太平御览》卷七八〇引《临海水土志》。

才是。然而上述沈莹的记载，应当是在吴孙权向夷洲派遣远征军，于230年"得夷洲数千人还"[1]，也就是在对当时台湾岛有相当正确的信息基础上写成的。倘若如此，则根据可信度颇高的沈莹所言，我们便应接受这样的印象：夷洲民乃是中国大陆的越族分支。

我对语言学完全是外行，因此并没有勇气提出如此宏大的假说，主张3世纪之前的台湾高山族就是从中国大陆迁徙过去的越族。不过，我们知道越族自古以来就擅长驾船。而研究中国南方少数民族苗族等语言、习俗的学者凌纯声于"二战"后移居台湾，就惊异于台湾高山族的生活形态与中国南方少数民族的极度类似，开始对两者进行比较研究，留下了许多成果。就此观之，这种看似汗漫的假设也未必就是荒诞不经的了。根据民族学者冈正雄的推断，"非华夏族"人群可能在公元前4—5世纪时，因吴、越灭亡而动荡不安，迁徙至西日本和南朝鲜，从而将水稻耕作传入了日本。然则从迁徙路线上来说，我们或许也可以设想，越族中的一部分可能就是首先移居到了台湾，进而从冲绳取道西南诸岛来到日本的。[2]

话题有点扯远了，言归正传。对越族—山越的说明已经拖得很长。但希望读者充分注意的是，上述的"安家"种族，也只不过是江南的山越中最原始的一种形态而已。可以视为这些习俗的残余或变形的表现，在当时江南的其他地区同样可以看到。然而如上节

---

1 《三国志》卷四七《吴书·吴主传》。
2 此虽为作者个人的假说，但今天探讨此问题的著作如史式、黄大受《台湾先住民》，张崇根《台湾四百年前史》等均认同台湾原住民系源于大陆越族，可以说已成为学界主流观点。

所述，在汉族急速推进江南开发的过程中，山越也急速地文明化，被汉人吸收同化了，这是普遍的趋势。可以推断为其部落联盟组织的"宗部"，在3世纪的东吴时代以后也彻底从史书中销声匿迹了。

民族迁移与国家形成

以上花费许多篇幅，介绍了进入中国内部的异族，以及原本就广泛分布于中国内部、但在汉代尚未见活跃表现的异族。在汉帝国名义下，广阔的全中国疆域都涂上了整齐划一的色彩，但实际上其中包含着形形色色的异族。就像现代中国仍然要设置若干少数民族自治区一样，在汉代，实际上应当被看作异族自治区的地方还要多得多，分布的地域也更加广阔。汉帝国的直接统治，是绝对无法到达这些区域的每一个角落的。

随着与汉人移民及汉政权所派官吏的接触机会增多，他们吸收高度发达的汉文明，提升了自身的实力。在逐步与汉人同化融合的同时，又受到以汉帝国为后盾的汉人的歧视压迫，自觉反抗汉人的意识随之高涨。当汉帝国瓦解，进入长期动乱的时候，他们会寻求独立，走上建立政权的道路，也就是理所当然的了。不能不说，六朝时代异族国家林立的现象，正是各种异族在汉帝国和汉文明的刺激下觉醒，并且积蓄起自身力量后的当然结果。

4世纪时，游牧民族从北方和西方屡次入侵华北，建立国家，兴亡相继。对汉族而言，这诚然是惨痛苦难的时期。他们大量避难南方，与"蛮"族、"夷"族等原住民混杂，或者将其驱逐到山林深处甚至更南方，将汉族高度发达的农耕文化在南方推广开来。3至4世纪民族迁移的大浪潮，大体上是从北方波及南方的。

不消说，汉族并未因此就放弃华北。毋宁说，他们当中的大多数都承受着重重苦难，继续坚守自己辛苦耕耘的农耕文化的故土。另一方面，进入华北农耕地带的游牧民族也只有依靠农耕民族才能继续维生。于是寻求双方共存共荣之道便成为理所当然的前进方向。从而，游牧民的农耕化，以及最终形成的胡汉混合文化发展起来。从4世纪的五胡十六国时代开始贯穿整个北朝的这段历史，不妨说正是这样摸索共存共荣之道的过程，同时也是胡汉混合文化形成的过程。

而且，汉族在华北大乱中也绝非只有避难南方这一条路而已。他们越过长城涌入东北方的今辽宁省，在当地开拓了农耕地；还向西北方涌入甘肃省，进而在比敦煌更遥远的今新疆维吾尔自治区吐鲁番绿洲中建立了汉人国家（麴氏高昌国）。确实，汉帝国过去也曾向这些边境地区派遣军队，扩张政治势力。在东北方，辽东地区自不待言，就连现在朝鲜半岛的平壤附近也设置了乐浪郡，实行与内地同样的郡县制；而西域地区也已向汉帝国称臣服属。不过，政治制度的组织框架并不就等于其内部实体。辽东有大量的乌桓、鲜卑族，乐浪郡则不消说是古代朝鲜各族的居住地。事实上，要到汉帝国体系崩溃以后，汉民族才迁入、定居到这片土地上，开始实实在在地推广他们的农耕文化，对周边造成了强大的刺激。胡汉混合文化的形成，并不仅限于六朝时代的中国内地，而是持续扩张到其外围。这一点在未来的隋唐时代，以东亚世界高度国际化的文化圈的形态，更加鲜明地表现出来。

那么，在下一章中就让我们改变视角，以汉族的向外活动为中心，来观察东亚世界诞生的胎动吧。

第二章　华夏文明圈的扩大

一 东亚世界的胎动

东方各国的建国之路

从公元前2世纪的汉武帝远征开始，汉帝国的势力便从中国东北的南部扩张到了朝鲜。不过东方各民族则大致上要到公元以后，才受其刺激而开始胎动，形成国家。最开始，是从直接接触到汉朝势力的夫余族中形成了民族政权高句丽国。与远方的倭奴国一样，高句丽在东汉帝国初期便已与帝国有所接触了。

然而，正如奴国的首领不过是北九州的一介土豪，当时所谓的"国"，还远远称不上正经成气候的国家，充其量不过是一种地方势力而已。这种地方势力想要成长为国家，终究不能不从东亚已形成发达国家的中国民族那里接收直接或间接的刺激。下面先来看看与中国位置最接近的高句丽的情形。

高句丽

在东方各国中，高句丽之所以会最早建立政权，是由于其在

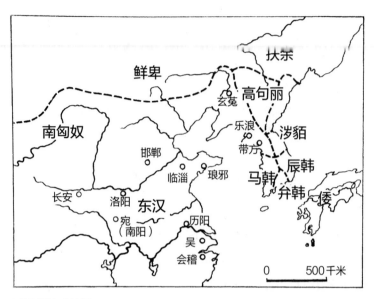

东汉时代东方地图

1至2世纪期间与汉帝国在辽东到朝鲜半岛北部一带设置的地方官府（辽东郡、玄菟郡）直接接触；其后更进而在2世纪后半至3世纪期间，与半独立于辽东的汉人公孙氏政权及称霸华北的魏国相接触而受到了刺激。公孙氏的半独立政权于238年为魏所灭。不过，以184年黄巾大乱为起点，许多汉人都为了躲避华北动乱而流入此地，其中还包括了当时第一流的知识人。高度发达的华夏文明在辽东地区实实在在地扎下根来，应该说就是从这个时期开始的。

　　高句丽在与魏国的斗争中受到了打击，曾于244年被魏将毌丘俭攻陷首都丸都（位于鸭绿江中游）。然而进入4世纪以后，西晋王朝内部逐步崩溃，北方系统的异族开始将华北卷入大动乱中，自汉帝国以来所设的地方官府玄菟、乐浪、带方三郡遂被高句丽攻取。334年，高句丽为了进一步控制朝鲜半岛北部，于乐浪郡故地增筑平壤城。不过鲜卑族中的慕容部也在辽东地区建立了燕，高句丽从此进入与其对抗的关系。

奠定了前燕基业的慕容廆（269—333）庇护为逃避华北大乱而流入辽东的汉人，按其出身地望设置四郡，并分别任命流人中的名士为郡县长官，又从这些汉人中拔擢贤才，委以枢机之任。慕容廆由此被评价为中国礼教的保护者，汉人因而纷纷避难辽东。这可以说是华夏文明在此地区扎根的第二阶段，胡汉混合体制从此在辽东地区生根发芽了。

慕容廆的子孙继承这一路线，在其基础上最终称霸华北。他们的这一前燕政权（337—370）从辽河地区迁都至蓟（今北京市），又进而迁至邺（今河北省临漳县），虽曾一度被氐族的前秦（350—394）吞并，但终于由同族的慕容垂建立后燕（384—407）、定都中山（今河北省定州市）而得以复兴。终4世纪后半叶，慕容氏的燕国控制着华北东半部。后燕被鲜卑拓跋部建立的北魏灭亡后，以汉人为君主的北燕（409—438）[1]曾在辽河流域一度复兴，而这正是得力于辽东一带及旧燕国内部对汉人势力的宽容保护。

像这样，鲜卑慕容部接受华夏文明，缔造了胡汉混合国家，获得了巨大的成功。高句丽目睹了这一切，也正面承受了其压力，于是自身最终也汲取了先进的华夏文明，努力壮大自身。早在373年，高句丽便"始颁律令"[2]，其律令据称是以西晋律令为典范的。

1　北燕实亡于436年，作者此处殆以北燕昭成帝冯弘逃入高句丽、于438年被杀为下限。又，北燕建国有407、409二说。
2　《三国史记·高句丽本纪》。

在逐步完善政权体制后，高句丽迎来了5世纪的鼎盛期，向朝鲜半岛南部施加压力，于475年攻占百济的首都汉城（今韩国首尔附近），将百济压缩到了半岛西南一隅。

如是，高句丽一方面对鼎立于朝鲜半岛南部的百济、新罗，及与倭国日本关系密切的任那施加了巨大的压力和影响；另一方面，又在中国本土南北对峙的南朝与北朝之间寻求势力均衡，向双方分别派遣使节，利用从中国获得认证的权威来维持自身。

这么一来，高句丽王国就在纵贯中国东北南部到朝鲜半岛大部的辽阔地域上确立了势力范围，甚至成长壮大到足以与日后统一南北朝的强大隋帝国较量。隋炀帝对高句丽的征伐引火烧身，其屡次失败成为隋帝国灭亡的一大原因。此外，高句丽的文化已经达到足以吸收中国文明的高度水准，这从1972年发现于高松冢、吸引了高度关注的高句丽壁画中就看得出来。

三韩

高句丽建国进程立刻影响了朝鲜半岛南部，甚至不可避免地波及了日本。据《三国志·东夷传》的记载，3世纪的朝鲜南部分为马韩、辰韩和弁韩。仅仅是位于西部的马韩，就分立为小国五十余。其中一国名为"伯济"，似乎是联合统一马韩内部各国的中坚——大约也正因如此，马韩的统一政权名曰"百济"。

369年，高句丽与百济开战，百济联合政权在近肖古王的率领下，侥幸战胜了高句丽。趁此机会，近肖古王在首都汉城附近的汉水之南检阅凯旋诸军，旗号尽用黄色。在中国，黄色是皇帝所用的颜色。近肖古王这是在借此大胜高句丽之机，宣告自身超越、统一了马韩内部各国的皇帝地位。百济国的成立，就是基于高句丽的这种直接刺激。百济甚至曾于371年攻入高句丽的平壤城，可见其实力雄厚；不过，为了对抗高句丽的强大压力，百济还是不得不与倭国结为同盟。

与此相对，新罗国则是由辰韩中的小国斯卢发展而来，最初似处在百济的羁縻之下。后来新罗大约是借助高句丽之力摆脱了百济的控制，但又对高句丽的吞并野心进行了果敢的抵抗，这是见于《日本书纪》所载的。

新罗一方面要戒备高句丽，另一方面又受到百济与倭国的联合势力压迫，在这种处境中顽强地走出了坎坷的建国之路。这种艰难苦境，恐怕反而强化了新罗国家的体质。新罗于6世纪参照中国和高句丽的律令，制定出本国律令，奠下了最终于7世纪统一朝鲜半岛的根基。

倭（日本）

众所周知，与朝鲜半岛这种形势紧密相连，日本也在朝着建立国家的方向前进。关于《三国志·东夷传》之《倭人传》中所载著名的卑弥呼之邪马台国（原本记作邪马壹，因此也有的学说强调应作"壹"而非"台"），究竟是在九州还是在畿内的问题，曾发生过旷日持久的论争，至今仍有种种观点层出不穷，这也是大家都知道的了。

无论如何，在3世纪的邪马台国阶段，倭国还是许多土豪小国的聚合，虽然为卑弥呼所统一，却仍处在一种很不安定的状态。其逐步强化整合的过程，与上述朝鲜半岛的建国历程绝不是无关的。位于半岛南端的弁韩与倭国关系最为密切，这正意味着朝鲜半岛的动向会立刻波及倭国，引起反应。

倭人的建国，与朝鲜半岛的建国走势是相呼应的。到了5世纪时向南朝刘宋王朝朝贡的所谓"倭五王"时代，大和朝廷所主导的日本国家就已发展为相当强大的存在了。见载于5世纪的《宋书》等文献，以"赞"为首的五位倭王（被推定为下表中的天皇）的时代，如仁德天皇陵所见，是前方后圆坟[1]最为繁盛的时期，那种巨大的陵墓形态，正鲜明地反映出天皇权力是何等巨大。以大和朝廷为中心，日本这时候已经建立起稳固的国家了。

仁德天皇陵
日本前方后圆坟中规模最大的一例，全长486米

---

1 日本上古史依次经历绳文时代、弥生时代、古坟时代等阶段，古坟时代约当3—7世纪，以散布日本各地的巨大前方后圆坟为特征。

东亚文明圈

前述东方异族各国均向中国的王朝朝贡，分别获授王号及中国式的官号。倭五王从中国南朝的宋、齐、梁诸王朝获得安东大将军、倭国王等称号，就是其中的一个例子。也可以说，在以中国皇帝为中心的世界秩序之中，周边各国就是通过这种形式才获得了作为独立王国的认证。

像这样的国际关系形式，是由中国皇帝授予册书，封建王、公等，因此西嶋定生称之为"册封体制"。这种形式对朝贡各国而言虽然颇为卑屈，但对处于建国阶段的各国，以及处于文明自觉期的各落后民族来说，却是不得不接受的。为什么呢？因为在当时的东亚，指引人类走向文明的星辰只有一颗，那就是华夏文明。因为尽管中国皇帝已经分裂为南北，不复如昔日汉帝国般拥有绝对权威，但对东亚来说，那仍是世界文明的象征，是文明的唯一体现者。

在某种意义上，这正有似于当时的西方世界。在罗马帝国瓦解之后，罗马教皇所象征的基督教便成为指引文明的唯一星辰，落后的日耳曼各民族首领在其座前屈膝俯首。事实上，克洛维就率先受行了基督教的涂油礼，借助这一认证所象征的人类文明的权威，才得以成功统合日耳曼各族，成功建立了法兰克王国的墨洛温

倭五王世系图

王朝。各落后民族的这种内部情况，在东亚世界也同样存在。

如百济、倭国等所见，各国国王不得不一边从林立的地方性小势力群中脱颖而出、统合其他势力，一边各自建立国家。而为了能够从其他势力中脱颖而出，对其实现统合，又不得不依托于来自与小势力群不同次元的其他权威。将天皇家的祖先神与其余神祇隔绝而置于上位的做法，就是其中的一种方式而已。而从当时的世界文明象征那里直接获得统治国家领土的认证，被授予作为领土统治者标志的王号，这种做法对各国元首提高自身的国内权威有着巨大的效果。为了从人类文明的象征那里获得认证，处于建国途中的各国都争相前往中国朝贡。

华夏文明的扩散

这种朝贡现象并不是到六朝时代才开始的。像九州某土豪前来朝贡，获赐"奴国王"金印这种事情，早在1世纪初的东汉初期就已经发生过。至于西域诸国的朝贡，更是从那以前早就有了的。然而，东方各国分别主动汲取华夏文明，以此为一个重要的杠杆来实现各自国家的统一，并开始以中国为中心来构建东亚世界的国际关系，则不能不说是这个时代的显著特色。

这时候值得注意的是，各民族所汲取的华夏文明成为促使这一东亚世界成立的共通要素；在形成适合各自土壤的胡族、汉族混合文化的过程中，他们是将汉族文明的一方当作共通媒介来相互联系的。在这一点上，不妨说六朝时代是华夏文明的巨大扩散期；而站在华夏文明自身的立场上来看的话，则是其巨大膨胀期。

汉族的政治控制力，由于异族入侵华北而大幅度萎缩减退。

然而，华北所凝缩的华夏文明，却在异族的搅拌作用下流向四方。其大量流入中国南方，在那里生根发芽的情形，已见于前文所叙。

流入东北的部分，则引起东方相邻异族的连锁反应，诱发其各自建立国家以及自主接受华夏文明，促成了以华夏文明为共通要素的、胡汉混合文明的东亚世界。汉族的政治力量衰退期，反而成为汉族的文明膨胀期。而直接造成此结果的一个基本契机，就在于承担着华夏文明的汉族从华北流出，从而扩大了汉族的农耕文化圈。

不过，还有必要注意到，在东方异族各国将华夏文明作为唯一共通的世界文明加以吸收的过程中，佛教扮演了伟大的润滑剂角色。毋庸赘言，佛教是起源于印度、通过印度—伊朗文化圈传入中国的胡族固有宗教。在被推定为属于印欧系的羯族后赵王国，王族石氏会以佛图澄为师、虔诚信奉佛教，正是理所当然的事情。佛教已经超越民族性的差异，成为所有民族都可能接受的世界宗教。如众所周知，汉族也同样热情地汲取消化佛教，创造出了中国佛教，成为东亚佛教的中心。佛教就是这样与华夏文明相辅相成，以其世界性为媒介，促进了东亚世界文化圈的形成。

灵岩寺　山东省济南市长清区　出自[日]常盘大定、关野贞著《中国文化史迹》（1975）

中国佛教建筑之一，传为佛图澄旧迹

一　丝绸之路与华夏文明

中国佛教的成立——高僧鸠摩罗什

话说回来，佛教之所以能扮演这一伟大角色，则是基于汉帝国向西北方向的西域地区伸展势力，开发所谓的丝绸之路，打开了西方文化流入的通道；并且，即使在帝国崩溃后的六朝大动乱时期，丝绸之路仍然被高度活跃地利用，因此新锐的佛教僧人能陆续通过这条大道前来中国，源源不绝带来新的刺激。

进入中国的这些外来僧人中，最值得铭记的人物便是鸠摩罗什（Kumārajīva）。他本是塔里木盆地龟兹国（Kucha）的王子，学习小乘教法后仍不满足，又精修大乘佛典，成为名播西域的高僧。氐族前秦王国的名君苻坚闻其名，在派遣部将吕光雄霸西域各国之际，命其求请鸠摩罗什。吕光与鸠摩罗什一同归至敦煌时，接到通报，主君苻坚在淝水之战中大败于东晋，前秦已呈土崩瓦解之势。吕光遂留在当地，独立建国，是为后凉。鸠摩罗什在吕光的保护下，得以安稳度日。

不久，羌族的后秦攻灭后凉，鸠摩罗什受到后秦王姚氏一族的隆重庇护，在首都长安将大量佛典翻译为汉文，同时向中国人阐说大乘佛理。在中国佛教正式确立的过程中，他所留下的大量汉译佛典，以及在其座下学习的优秀中国僧人僧肇、僧睿等的影响力，发挥了决定性的作用。

诚然，位于丝绸之路东端终点的关中长安一带，曾在2世纪末至3世纪初的汉帝国崩溃时期，以及4世纪的五胡十六国时代几度陷入大乱，各式各样的异族国家兴亡相继；而位于关中西北方，从陇西到敦煌一带的河西走廊地区，也有前、后、南、北、西等五凉国兴亡并立。尽管如此，丝绸之路所连接的东西交通，大体上却并未因这些动乱而受到严重的损害。

汉族的西域活动

　　不过，以关中为中心的中国西部汉族为躲避汉末以来本土的动乱而流向河西走廊地区，进而流入敦煌西北方的哈密、吐鲁番等绿洲。在五胡十六国时代，以姑臧（今甘肃省武威市）为首都的汉族国家前凉（313—376）[1]尽管孤处于异族国家群中，却仍然能在超过半个多世纪的岁月里，一直对遥远的西晋·东晋王朝保持忠节与亲近感，其背景也正在于这种汉人势力的存在。而这一汉人政权将势力扩张到吐鲁番，也非常有力地支持了汉族向这个方向的发展。

　　在20世纪初各国西域探险队前赴后继的浪潮中，日本的大谷探险队从罗布泊湖畔的沙漠遗址中发现了西域长史李柏所写、日期署为五月七日的珍贵文书。那是328年，当时驻扎在吐鲁番的赵真不听前凉第三代君主张骏之命，故张骏以将军李柏为西域长史，讨伐

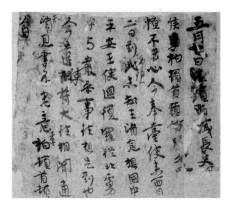

李柏文书　328年　日本龙谷大学图书馆藏

1　前凉建国年份有多种不同说法，作者系以313年张轨封西平公、凉州牧为前凉立国之始。

赵真。李柏在进军至罗布泊畔时，作此书信与焉耆国王。不过，李柏的讨伐以败北告终，张骏遂亲征平定吐鲁番。

前凉被氐族苻坚的前秦国所灭。前秦解体后，苻坚旧部氐族人吕光建立的后凉国（386—403）、汉人李暠父子建立的西凉国（400—421）、匈奴族沮渠蒙逊建立的北凉国（397—439）相继控制了吐鲁番。不过，北方游牧民族势力对丝绸之路沿线的这些绿洲也有巨大的影响力。

当时鲜卑拓跋部已经进入华北，踏上建设北魏帝国之路。突厥·蒙古系的柔然（亦称蠕蠕）尾随其后，大举将势力拓展到了漠北。在柔然的支援下，汉人阚氏于460年成为吐鲁番地区（当时称为高昌国）的君王。其后经过若干曲折，汉人麴氏最终于498[1]年，在移居此地的大量汉民族的拥戴下建立了汉人王朝高昌国，直到640年才被唐攻灭。要知道，塔里木盆地几乎都属于印度·伊朗系语言、民族为中心的文化圈，在这样的圈子当中——借用榎一雄氏的话来说，这里"真可以称得上是中国文化展览会场般的地区"了。

如上所述，当中国本土的华北一带已落入各种异族之手时，在4世纪的河西地区以西，汉人王朝前凉国却持续了超过半个世纪之久；5世纪初的汉人西凉王国以敦煌为中心，以及6世纪以后的汉人麴氏高昌国在吐鲁番盆地，也都还算维持了独立。不妨说，这与前文所言汉族在东北地区的活跃相得益彰，都反映出在六朝时代，华夏文明圈切切实实地扩散膨胀起来了。

1　麴氏高昌建国年份争议甚多，所见有497、499、501、502年诸说。本书系为498年，所据未详。

漂泊之湖

话说回来，汉族向西北方的发展，从河西走廊地区最西端的敦煌起步后，却并未直接西行，而是先到了北方的哈密，继而才向西前往高昌亦即吐鲁番盆地。之所以如此，原因之一在于有趣的自然现象。

20世纪初的1920年，试图进行中亚探险的瑞典探险队发现，自西向东流经塔里木盆地的塔里木河，由于沙丘被风推动，正在逐渐复归昔日河道；因此，直到20世纪初为止都在沙漠中接受塔里木河流入的罗布泊已经逐渐干涸，罗布泊的位置正在逐渐往北偏移。队长斯文·赫定在题为《漂泊之湖》的著作中报告了这一事实，从而广为人知。斯文·赫定看到罗布泊正在逐渐回归到某座已在沙漠中成为废墟的都市遗址附近，而且有好些证据表明，这是一座繁荣于汉代至六朝初期的都市。这座都市遗址，正是井上靖小说中脍炙人口的"楼兰"。

在公元前2世纪至4世纪中叶的丝绸之路开辟的初期，楼兰（Kroraina）是利用塔里木河与罗布泊的水资源而繁荣起来的绿洲国家。当时的丝绸之路从敦煌直接往西通到楼兰，再从楼兰分为南北两道，也就是所谓的天山南路和天山北路。这里是通过南北两道来往于东西之间的商队集合点，作为东西交通的要冲盛极一时。

然而在4世纪中叶，由于沙丘移动，塔里木河的河道从距离楼兰还很遥远的西边就已改道南流，罗布泊因此干涸，在南面的远处开始形成新的罗布泊。楼兰失去了"水"这一绿洲国家最大的命脉，土地渐渐不再适宜人类居住。人们为了寻求新的罗布泊水源，开始放弃家园向南迁徙。曾经盛极一时的楼兰城渐渐人烟稀落，被埋葬在狂暴的风沙之中。于是连Kroraina城自身都迁移到了南方的新罗布泊湖畔，在汉文中写作"鄯善"。天山南路和天山北路也不再以楼兰为分叉点，而是南路从敦煌直接通往西南的鄯善，北路则从敦煌往北到哈密，进而从哈密往西去吐鲁番。这一变化大约发生在4世纪，敦煌也是从这个时期开始变得越来越重要的。

不过，以这座新的Kroraina（鄯善）为首，天山南路沿线的城镇渐渐落入以今青海省为根据地建国的吐谷浑手中。前文已经叙述过鲜卑族慕容部起自辽东，称霸华北东部的情形，而据史书所载，吐谷浑就是鲜卑中的一支长途跋涉来到祁连山脉南麓建立的国家。不过其民族构成则应该是以藏族系统的羌族为主的。这么一来，在河西走廊地带到敦煌之间活动的汉族就不再走天山南路，只能取道北路，从哈密往吐鲁番而去了。

不管怎么说，罗布泊湖在4世纪时出现的漂移，于20世纪20年代开始再度发生，这真是饶有兴味的话题。倘使现代不是如此机械化的时代，想必这又将成为西域史上的大事，产生深远的影响了。20世纪20年代以后，存在至今的罗布泊湖畔已是一片萧条，而新的（其实是原来的）罗布泊湖畔尚无人聚居，横跨两地间的巨大无人地带曾被作为核爆试验的适宜地点利用了起来。

于阗马钱　1世纪　大英博物馆藏
丝绸之路沿线绿洲国家于阗的货币，正面有马的图案，故被称为"马钱"

繁荣的东西贸易

在前文中，我是在强调佛教对东亚世界形成所起的巨大作用时，进入丝绸之路这个话题的。然而，丝绸之路还扮演着更重要的角色，不言而喻，那就是作为商队长途贸易的路线，随之而来的不仅仅是佛教，还有东西方文明的交流。贸易量的增加，给丝绸之路沿线各国带来了巨大的利益。这不仅是由于这些国家自身就通过中转贸易获得利润和通行税，同时也由于其他国家的商队一路上贩卖消费物资，他们撒落的金钱使沿线各国人民的生活丰饶起来。换言之，丝绸之路沿线各国是通过中转东西贸易才奠定了其经济基础的。保证这条贸易路线畅通无阻，正是各国维持繁荣的必要条件。河西走廊地区尽管经历了好几个凉国的兴亡并立，这条路线却未尝中绝，也正是因为这些国家共同分享着上述经济基础，彼此都不能失去这一基础。

这一逻辑，对柔然这种位于路线北侧广袤稀树草原地区的游牧民族国家，以及吐谷浑这种建国于祁连山脉南侧的国家来说同样适用。游牧民族虽然屡次企图掠夺丝绸之路沿线的绿洲国家，但游牧民族与绿洲农业国家间本是共存共荣的关系，这对专家而言已是基本的常识了。

为什么呢？因为就算是游牧民族，也不能一直只吃喝牛、羊、马等的奶和肉，只穿牲畜毛皮。对他们来说，农产品同样是生活必需品。而大量提供农产品的正是绿洲农业国家。他们必然要追求家畜、畜产品和农产品间的交换关系。这就是游牧民族和绿洲农业国家间的共存关系。

并且，丝绸之路沿线的绿洲国家通过贸易量增大而繁荣，也

荒废的绿洲——沿塔里木盆地南道的尼雅遗迹　出自[英]斯坦因《中国沙漠中的遗址》（*Ruins of desert Cathay*，1912）

会提高游牧民族的生活水平。原因在于，通过与绿洲农业国家的交换关系，他们会得到更多奢侈品，而且通过保障、护卫商队安全通行，又能征收到更多保护费。

　　从鲜卑拓跋部到柔然，再到突厥，游牧民族在漠北干草原地带轮番称霸，但与丝绸之路沿线的绿洲国家群的上述共存关系却始终不曾改变。尽管各式各样的国家兴亡相继，贯通丝绸之路的东西贸易和文化交流却并未受到太大的损害，一直持续了下来。

　　这种情形，对建国于祁连山脉南侧的吐谷浑来说也是一样的。他们同样被推断为以游牧生活为主，在东西贸易的利益需求上与前述各国并无分别。吐谷浑之所以要控制天山南路的东半段，也是为了这一利益需求。而更值得注意的是，从中国前往天山南路的道路，除了通过河西走廊的主干线之外，沿着耸立在其南侧的祁连山脉南麓——也就是通过吐谷浑的中心地带，还存在着另一条支线。这条路线的西端正是漂移到了南边的新罗布泊。吐谷浑会以鄯善为中心进入天山南路东半部，是顺理成章的事情。

和东西交通的主干线一样，只要不给吐谷浑带来威胁，谁都可以有保障地利用这条支线。北魏僧人宋云前往印度求法时的西行之路，就是这条吐谷浑境内的支线。这条支线位于南北朝对峙时期的中立地带，为南朝文化流入西方起到了重要的作用。从著名的敦煌石窟寺院出土的大量古文书中，发现了南朝的齐及梁王朝时期的文书，应当就是通过这一支线，从遥远的江南经由今四川省传来的。

粟特商人

通过这些路线，中国方面主要向西方输送绢，而西方则向东输送波斯的金银器、玻璃器等各种珍贵物品。在其间大显身手的，是被称作粟特商人的群体。粟特位于天山南北路的西端，是帕米尔高原西侧的绿洲国家，相当于今天中亚乌兹别克斯坦撒马尔罕附近。当时以粟特为中心，帕米尔高原西麓各国的印欧系人群作为中转贸易商人，向西方远赴罗马和拜占庭帝国，向东方远赴中国，在东西方舞台上都大展身手。他们来到北魏首都洛阳，甚至在北齐首都邺城积蓄起了足以深刻影响北齐政局的经济力量。

而且，他们的影响并不仅止于华北。康氏一族来自粟特稍东北方的浩罕，在4世纪时已经居住在长安，他们为躲避4世纪末至5世纪初波及长安的动乱，南渡汉水，抵达襄阳以南的南朝境内，开拓了同族聚居的一大聚落。在将江南绢制品运送到遥远西方的过程中，他们无疑扮演先头部队的角色。

6世纪初，梁武帝作为襄阳的军区司令（雍州刺史），起兵推翻南齐王朝。这时康氏一族积极地支援了梁武帝。用于建设梁帝国的军费，无疑也是由身为国际性商业资本家的康氏来大力承担的。

康氏以下，后赵王国的建立者石氏，以及日后掀起唐代叛乱、闻名天下的安禄山之安氏，还有对日本产生了巨大影响的诗人、文学家白居易之白氏等，拥有这些姓氏的人物原本几乎都出自帕米尔周边的绿洲国家，继承了印欧系的血统。

从六朝到隋唐时期，既是华夏文明圈的扩大期，又是华夏文明自身大量吸收这种西方色彩、趋于国际化的时代。反过来说，华夏文明的这种国际化，在我看来也就是进一步扩大了华夏文明。正是以国际化的华夏文明为基础，更为广袤的亚细亚世界才得以出现。

地中海世界与东亚世界

在写下这段文字时，我碰巧正住在法国勃艮第古都欧坦（Autun）的某所旅馆里。欧坦这座城市，是罗马在征服当时的高卢亦即今天的法国一带时，由皇帝奥古斯都敕许、为了镇守边境而于公元前10年左右建成的当地中心都市。

包括这座城市在内的周边地区的居民是被称为埃杜维人（Eduen）的高卢人。这些人归顺了罗马，因此获得罗马市民权，陆续在城镇中建造了神殿、宫殿、剧场等大型建筑，最终使城镇获得了"高卢人的罗马"之美称。以城镇为中心，盛开了所谓的罗马高卢（Gallo-Romain），也就是混合高卢、罗马风格的美术之花。如果和中国世界比较的话，这大概就相当于汉代所置的辽东郡治所在地吧。而繁荣于此地的罗马高卢文化，也就不妨比作见于乌桓—鲜卑慕容部—高句丽等的胡汉混合文化了。

然而，辽东郡一带尽管屡经战乱，胡汉混合文化还是从鲜卑慕容部扩大到了高句丽。而欧坦却与之相反，从罗马末期的罗马高卢文化，到数百年后的12世纪才开始繁荣的基督教罗马式文化之间，可以说存在着某种断裂。据叙述欧坦城市史、美术史的简单指南手册所言，欧坦在此期间屡遭破坏，特别严重的几次是由270年的"巴高达"（泰特里库斯时期的高卢农民）[1]、534年克洛塔尔一世的军队、725年入侵的萨拉森人，以及761年的加斯科涅人[2]造成的。

　　欧洲史知识匮乏如我，并不清楚巴格特人等的破坏究竟在多大程度上灭绝了罗马高卢文化。不过在上述几次破坏当中，扮演了决定性角色的恐怕应当是萨拉森人的入侵吧——让我产生这种感觉的，是比利时著名史家亨利·皮雷纳的学说。

　　据皮雷纳所言，地中海世界并不是由于罗马灭亡或日耳曼入侵而崩溃的。在墨洛温王朝的法兰克王国时代，高卢直到7世纪为止仍是罗马高卢文化地区，延续着罗马式的古典文明。这里依然是地中海世界的一部分，古典罗马文明尚未彻底沦陷。

　　给这个统一的地中海世界以致命一击、使古典世界彻底沦陷的，就是萨拉森人的西进。包括从非洲海岸到伊比利亚半岛的地

1　3世纪到5世纪间爆发的高卢下层农民起义运动，因参加者自称"巴高达"（即Bagaudae，高卢语意为"战士"）而得名"巴高达运动"，屡次遭到高卢帝国和罗马帝国军队的镇压却屡次兴起，沉重打击了罗马帝国的统治秩序，加速了罗马帝国的衰亡。泰特里库斯（Tetricus）一世、二世为高卢帝国皇帝，270—273年在位。

2　加斯科涅人（Gascon），因其居住地加斯科涅（Gascony）而得名。加斯科涅是法国西南部的一个地区，位于今阿基坦大区及南部比利牛斯大区。在开始于742年的叛乱中，加斯科涅人作为盟友协助阿基坦公爵霍纳德一世（Hunald I）对抗矮子丕平和卡洛曼。

中海南部与西部，都落入完全异质的文明手中，结果就是以海上交通为纽带统一起来的古典世界被彻底撕裂了。东罗马帝国好不容易才算保住地中海东北部；而西北部则被关在地中海门外，其生存根基完全被封锁在内陆。曾经以地中海为中心繁荣的古典罗马文明圈，从此被三分天下：西北的天主教—日耳曼内陆性西欧文明圈，东北的东正教拜占庭的东欧文明圈，以及西部和南部的伊斯兰教文明圈。

萨拉森人的入侵席卷西班牙，破坏了欧坦城。法兰克王国的查理·马特将其击退并驱逐到比利牛斯山脉之南。不久以后，几乎称霸了全西欧的查理曼，也就是查理大帝，于800年接受罗马教皇利奥三世加冕，树起了复兴罗马帝国的大旗。然而据说在他的宫廷里，已经几乎没有人能用正确的拉丁语来写文章了。古典文明的水准下降更为严重，比墨洛温王朝时代都远远不如。地中海文明崩溃后被封锁在内陆的西欧，从此开始独自踏上了新的天主教—日耳曼文化形成之路。与欧坦并列的勃艮第另一古都欧塞尔（Auxerre）教会地下墓室中的9世纪壁画，就是其最早的文化遗产之一。

粗略回顾地中海古典世界崩溃，西欧被封锁于内陆后形成天主教—日耳曼中世文化的这段历史，再对照东方世界中六朝至隋唐的历史进程，不由得令人感慨系之。在西方，地中海世界是古代文明的根基。伊斯兰教、基督教（基督教中又分天主教和东正教）等排他性的宗教互相角逐，将地中海分割成三个文明圈，地中海世界于是乎崩溃。而在东方，尽管有着各式各样的政治分裂与民族斗争，高度发展了上古文明的中国世界却一如既往地——

不，更应该说是作为进一步扩大了的中国式世界而延续发展下去。

断绝的世界与恒久的世界

说到西方，假如说地中海西北部顺利地发展出了罗马高卢文化，并且与东北部的罗马式拜占庭文明，还有西部、南部的罗马—萨拉森式文明三者一同，以罗马文明为共通的基础，在相互开放的关系中分别国际化了的话，那么这与东方的中国世界中胡汉混合文明圈的扩大，在一定程度上就可以说是相互对应的。可为什么在西方，这种共通性没能维持下去呢？而在东方，中国式世界又为什么能够持续发展呢？这在世界史上也是极富趣味的问题。

对于这个极其宏大的课题，有一个单纯的事实值得首先考虑：地中海世界的中心是海洋，而中国世界的中心是横亘华北华中的平原。人类无法定居的海洋，容易因应着周边陆地的状况而改变性情；而在人类定居的内陆，情况就没那么容易变动。假定说地中海是一片陆地，肩负着罗马文明的大量人群居于其中的话，那么这种文明的持续性想必也会更加强韧吧。仅凭突出于海中的意大利半岛，就想要维持以罗马文明为核心的地中海世界，只能说太不够分量了。

其次值得考虑的是，基督教和伊斯兰教所共通的排他、战斗性格与东方的佛教及中国人宗教意识中的包容性格之间的差异。当然即便在中国，从六朝到隋唐期间，佛教与道教或儒教间也并非不存在排他性的论争冲突。不过，中国自古以来就存在着一种基础性的

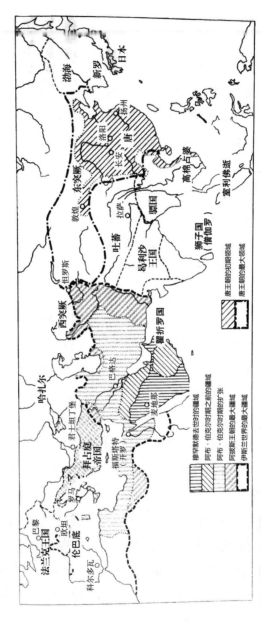

隋唐时代的东方和西方地图

思维方式：用非人格化的"道"来把握终极存在，"道"自身的"无"之本质超越了人类分析性认知能力。就此而言，说"一切空"的佛教，也不妨就看作追求"道"的"道教"（道之教训）之一派。换言之，"道"的无之本质中已经包罗了一切，佛教所起的作用也不过就是丰富了对"道"的探究而已。

这种思维方式的本质差异是思想史上极其重要的问题。而在东西方的现实历史进程中，将这种思维方式差异在不同的方向加以实践的，则是携带着这些思维方式的知识人。

中国知识人与贵族制社会

事实上，中国世界之所以没有像地中海世界一样断绝，而是能够以上古文明为核心持续发展，同时还增添了更为丰富的国际色彩，在我看来，最大的原因就在于中国知识阶层的广阔与韧性。

在西欧，从墨洛温王朝末期到加洛林王朝初期，7—9世纪的知识人都几乎已经无法再用正确的拉丁语写文章了。这在前文已经有所介绍。而古典文明的这种悲惨下场，在中国却完全不曾出现。毋宁说，正是在政治上分裂与大动乱的六朝时代，中国才确立了最华丽、最富于韵律的完善文章体式——"骈俪体"。这如实地反映出中国知识人的强韧精神及其主体坚韧不拔的努力：即使在政治分裂与战乱最严重的时刻，他们仍然能在珍重守护其古典文明的同时，进一步将其发展得更加丰饶。

在对战乱习以为常的六朝时代，凭着武力大展拳脚的武将确实令人瞩目，尤其入侵华北的北方异族就是以强大的武力为背景压制汉族的。但是，尽管这些武人确实发挥了巨大的作用，他们最终还是没能在中国构成统治阶级，开创出封建性的武家社会。要进入统治阶级，非得是有知识、有教养的文人不可，哪怕是战乱时代，中国大体上还是贯彻了这条原则。从六朝到隋唐时代的社会，一般被定义为贵族制社会，但所谓贵族，与其说是武人，毋宁说本质上是文人，是知识阶层。控制了华北的异族，其统治层就算原本是武人，也不得不逐渐蜕变为有知识有教养的文人。

中国知识阶层的这种强韧性是如何产生的？六朝时代的贵族社会是怎样形成、变迁的？握有武力的武人与这一社会的关系又是如何呢？下面就以这些问题为中心，来看看这个时代的历史奔流吧。

第三章　贵族制社会形成的序曲

——2世纪的华北

一　汉代社会与豪族的扩张

产生贵族的根基——乡村社会

所谓贵族制社会，是这么一种体制：被称为贵族或豪族的社会阶层广泛存在，成为政治、社会、经济、文化等所有领域的核心性阶层。这种社会体制给3世纪以降、纵贯六朝时代，直到唐代为止的中国社会赋予了特色。而如前所述，整体而言以文人为优先的这种社会体制，可以说就是中国世界、华夏文明尽管经历了漫长宏大的政治分裂期，却仍然得以持续发展的最大原因。

在这里我使用了"被称为贵族或豪族的社会阶层"这样有些暧昧的表述，而这一社会阶层是从汉代乡村社会中逐渐形成的，因此首先要来稍做说明：这究竟是怎样的一种东西呢？

大体上，位于华北的汉代标准乡村社会，并不是日本农村常见的散村——农户点状散布而形成的村落，而是集村，是周围筑以土城、堪称小城镇般的存在，农家集中于其内部形成一个乡村

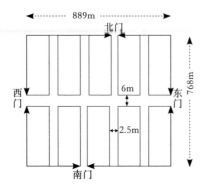

午汲古城 河北省武安县午汲乡北，1958年发掘，五井直弘复原图

社会。1957年，在河北省武安县[1]午汲乡北发掘了名为"午汲古城"的汉代农村城市遗址。如左图所示，该城是东西长889米、南北长768米的矩形，周围绕以城郭，正中大致宽6米的道路贯通东西、联结东西二门，南北向则分为宽2.5米的四条道路。北门与南门的位置并不对称。经由这些道路，这座城镇被划分成了十个区域。

每一个区域，用当时的话来说就是"里"。"里"的周围绕以矮墙，其中所住的居民——按照制度规定大致是百家上下，大约是从面向道路开设的一道门（称为"闾门"）出入的。由若干这种"里"集中起来造成的城镇，当时被称为"聚""亭""乡"等。因为当时的制度是"十里一乡"，所以由十"里"合成的午汲古城，就制度而言正相当于一"乡"。

不过，因为在制度上会从若干"乡"中，设定统辖这些乡的"县"政府所在地，所以这也有可能是"县"。据五井直弘氏所论，汉代县、乡、聚的大小，大致上就相当于这座午汲古城，或者在江苏省赣榆县[2]西30千米处所发现的一座每边约500米的四方古城遗址的规模。

---

1 今已改为武安市。
2 今连云港市赣榆区。

以里为基本单位的乡村共同体

聚居于这种"乡""聚"中的农民，过着早上外出到分布于城镇周围的各自农田中耕作、傍晚又回到城中的生活。在一"里"中，以人生经验丰富、被称为"父老"的年长者为核心形成自治体，人们相互结合成共同体关系。在几个这种"里"集合成的"乡"中，又从这些"父老"中选出代表来担任"乡三老"这一职位（"三老"并不就是指三个人，而只是职位的名称），这既是这一乡村自治体的代表，同时也负责下达从上级机构（"县""郡"等）传来的命令。

此外，这种城镇中有称为"亭"的建筑物。从字形就能想象得到，这是有二重屋檐的两层楼房，或是以一根支柱支撑二重屋檐的小型塔状建筑，承担着瞭望塔的功能。换言之，这是守护着该自治体或共同体秩序的场所。这里又置有驿马之类，也是与其他城镇联络的场所。此外，还备有旅宿设施。在"亭"中，还配有教育该共同体中年轻人的"塾"，以及可在该处聚会饮食的"厨"等。总之，这里发挥了城镇共同集会场所（公会堂[1]）的功能。据说直到近年，越南村落的共同集会场所仍然称为"dinh"，而"亭"的发音则是"ting"，两者或许就有某种关系。不管怎么说，这种"亭"是"乡"或"聚"的核心设施。正因如此，有时候也用"亭"来指整个聚落。

"亭"的管理者称为"亭长"，是执掌维持城镇秩序的警官，但任职者原则上也是从城镇中有道德威望的老人中选出来的。换言之，可以认为当时的乡村社会以这种"亭"为核心设施，以包

---

1 公会堂，日本地方上用于民众聚会的公共设施。

含"乡三老"在内的"父老"为指导者；自耕农相互之间不存在悬殊的等级差异，结成共同体关系而聚居。

此外，这种农村都市般的"乡""聚"及其周边分布的农田，和相邻的"乡"之间的距离是相当遥远的。所谓"十里一乡"的"十里"，也可能表示乡与乡之间的距离为十里远。但在这样的间距之内，无疑也存在着由百家或不满百家规模的小聚落组成一个"里"，在"父老"之下结成小型共同体，周边还拥有农田的地点。古贺登氏联系长安的都市规划，对"乡""里"配置关系提出了新的学说，指出"亭"的存在也并不限于农村都市或大都市，有相当多的例子都是设立在临近路边的荒僻之地，用作旅宿设施、驿马设施[1]。不过总而言之，不妨说汉代的乡村社会就是在这种以"里"为基本单位的乡村共同体基础上成立起来的。

儒教思想的浸透

众所周知，西汉武帝以儒教为国教，开始将具有儒教学问、教养的人物擢用为官僚。不过，儒教观念要浸透社会，成为支撑上述乡村共同体及以此为基础的国家社会的自觉理念，还必须经过相当长的时间。这一理念真正落实到乡村社会中，应该说是进入东汉时代才开始的。作为帮助我们了解此情形的一个大致指标，不妨来看看首都设立的"太学"——具有儒家教养的官僚的培养机构——的学生人数，以及修习儒家学问的知识人的增加情况。

1　应指古贺登的论文《漢長安城の建設プラン：阡陌・県郷制度との関係を中心おとして》(《汉长安城的建设方案：以其与阡陌、县乡制度的关系为中心》，1972)及《県郷亭里制度の原理と由来》(《县乡亭里制度的原理及由来》，1973)。

西汉武帝设立太学之际，学生最初仅有定员五十人，其后渐次增加，至西汉末大致达到千人规模。进而到了东汉，定员更日益增多，至质帝时的146年，已经有超过三万名的大批学生在首都洛阳游学。而且，学生并不仅仅存在于首都。在西汉时代，也有地方上的郡已经设立了称为"郡学"的地方性大学；而进入东汉以后，地方上开办私学的盛况更是令人瞩目：

> 及东汉中叶以后，学成而归者，各教授门徒，每一宿儒门下著录者至千百人，由是学遍天下矣。[1]

这是清代历史学家赵翼指出的情形。事实上，东汉末年的郑玄是中国学术史上划时代的大学者，而他就曾因家贫离开故乡，到其他地方做租地农[2]。尽管如此，据说跟随他的学生却多达数百人至千人。在修习学问上，出身富裕阶级的有钱有闲者条件自然要便利得多，而如今不仅自耕农，甚至连租地农阶层中，都出现了像郑玄这样第一流的知识人，这正反映出知识阶层已达到了何等的厚度。

儒教的国家、社会理念

浸透到如此广泛阶层的儒教，其思考方式的核心在于"孝悌"，也就是要求对父母孝、对兄长及年长者悌，用这么一种自

---

1 赵翼《陔余丛考》卷一六"两汉时受学者皆赴京师"条。
2 原文是"借地农"，一般指向地主租土地、雇佣人手耕种的农业资本家，在产业革命中介于地主、农业工人之间，中文译作租地农场主。本书中似乎只是用来指租用他人土地耕作者。《后汉书·郑玄传》："家贫，客耕东莱，学徒相随已数百千人。"

律性的家庭伦理充当社会秩序的基础，并将其作为国家社会整体的秩序根源来推广。如前所述，汉代乡村社会的基本单位，是以"父老"为中心的"里"共同体。在其中，共同体的成员对于"父老"而言乃是"子弟"，乡村共同体的秩序是依据"父老"与"子弟"间的关系亦即"孝悌"原理来维持的。即使现实中的情形并不是那么理想，随着儒教意识形态的浸透，人们也逐渐产生了这样的自觉意识：乡村社会的秩序必须在这种"孝悌"原理下才能维持，别无其他办法。

而且，汉帝国政府方面也希望维持这种乡村共同体社会，并以这种社会秩序为基础来维持整个国家社会。在这一方向上发挥了关键作用的，则是当时的"选举"制度。

东汉时代的选举制度，目的在于以"孝廉"这一儒教性的德行为中心，由地方长官将吻合"贤良""方正""茂才""直言"等科目的人物从当地推荐至中央，任用为官，让这些身为贤人、有德之士的官僚来担当国政。而地方长官在推举这些人物的时候，则会参考乡村共同体中的评价——当时称为"乡论"。也就是说，乡村共同体的代表会被任用为官僚。这一制度之所以在当时被称为"乡举里选"，也是由于这个原因。

如上所述，践行以"孝悌"为基础的乡村共同体原理的人们，组成了作为上层建筑的国家机构，运作国家政治。对此我们能够得到的唯一结论就是：下至个别家庭及由其集合而成的乡村社会，上至以天子为顶点的帝国政府，整个国家社会都贯通着儒教性的共同体原理；作为公权力的国家机构，是基于这一共同体原理的贯彻，才得以实现其公共机能的。

事实上，从西汉末进入东汉，随着具备儒教式教养的人才在官僚中所占比重的逐渐增大，认为理想中的国家，以及位居其中央的"王者"应当立足于"以四海为家，兆人为子"（王符《潜夫论》）的儒教式家庭共同体原理之上的国家理念已广泛普及开来了。

从而出现了这样的观念：正如天界的所有星宿都在位于天顶的北极星之下，维持着上下尊卑的阶层性秩序，井然有序地受到统率而运行；地上的国家也是一样，所有官僚、庶民都必须在天子之下，基于儒教性的"德"，维持着上下阶层秩序而接受统率。

然而，贯彻着这种儒教性共同体原理的国家理念，也就是理应是与天界相应的、独一无二的地上国家的普遍性国家理念，却并不是由于现实中的汉帝国实现了这种理想形态才广泛普及的。

事实上，非但这种理想蓝图根本无法实现，而且冲毁这种理想的潮流越来越强大，从知识人群体对其的反复抵抗当中，越来越自觉地以明确的形态呈现出来。

所谓冲毁理想的潮流，在组成帝国政府中枢的东汉皇帝及高级官僚的态度中也有所反映，不过更为根本的表现还是来自位于汉代社会基层的乡村共同体内部。那就是乡村共同

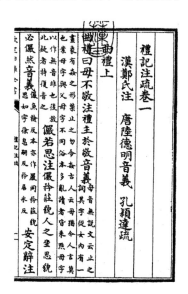

《礼记·曲礼》体现儒家伦理的文献

体内部的阶级分化现象。

富农的出现及其豪族化

我在前面说过，汉代的乡村共同体是相互间等级落差不大的个体经营农民以其中人生经验丰富的年长者"父老"为中心，结成共同体关系而聚居的。然而，在汉大一统帝国基本稳定的长期统治下，农耕技术有所进步，灌溉设备也得到了整修，在这种利好条件下，乡村社会的农业生产力提高，社会上也就无可避免地出现了富农和贫农的分化。生产力提高的成果，不管怎么说总是富农一方获得的较多，富农势力越来越强大的阶级分化现象必然日益加剧。这种富农力量壮大后产生的形态，就是"豪族"。

汉代的豪族是指累世分家——从兄弟分家到儿辈分家——而产生的同族人，以其中某个有力之家为中心聚集，同气连枝，依托同族的丰厚财力，在乡村社会中拥有强大影响力。那并不仅仅意味着开辟横亘在"乡""聚"等农村都市间的荒地、占有面积广大的土地而已。为了耕种这些土地，他们不消说会将流浪者充作佃农或奴隶，而且还通过放高利贷之类的手段，夺取无力还债的周边贫农的土地，使其佃农化。

然后，为了强化扩大其支配力量，他们还雇佣武艺高强的剑客为其爪牙。从这班剑客到佃农，总而言之是依附主人、受其驱使的外姓人，在当时的说法里就叫作"客"。而在称为"宾客"的人群中，也有些人是几乎已经佃农化了的。

所谓豪族，就是这种以同族——当时的说法叫作"宗族"——的相互结合为中心，纠合分别依附在族人周围的"客"的力量而形成的集团。同族中最有实力、有才能的人物（不一定是本支嫡派）位居中心，统率着整个集团，"宗族宾客"则围绕在其周边集结起来。

论其规模，汉末2、3世纪之交甚至出现了"宗族宾客数千家"之多的情形。若据当时仲长统、崔寔等学者所言，这些"豪人（豪族）之室，连栋数百，膏田满野，奴婢千群，徒附万计"，"上家（豪族）累巨亿之货，户地侔封君之土。行苞苴以乱执政，养剑客以威黔首。专杀不辜，号无市死之子。故下户（贫农）崎岖，无所跱足，乃父子低首，奴事富人"[1]。这正表现出豪族以财力、武力为后盾，扩大其对周边的统治力，借此更进一步加强自身的财力、武力的同时，逐步确立起足以称为"封君"即领主级别的统治力量的过程。

乡村共同体的崩溃

豪族的这种扩张，和前文所述汉代乡村社会的基本共同体秩序是冲突的，豪族对乡村统治的加强，就意味着乡村共同体的解体。为什么呢？因为乡村共同体的秩序应当是在包含"父老"和"子弟"这种人们各自内发性、自律性的上下关系的同时，以落差不大的个体经营农民之间横向的共同关系为优先的。而与之相对，豪族集团内部主家与客之间形成的主从关系，以及豪族集团与其周边被迫隶属于豪族的农民之间的关系，则是以"统治"与"隶属"这种纵向的主从关系为优先的。

1　分别出自仲长统《昌言·理乱篇》、崔寔《政论》。按崔寔原文"市死之子"下有"生死之奉，多拟人主"一句。

此外，前面提到的"乡""聚"之类的古老农村都市，自古以来就是由自立农民聚居而成的，面积充其量不过几万平方米，豪族"连栋数百""户地侔封君之土"的广阔地盘是很不容易在其内部实现的。毋宁说，有许多必定是这种古老"乡""聚"的周边或其间的未开垦荒地得到开发的结果。换言之，未开垦荒地正在逐步变成豪族的庄园。

当然了，他们也会在原本所居的古老农村都市中扩大宅院，但豪族的实力根基毋宁说已经转移到了这种郊外庄园，而他们在都市内部的宅院则开始带有为实施其乡村统治而设的分支机构的色彩。进入东汉时代，便留下了"民家皆作高楼，置鼓其上，有急则上楼击以告邑里，令救助也"（《太平御览》卷五九八引《僮约》注）这样的记载。这种拥有高楼的民家，毫无疑问是指该城镇的豪族之家。可以想见当时在若干"里"组成的农村都市中，若干家豪族的小城堡以这种形式来各自实施自卫体制的情形。

如前所述，在作为农村都市的"乡""聚"等之内，原本就有设置着高楼的"亭"，在城镇中享有威望的人物被选为亭长，维持城镇秩序。可是，从城镇中成长起来的豪族之家却各自建造高楼，实施自卫体制，这不正表明原本作为自治体、共同体的城镇秩序已经被这些豪族的自卫体制撕裂了吗？

两种社会倾向

①豪族的领主化

如上所述，在较为平稳地长期延续下来的汉代社会中，农业生产力大幅度上升，结果一方面使得乡村共同体中的豪族势力大增，加剧了共同体内部的阶级分化，不断扩大对贫民之类自立农民阶层的统治范围。这一倾向随着时代的前进而日益激化。我将其称为"豪族的领主化倾向"。

这一倾向如果一直这么持续下去，乡村共同体会彻底解体，拥有强大财力、武力的豪族将实现对乡村的单方面统治，也就是成立起领主统治体制。事实上，在汉帝国开始崩溃的大动乱期间，乘氏县（今山东省巨野县西南）的豪族李氏就已从旗下所属的"宗族宾客数千家"[1]当中组建私兵部队，父子三代相续，发展成足以称为地方武人领主的形态。

倘若这种情形扩展到华北全境的话，就有可能在各地出现由武人领主率领的、强弱不一的各种权力体，这些权力体相互间的关系继续整合，就会形成以武人为统治阶级的典型封建社会。至少，不能说绝对没有往这个方向发展的可能性。但是，事实上历史却并未如此简单地、一条直线地往前推进。这又是为什么呢？

原因恐怕就在于，促使豪族发展起来的农业生产力提高这一因素，同时也作用于另一方向，那就是使构成乡村共同体的个体经营农民的生活基础变得更稳固了。

②共同体的抵抗

农业生产力的提高，如前所述，的确促进了各地乡村社会中的富裕豪族成长，使豪族走向领主化，从而夺取了周边小农的自立性，使其不得不隶属于豪族之下。但与此同时，农业生产力的

---

1 《三国志》卷一八《魏书·二李臧文吕许典二庞阎传》："典从父乾，有雄气，合宾客数千家在乘氏。"

提高同样也使得小农向中农发展。虽说同样是小农，却无疑已经成长为根基比汉代初期要雄厚得多的农民了。

这种情形，从先前所言知识阶层的厚实成长中也能获得理解。儒学发展后会进入富裕的豪族阶层，这是不难想象的；但竟然在就连自耕农都算不上的租地农——所谓"客"——阶层中，也有郑玄那样的第一流知识人存在，其普及程度还达到了"学遍天下"之广。这种情形的出现，如果没有一个特定前提的话是无法想象的，那就是东汉中期以后的农民拥有很强的个体独立性，大范围地广泛分布，而且就连这样的农民阶层都不是完全没有修习学问的余裕。

然后，同样如前所述的是，儒家意识形态与乡村共同体秩序紧密相连，具有支撑其社会秩序的方向性。随着豪族的领主化倾向加强，暴露出其促使乡村共同体秩序解体的危险，不断广泛出现的儒家知识人群体间越来越明确地自觉意识到"必须要有共同体秩序"的理念，抵抗豪族领主化倾向的舆论不可避免地被驱动起来。

总而言之，汉代社会的基本形势就是如此：随着农业生产力的提高，一方面倾向于豪族势力扩张，破坏乡村共同体的秩序，将乡村社会重组到领主支配体制之下；另一方面则反过来，倾向于以成长起来的自立农民力量为背景，维护乡村的共同体秩序。这两种相反的倾向都伴随着时代的进展而日益增强起来。

当然，这两种倾向相互纠缠作用的具体情形，想必各地域、各地区之间都会有所差异。和自古以来就有许多自由农民聚居的"乡""聚"之类农村都市相比，某一豪族的统治力应该说更容易作用于点状分布在这些城镇之间的小型"里"；而和存在较多这类农村都市的先进地区相比，正在开发中的落后地区、边境地区也更有利于豪族扩张自己的势力。

东汉政权就是在上述两种相反的汉代社会基本倾向发展到白热化的形势之中产生的，又始终苦于二者间的矛盾，直到最终也未能彻底解决问题，就这样无可逃避地走向了崩溃。而所谓的"贵族制社会"，也就是在这一过程当中诞生的。下面我们就来看看其诞生过程。

二 东汉的贵族、宦官与党锢事件

东汉政权的性质

从王莽政权末期爆发的赤眉大乱当中，刘秀缔造了东汉帝国。他的势力是以今河南省南部接近湖北省的南阳地区豪族势力为中心、加上其他各地豪族的响应而形成的。

南阳地区和中国上古文明的中枢黄河流域之间，隔着高500—1000米的伏牛山脉。从山脉发源、泽被南阳地区的若干条河流向南流去，在今湖北襄阳附近与汉水（即今汉江）合流。汉水在今天的武汉市汇入长江，因此南阳地区有着面向长江流域开放的地理条件，对汉族来说是向南发展的据点。如宇都宫清吉氏所言，刘秀出身的南阳地区是汉族向南发展的前线，而对前线的开发，则是以豪族势力为中心来推进的。刘秀家在南阳郡蔡阳县辖内，与同郡的湖阳县樊氏，新野县阴氏、邓氏、来氏等豪族通婚，维持着密切的联系，一同推进地区开发。

在开发中的前线地区成长起来的大豪族们，进入继承西汉帝室血脉的刘秀麾下大显身手，或任将军，或为参谋，奠定了开国功臣的地位。当然，在这些开国功臣当中，除了出身南阳者，还有来自其他地区的人物，比如关中地区的扶风茂陵人马援等，都积极地辅佐刘秀。在今甘肃省建立一大势力后归顺辅佐刘秀的窦氏、梁氏等，也都是建立东汉帝国的中流砥柱。这些人物几乎都是各地的豪族。在现实中缔造东汉政权的核心力量，不妨说就是这些豪族的联合势力。

　　然而，刘秀等人的政权要在整个华北社会打下稳固的基础，掌控广大民众，仅靠这么一部分豪族的力量是不够的。这是因为如前节所述，当时社会中广泛存在着乡村共同体构造，逐步积蓄起力量的自立农民热切盼望着共同体秩序的平稳持续发展。打倒了王莽政权的赤眉之乱，就是这种希望护持共同体秩序的农民意志爆发后的结果，他们所标榜的"赤"之标志，正与"火"德相应，那不是别的，正是追求重建理想中的汉王朝的呐喊。

　　传承着汉室血脉的刘秀团结豪族势力，安定了赤眉之乱导致的动荡形势。然而赤眉之乱本身，就是豪族强大而造成农民阶级分化加剧后，小农阶层对这一事态进行抵抗的产物。因此，刘秀政权虽然是以豪族阶层为基础形成的，但为了重建真正的汉王朝，却不能无视小农的这种抵抗能量。

　　刘秀，也就是东汉光武帝（25—57年在位），遵循着上一节中所言的以共同体秩序为基础的儒教性国家理念，致力于重建理想中的汉帝国。振兴儒学、擢用具有儒学教养的人才为官，都是这方面的表现。而这一路线，接下来经过明帝（57—75年在位）、章帝（75—88年在位），在连续三代皇帝治下都得到高度忠实的执行。这无疑促进了儒教意识形态向官、民双方的浸透。

东汉的外戚贵族

然而在此期间，各地乡村社会中的豪族成长起来，社会、经济实力越来越向少数人的手中集中。他们修习儒家教养，进入官场，被称为"世世衣冠之家"，官僚门第如是固化起来，政治上的势力也越来越有集中于少数人手中的倾向。而居于这一倾向顶端的，正是与帝室联姻的若干门第，尤其是出了皇后的那些外戚之家。

东汉皇后几乎全部都出自开国功臣家族，包括前面举出的阴氏、马氏、窦氏、邓氏、梁氏等，原本都是以南阳为首的各地豪族之家。他们一旦当上外戚，就出现了倚仗权势横行不法、为了家族利益而滥用东汉政府权力的倾向。这在开国之君光武帝在位期间就已经有萌芽的迹象了。

光武帝皇后阴氏家族的行径，据广汉郡（今属四川省）长官蔡茂的上书所言，已经到了"顷者贵戚椒房之家（外戚阴氏），数因恩势，干犯吏禁，杀人不死，伤人不论"[1]的地步。此外，明帝皇后马氏虽以贤德闻名，但明帝死后、章帝在位之时，以马防为首的马氏家族仗着皇太后的威势横行霸道的行径却相当显眼。

不过如前所述，在光武帝至章帝这三朝，追求将国家建立于共同体秩序基础上的倾向还算压制得住这种行径。而在那之后，

---

1 《后汉书》卷二六《伏侯宋蔡冯赵牟韦列传》。

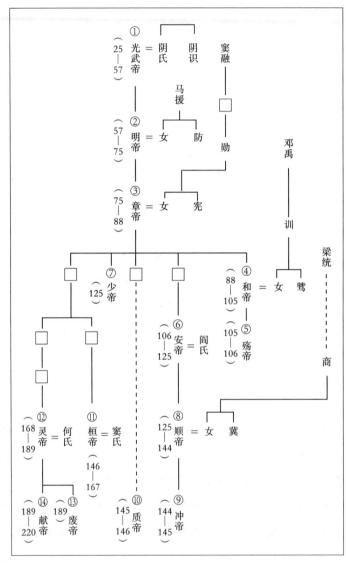

东汉帝室外戚图

年幼的皇帝接踵相继，皇太后随之接连摄政，形成了由外戚亦即皇太后的父兄担任大将军、主宰所谓内朝（与处理全体国政的外朝相对，直属于皇帝的机关）的惯例。到这种时候，外戚就掌握了政权，为了私人统治而利用政权的事态日益恶化了。

章帝于公元88年去世后，皇后窦氏作为皇太后摄政，其家族垄断了众多重要官职，尤其太后兄弟"宪、景等日益横，尽树其亲党宾客于名都大郡，皆赋敛吏人，更相赂遗"，扩张权势，以至"其余州郡，亦复望风从之"（《后汉书·袁安传》）。

部分外戚对政权的这种垄断，在窦氏之后又有邓氏、阎氏、耿氏相继，从2世纪40年代持续到了50年代。到了先后拥立冲帝（144—145年在位）、质帝（145—146年在位）、桓帝（146—167年在位）三代年幼天子的外戚梁冀时期，其社会危害达到了顶点。

外戚贵族的特质

刚才所引《后汉书·袁安传》中关于窦宪的记载，是儒家官僚袁安弹劾外戚窦氏专横的上书中的一段。与之前所引针对外戚阴氏的蔡茂上书合观，便可知道这些外戚的行径，有着与乡村社会中的民间豪族完全相同的行为模式。

如上节所见，崔寔曾指出乡村社会中成长起来的"上家（豪族）累巨亿之赀，户地侔封君之土。行苞苴以乱执政，养剑客以威黔首。专杀不辜，号无市死之子。故下户（贫农）崎岖，无所跱足，乃父子低首，奴事富人"。而以全国性的规模，利用公权力来实施完全相同行径的，就是"干犯吏禁，杀人不死"的阴氏，

袁安碑 东汉

以及"尽树其亲党宾客于名都大郡，皆赋敛吏人，更相赂遗"以扩张权势的窦氏等外戚。

民间豪族之所以能"养剑客……专杀不辜……杀人不死"，是因为在上层权力人物中有其可以"行苞苴以乱执政"的贿赂对象，他们可以通过"更相赂遗"来和作为外戚"亲党宾客"的郡县长官勾结在一起。换言之，外戚掌控政府实权、谋求家族私利的行径，会立刻帮助借由贿赂与之勾结的豪族变得更加强大，促进整个社会往豪族的领主化倾向发展。

外戚往往与其家所出的皇后或皇太后沆瀣一气，将其族人安插在重要的官职上。例如邓氏家族，封侯者二十九人，公（宰相等级）二人，大将军以下十三人，大臣[1]等级的十四人，地方长官四十八人，其余侍中以下不可胜数。（《后汉书·邓禹传》）虽然这个统计并不仅限于邓氏当上外戚、权势煊赫的时期，而是自从初代人物邓禹作为功臣受到宠遇以来邓氏所有世代的数字（失去

---

1 作者用来类比现代官职、说明其等级高低的"大臣"一语，不是中国史上的概念，而是日本现代政治中的术语，指内阁首相及中央各部门长官。《邓禹传》中对应的原文是"中二千石"。

外戚实权之后的时期也包括在内）；不过也足以表明，这种外戚之家是完全有资格称为贵族的了。

同样，初代人物耿况成为开国功臣的耿氏也与帝室联姻。耿氏从开国之初一直到东汉灭亡都绵延不绝，其间"大将军二人，将军九人，卿（大臣）十三人，尚公主三人，列侯十九人，中郎将……二千石数十百人，遂与汉兴衰云"（《后汉书·耿弇传》）。

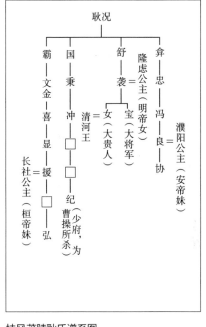

扶风茂陵耿氏谱系图

如是，东汉时代以帝室为中心，出现了外戚家、姻戚家的王朝贵族群。不过，这与日本平安朝的藤原氏压倒其他家族、独领风骚不同，东汉有若干家贵族轮番更替成为外戚，跑马灯似的轮流当权得势。此外值得注意的是，权势被其他家族夺去以后的旧外戚家，如那位大学者马融的例子所见，反而会倾向于采取较为公正的官僚立场。

宦官及其政治支配

东汉第三代皇帝章帝去世以后，年仅十岁的和帝（88—105年在位）即位，章帝皇后窦氏随即作为皇太后摄政，其兄窦宪则任

韦洞墓石椁画像中的宦官形象
唐　陕西省西安市长安区出土

大将军，开创了外戚主宰内朝的先例。这在前文已经叙述过了。

中央的行政机关原本是以三公（东汉相当于宰相的是"司徒"，副宰相兼大法官是"司空"，国家军队最高司令是"太尉"，三者合称三公）和九卿（以相当于式部长官[1]的太常卿为首，地位相当于各省大臣[2]的九人）为中心构成的。不过早在西汉时代，就已在离皇帝更近的位置设置大将军府，将实权转移至此，行政机关分为位于此处的内朝和三公九卿以下的外朝，导致外朝逐渐远离皇帝而大权旁落的现象。东汉时期外戚对政权的垄断，也是利用了这种行政机构变化的先例来推进的。

不过，实权虽被外戚把持着，但皇帝随着年纪成长，便会产生反抗情绪，开始尝试将失落的权力夺回自己手中。这个时候的皇帝，已经难以联络远在内朝之外的外朝，而不得不反过来，依赖位于在内朝最深处日常伺候自己、心气相通的宦官了。

于是和帝用宦官郑众之计，成功诛灭了外戚窦宪等人。然而如此一来，内朝的宦官凭着功劳，发言权就增强了，甚至出现了像郑众这样封侯的宦官。继窦氏之后成为外戚、当权得势的邓

1　式部省，日本律令制时代的八省之一，职掌文官考课、礼仪、铨选等。下一句中的"各省大臣"就是指式部省等各省的长官。
2　此处的大臣相当于今日所谓部长级官员。

氏，同样由于宦官势力而失败下台。这班宦官在自己拥立的顺帝（125—144年在位）朝被封为列侯，逐步获得了让养子继承爵位的权利（135年）。就连接下来手握大权、专横跋扈至极的外戚梁冀，也在159年被以单超为首的宦官诛灭。自那以后，政权便不再由外戚主宰，而是完全掌控在宦官手中了。

和帝以后的内朝历史，如增渊龙夫氏所言，"不妨说就是围绕着现实政权的操控问题，在外戚与宦官之间进行激烈斗争的历史"。宦官在159年打倒梁氏、收获胜利果实以后，持续操纵政治，一直到189年手握军队的袁绍控制首都，将宦官悉数除灭为止。这时汉帝国已被黄巾之乱卷入大乱之中了。

外戚和宦官虽然是为掌握政权而在内朝反复殊死斗争的仇家，但取代外戚而掌握了实权的宦官同样将与其沾亲带故者，以及买来当养子的奴隶人等任命为各地的地方长官，"辜较百姓，与盗贼无异"（《后汉书·宦者传》之《单超传》）。他们贪得无厌，"遂固天下良田美业，山林湖泽，民庶穷困"（同书《刘祐传》），其行径和前文所述外戚所为完全沿着同一方向，将公权力私权化，造成的结果是整个社会的豪族领主化倾向都大为加强。如东汉末年的学者仲长统所言：

> 权移外戚之家，宠被近习（宦官）之竖。亲其党类，用其私人。内充京师，外布列郡。颠倒贤愚，贸易选举。疲驽守境，贪残牧民。挠扰百姓，怨怒四夷。招致乖叛，乱离斯瘼。（《昌言·法诫篇》）

无论在内朝相互敌对的外戚和宦官哪一方掌握政权，结局都是将汉帝国推进了"乱离斯瘼"的深渊。这正是因为不管外戚还是宦官，都只是推动了豪族的强大化、领主化，使光武帝、明帝等倚为汉帝国立国根基的乡村共同体及其社会秩序走向崩溃，从而引起了大规模动乱与抵抗。

知识人与乡论

对于东汉政府的权力被外戚、宦官滥用到这种程度，许多具备儒家教养的官僚和知识人从一开始就激烈反对。前文所举弹劾外戚阴氏行径的蔡茂，还有告发窦宪一伙的袁安等人，都只是反映这一动向的个别例子罢了。尽管如此，和帝以后，东汉政权已经渐渐走向服务于外戚和宦官的"私"性支配，地方政治与社会也就无可避免地受到严重的影响。这首先集中反映在仲长统所说"贸易选举"的"选举"问题上。

东汉的选举制度，如前节所述，是根据以乡村共同体秩序原理为根基的儒家理念，为造就理想中的汉帝国而发挥关键作用的一个环节。地方长官基于乡论（乡村共同体的评价）将适于"孝廉""贤良""方正""茂才"等科目的有德行的贤人长者推荐给中央，让这些贤德之士出任官职，担当国政。

然而，掌握了实权的外戚和宦官"尽树其亲党宾客于名都大郡""更相赂遗"，"贸易选举"之风正在蔓延。这如前所述，会推进地方豪族的强大化倾向；而这一倾向显然会与基于共同体秩序的、理想中的"乡举里选"产生正面的冲突。而且，一方面随着时代发展，这种妨害"选举"的行为越来越严重；另一方面，修习儒学的知识人数量又在不断增加，儒教意识形态正在大范围地普及起来。

修习儒学者的理想，是以儒家的知识、教养实现"治国平天下"，自身成为施政者来维持国家社会秩序。因此，如果一方面怀有这种理想的知识人不断增加，另一方面以选拔施政者为目的的"选举"却被一部分权势人物所左右、无法公平运作的话，则不但会造成重大的社会问题，而且理所当然也会发展为严重的政治问题。随着知识人中要求擢用有德行的贤者、遵循"乡举里选"的呼声不断高涨，一方面，作为其基础的乡论（乡村社会的舆论）和儒家理念结合，越来越自觉地高涨起来；另一方面，这种广泛的舆论会将矛头对准通常倾向于阻挠其实现的外戚、宦官政权，展开批判攻击，也就是理所当然的结果了。

清议沸腾

以知识阶级为中心而形成的这种舆论，在《后汉书》中称为"清议"。已被外戚、宦官之流把持的政权，凭着钱财和暴力来操纵人世，人们对此的感受是污浊不堪。而与这种人世间的污浊相反，与儒家理念相结合的，对共同体秩序原理的守护则被理解为"清"。在这一理念下，乡论的内容与方向获得了自觉，并且超越乡村社会，广泛发展为全国性的舆论。这就是清议。

这种反政府的舆论，以159年外戚梁氏倒台、宦官彻底操控政府实权为契机，急速高涨并且广泛流行起来。《后汉书》的作者范晔写道：

逮桓（146—167年在位）、灵（168—189年在位）之间，
主荒政缪。国命委于阉寺（宦官），士子羞与为伍。故匹夫抗
愤，处士横议。遂乃激扬名声，互相题拂。品核公卿，裁量
执政。[1]

只要想想当年司马迁的痛苦，就不难明白遭受宫刑（阉割之刑）
究竟是何等巨大的耻辱。由受宫刑者或者自宫者担任的宦官，在
以身为堂堂男子汉担当国政而自傲的知识人／官僚看来，是绝不
能任其占据上风的。如今这般宦官竟控制桓帝，开始执政权之牛
耳，自然会有许多官僚耻于屈居其下。就连无官无位的知识人
（处士）、无名无望的民间老百姓（匹夫），都加入了当时如火如
荼的乡论／清议队伍。反政府舆论的圈子不断扩大，也就是理所
当然的了。

在这种舆论的组织成分中，首都洛阳三万余人的太学生，
以及在各地学者门下求学的大量私塾学生扮演了最重要的角色。
当时太学生的首领是郭泰和贾彪。郭泰等人和陈蕃、李膺等在
政府内部与宦官势力作斗争的骨鲠高官互通声气，在太学生高
呼"天下模楷李元礼（膺），不畏强御陈仲举（蕃）"[2]的口号声中，
反宦官政府的舆论被鼓动起来。而像这样标举口号进行人物批
评、"品核公卿，裁量执政"的，并不仅限于首都洛阳的太学生。
毋宁说，这种批判政府的评语在地方上兴起得更早，这是范晔
记载的事。

---

1 《后汉书》卷六七《党锢列传》。
2 《后汉书》卷六七《党锢列传》。

党人的扩大

最初桓帝还是蠡吾侯的时候（也就是当上皇帝之前），曾向甘陵的周福问学。即皇帝位后，皇帝拔擢周福，任命他为尚书（皇帝秘书。当时外朝日渐失去实权，尚书的权限实际上相当于大臣[1]）。当时同样出身于甘陵郡的京畿长官房植为朝中名士，颇有声誉。乡人（甘陵地区的人士）于是作歌谣嘲讽道："天下规矩房伯武（植），因师获印周仲进（福）。"周家、房家两方宾客互相攻讦，各自纠合徒党，嫌隙不断加深。甘陵地区因此分裂为南北两部。党人之议即始于此。[2]

桓帝于146年即位，这时仍是外戚梁氏极盛的时期，连宦官都还处在梁氏压制之下。早在这一时期，地方乡村社会中与皇帝及其党羽亦即政府当权派相勾结、图谋不劳而获者的一派，与和其对立的一派之间已开始分裂争斗。不论周氏还是房氏，同在甘陵一地，无疑都是拥有"宾客"的豪族。

然而，当其中某支豪族凭着上述与皇帝间的私人关系或贿赂之类的手段，与政府当权派（外戚，然后是宦官）勾结起来、在上层权力的保护下扩大其对乡村社会的统治力的时候，其他还未能打开这条门道或者耻于走这种门道的豪族，为了对抗来自这条路线上的压力，就不得不被逼到了相反路线上去。所谓相反路线，就是联合包括一般小农在内的"乡人"，与其并肩协力维护

---

1 此处的大臣相当于今日所谓部长级官员。
2 《后汉书》卷六七《党锢列传》："初，桓帝为蠡吾侯，受学于甘陵周福，及即帝位，擢福为尚书。时同郡河南尹房植有名当朝，乡人为之谣曰：'天下规矩房伯武，因师获印周仲进。'二家宾客，互相讥揣，遂各树朋徒，渐成尤隙，由是甘陵有南北部，党人之议，自此始矣。"

共同体秩序，鼓吹作为其意识形态的儒教理念，并且以身作则践行此道。乡论将这类豪族认定为"天下规矩"，支持他们成为这一路线的先锋。

这样的乡论是以儒家意识形态为其内涵的，因而能超越乡村社会的限制，具备扩大到一般空间的普遍性。此外，基于乡论发展起来的豪族，为了对抗乡村社会中敌对的豪族领主化倾向以及作为其后盾的外戚、宦官势力，也有必要与其他乡村社会中持相同立场的豪族和知识人联系，建立联合战线。这种倾向反映在他们的学生、宾客，乃至于中央的太学生身上，就此形成了批判攻击宦官政府及与其相勾结的地方豪族的广泛"清议"空间。

党锢事件

自首都洛阳以下，在汝南、颍川、陈留、山阳等诸郡，也就是今河南省、山东省、河北省南部等华北先进地区，都出现了前文所述的情势，超越县、乡等乡村社会基层单位，形成了郡级规模的乡论圈。例如在山阳郡，痛切揭发宦官侯览罪状的张俭以下八人被称为"八俊"，刘表等八人则号为"八顾"，一郡内部自行制作出了名士排行榜。

达到郡级规模的大型乡论圈甚至还与其他郡联合起来，整合为全国规模的圈子。反宦官派的高官窦武、陈蕃等三人被称为"三君"，置于最高座次；刚正的公安部长李膺[1]以下八人被称为

---

1 李膺任司隶校尉，掌察举百官以下，及京师近郡犯法者。

"八俊"，郭泰等八人被称为"八顾"；而山阳郡的"八俊"之一张俭、"八顾"之一刘表，则在这一全国规模的名士榜单中位列"八及"。

像这样，乡论圈从多层叠加形成的民间"清议"世界中，打造出了与政府官僚序列截然不同的"名士"序列，这表明他们对政府任命、官方选举所造成的现实官僚序列持不信任态度。加入清议的知识人群体其实已经是在组建政府反对党，设计与今天在野党的所谓"影子内阁"相似的一套东西了。

面对着攻击宦官政府的清议沸腾，汉桓帝延熹九年（166）十二月，宦官方面终于下手弹压。李膺以下二百余人被逮捕，以交结党羽、诽谤朝廷之罪下狱。虽然在次年（167）六月总算被释放出狱，却被处罚终身"禁锢"——也就是剥夺官职、禁止出仕。这就是所谓"党锢"事件的发端。然而，沸腾的清议运动并未因遭受如此弹压而止息。被投入狱中、剥夺官职的李膺等人反而成了清议运动中的英雄。

这一年年底，桓帝去世，年仅十二岁的灵帝即位，桓帝皇后窦氏作为皇太后摄政，其父窦武随即按照惯例担任大将军，主宰内朝。窦武对于宣言反对宦官的清议之士向来抱有好感，而同时清议派的领袖陈蕃也被任命为太尉（军队最高司令官），两人遂一同开始筹划清除宦官。清议之徒这时想必越发踌躇满志、认为目标在望了。前面所说以窦武、陈蕃、李膺等为榜首的"三君""八俊"等全国性名士榜，应当就是在这个时期排定的。

然而有必要注意的是，窦武所处的立场是外戚，而如前所述，外戚和宦官之间是为掌握政府实权而在内朝反复死斗的关

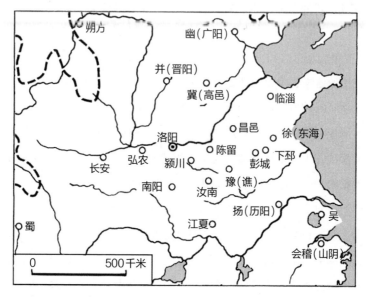

东汉概要图

系。或许窦武只不过是为了从宦官手中夺回政府实权才把陈蕃等外朝高官推到前台，利用了甚嚣尘上的清议运动罢了。连这个窦武都被推戴为"三君"之一，可见清议运动恐怕已被外戚玩弄于股掌之中而不自知了。

总而言之，汉灵帝建宁元年（168）年九月，窦武、陈蕃等计划在朝廷上诛灭宦官，但宦官一方刺探到了他们的动静，先下手为强，诛杀窦武、陈蕃。于是次年（169）十月，以"天下豪杰及儒学行义者，一切结为党人"[1]开始，对贴上"党人"标签者下手彻底弹压。李膺以下百余名著名官僚和知识人被处以死刑，

1 《后汉书》卷八《孝灵帝纪》。

对逃避逮捕的党人则严加通缉，甚至连藏匿党人的嫌疑之家都在处刑之列。针对多达数百人的党人发布"禁锢"令，亦即剥夺官职、禁止出仕的命令，并最终于176年范围扩大到其家族随从。直到184年黄巾大乱爆发为止，将近二十年间，这一命令都被严厉执行。

彻底弹压后的清议人等

由于166年和169年的两次党锢事件，尤其是经过169年实行的第二次彻底弹压，作为清议运动中枢的儒家官僚被粉碎，其势力在官僚体系中被一扫而空。匿名易服、好不容易才躲过逮捕的党人名士都转入地下活动；仅受到免官处分的党人则隐居于故乡家中，充其量不过以教授门人度日而已。

然而，清议运动深深地扎根在乡村社会希望护持共同体秩序的民众与知识阶层的乡论中，即使酷烈的弹压也不足以将其斩尽杀绝，清议世界作为在野的潜在势力，仍顽强地生存着。实际上，以逃脱逮捕的党人颍川陈寔等为中心，新的在野名士层出不穷；汝南许劭、许靖兄弟所作的人物批评，具有认证天下名士的权威，以"汝南月旦评"之名闻名天下。

于是在以颍川、汝南，或者大儒郑玄等坐镇的北海等地，即今河南省、山东省、河北省南部等先进地区为中心的乡论圈子和清议世界，虽然已被禁止公开抨击政府，但仍以认证贤德之士的人物批评形态延续了下来。随后，在184年爆发的黄巾大乱中，东汉政府的虚弱无力暴露出来，与这一政权关系紧密的外戚贵族和宦官之流，无可避免地与东汉一同走向了灭亡的命运。在那些

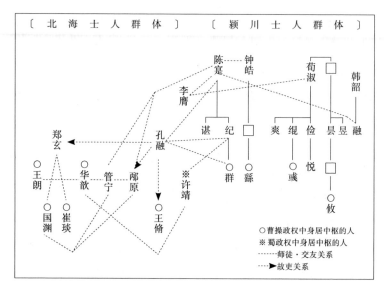

〔北海士人群体〕　　〔颍川士人群体〕

○曹操政权中身居中枢的人
※蜀政权中身居中枢的人
┄┄┄师徒·交友关系
┄┄►故吏关系

清流士大夫关系图

虽然身受严酷的党锢弹压，却仍然在舆论支持下被认证为"名士"的人们当中，反而孕育出了扛起下一个时代的力量。在不久后降临的六朝时代中形成了文人贵族阶层的，正是这些继承了清议谱系的人。

三　黄巾之乱与五斗米道

贫农的激增

　　经过党锢事件，宦官势力将反抗的清议之士从官僚体系中放逐出去，政府实权完全掌握在了他们手中。宦官夺取人民的田地屋宅，营造豪奢的府邸，行使权力以公谋私。各地豪族则与之勾结，同样行使私权。两者沆瀣一气，极大地促使整个社会向豪族领主化发展。于是到了178年，卖官鬻爵大为流行。《后汉书》记载：

自公卿、地方长官以下，分别依照等级差别规定其交纳金额。有钱人先交钱后当官，穷人则先到任而后加倍交钱。也有人通过宦官或天子乳母等，另寻买官的门路。即使是功绩名誉兼备的高官，也要首先交纳钱财，方可至三公之位。当时崔烈通过天子乳母交钱五百万，才当上了司徒（宰相）。其子崔钧有言："世人都说父亲大人总有一日会当上三公的，可如今当上了三公，大家却很失望……都嫌您有铜臭味。"[1]

此外，担任京畿长官（即京兆尹）的刘陶，也非得在到任后出钱一千万不可。刘陶清贫，又耻于出钱买官，于是托病不理政务。（《后汉书·刘陶传》）如此铜臭之气扑鼻的宦官政府机构，乃是以财富为标准衡量权力的产物，最终完全沦为富有豪族阶层的暴力机关。

169年第二次党锢事件以后的十余年间，乡村社会中富裕豪族的自我扩张，亦即领主化倾向明目张胆的发展，加速了共同体秩序的崩溃和中小农民的没落流亡，产生了数量庞大的贫农。作为中间阶级的知识人阶层为重建儒教共同体、反对豪族领主化倾

---

1 《后汉书·崔烈传》："公卿州郡下至黄绶各有差。其富者则先入钱，贫者到官而后倍输，或因常侍、阿保别自通达。是时段颎、樊陵、张温等虽有功勤名誉，然皆先输货财而后登公位。烈时因傅母入钱五百万，得为司徒。及拜日，天子临轩，百僚毕会。帝顾谓亲幸者曰：'悔不小靳，可至千万。'程夫人于傍应曰：'崔公冀州名士，岂肯买官？赖我得是，反不知姝邪！'烈于是声誉衰减。久之不自安，从容问其子钧曰：'吾居三公，于议者何如？'钧曰：'大人少有英称，历位卿守，论者不谓不当为三公；而今登其位，天下失望。'烈曰：'何为然也？'钧曰：'论者嫌其铜臭。'"

向而掀起的清议运动遭遇挫折（也就是党锢）之后，沉重的压力已越过中间阶层，直接压到了小农的肩上。

共同体生活被剥夺，数量庞大的贫民连个人生存都成了问题，只能一边求助于拯救个人的宗教，一边通过信徒们的团结来努力建设新的共同体了。

記貪産竭盡因以窮困以酤釀販鬻爲業時人皆以譏之寔終不改亦取足而已不致盈睞及仕官歴位邊郡而愈貧薄建寧中病卒家徒四壁立無以殯斂光祿勳楊賜太僕表逢少府段熲爲備棺槨葬具大鴻臚袁隗樹碑頌德所著碑論箴銘苔七言祠文表記書凡十五篇寔從兄列有重名於北州歴位郡守九卿靈帝時開鴻都門梅賣官爵公卿州郡下至黄綬各有差其

百衲本《后汉书·崔烈传》局部

新兴宗教太平道及其军团化

今河北省南部的巨鹿人张角自称"大贤良师"，和以两个弟弟为首的弟子们一同，作为"黄天"神的使者，治疗为疾病所苦的人们。他们宣称，神时常明鉴所有人的行为，会对犯下恶行者降下处罚，也就是使人得病。

因此他们的治疗方法是，首先让病人忏悔告解自己所犯的罪行，接着让他们饮用神符灵水，最后唱诵求神宽恕的愿文。如果这样还治不好，那就是因为信仰还不够虔诚，必须更进一步忏悔深重的罪孽，厉行善事以改悔。当时，被从共同体生活中放逐出去、贫苦无依的民众正在急速增加。他们的贫苦由于旷日持久的灾害和饥馑而倍增，更由于对疾病的恐惧而加深。他们会把张角提倡的个人救济之教当成救命稻草，也就是自然而然的结果了。

张角从2世纪70年代初期开始派遣弟子前往四方传教。在当时的青、徐、幽、冀、荆、扬、兖、豫八州，也就是大致今山东、河北、河南、江苏、安徽、湖北等省，从华北东半部至长江流域，获得了数十万的信徒。之所以能达成如此急速的信徒增长，据说或许是由于他们实行集团性的忏悔仪式，能使狂热的亢奋状态相互传染。张角将这些信徒组建成三十六方（相当于教区或军管区），合成巨大的教团组织。高居于其顶点的张角号"天公将军"，弟弟张宝号"地公将军"，另一个弟弟张梁则号"人公将军"。每方信徒约为一万人，方的首领为张角弟子，信徒称为"师"，方的首领同时也带有将军号。

这个教团被称为"太平道"，但其实如上所言是教团组织和军团组织的复合产物，以公平的"黄天"神之名要求彻底悔改，最终将其矛头指向不知悔改的罪恶根源（现实中的东汉政府）。于是，"苍天已死，黄天当立"（东汉政府是命中注定已死的"苍天"，而我们的"黄天"则必定将立于世上）的口号被构想出来了。

接下来，就在"苍天已死，黄天当立，岁在甲子，天下大吉"的口号下，约定于六十年周期之始的甲子年中平元年二月即184年3月5日，同时蜂起暴动。

动乱爆发及其余波

然而事情出现了纰漏，长江方面的大司教（大方）马元义为了准备起事而潜入首都洛阳，结果被捕，张角遂紧急改变计划，杀人为牲祭天，下令一同起事。七州二十八郡的信徒将象征着"黄天"的黄巾缠在头上，一时并起，进攻郡城、县城，烧毁官

四骑吏画像砖　东汉　四川博物院藏

府，杀死大量官吏。这就是史称的黄巾之乱。

面对这一事态，政府以外戚何进为大将军，加强京师守备；同时以皇甫嵩和朱儁为将，讨伐今河南省东部、南部的黄巾。又以卢植为将，进军今河南省东北部至河北省方面的黄巾大本营。接着在黄巾乱起的次月即中平元年三月，大赦近二十年来一直被持续弹压的党人，完全撤销了"党锢"之禁，下诏"唯张角不赦"[1]。这是因为担心黄巾和知识人之间互相响应。从把张角一党从知识人中孤立出去的角度看，这一举措应当说获得了成功。但不管怎么说，党人和黄巾之间会被认为有结成联盟的危险，正反映出这两者都是针对政府（豪族的领主化路线）的一系列反抗运动，这是有必要加以注意的。

在这一年的六月，皇甫嵩击溃今河南省东部的黄巾军，挥师北上，又击破今河北省南部的黄巾。朱儁则从今河南省东部转战南部，至十一月击溃了顽强抵抗的南阳郡黄巾。卢植也利落地击破黄巾，将张角围困在今河北省南部的广宗县。然而身为大学者的卢植却被宦官中伤下台，皇甫嵩接手指挥，于十月斩杀张角之弟张梁，十一月击破其另一弟张宝。而张角本人在这时候已经死去，因此在他们起事后不到一年，黄巾主力便已溃灭。政府以为

---

1 《后汉书》卷八《孝灵帝纪》。

叛乱就此平定，遂于当年十二月改元"中平"，大赦天下。

然而，黄巾余党当然不会就此完全被扫荡一空。而且，黄巾起事及对其讨伐带来的大动乱，更进一步加剧了广大贫民的悲惨，就像弹簧一样，将原本未必已加入太平道教团的普通贫农大众也一并反弹进叛乱中去了。

就在185年，从太行山脉一带到今河北省、河南省，出现了无数号称"黑山贼"的叛乱者；188年以后，与黄巾有关的白波贼则于今山西省起事。在今山东省方面，青州、徐州的黄巾直到192年归降曹操为止，一直坚持"汉行已尽，黄家当立"[1]的口号，延续着强大的势力。归降曹操的黄巾军是含有兵士三万余、家口十万余[2]的庞大集团，他们受到相当宽大的处置，其集团并未被解体，而是号称"青州兵"，反而成为曹操军事力量中的中流砥柱。大渊忍尔氏对此的解释是，"曹操在接收青州黄巾归降时，双方之间似乎达成了某种交换条件的约定"。

五斗米道建立的宗教王国

就在同一时期，在今四川省至陕西省南部的汉中盆地，另一个酷似黄巾太平道的宗教教团形成了，直到215年归降曹操为止的近三十年间，其以汉中为中心建立了一个独立的宗教王国。这个宗教号称"五斗米道"，在归于曹操统率后仍然持续进行宗教活动，一边和太平道混合，一边在华北扩张，最终形成了作为教

---

1 《三国志》卷一《魏书·武帝纪》。
2 《三国志》卷一《魏书·武帝纪》："追黄巾至济北。乞降。冬，受降卒三十余万，男女百余万口，收其精锐者，号为青州兵。"作者所言数目似误。

团宗教的所谓"道教"。因此，如果要探究几乎没有留下资料的黄巾信徒的意图，五斗米道及其教团组织有着很大的参考价值。

五斗米道的创始者，据说是原本出身于沛国（今江苏省沛县）、在今四川省鹤鸣山学道修行的张陵。因为要求信徒交纳五斗米（约一升）作为入教条件，故其教被称为五斗米道。张陵之子名衡，孙名鲁，三人合称"三张"，而最末一代的张鲁于192—193年间从今四川省进入汉中，在此缔造了独立的宗教政权。

在这个教团组织中，张鲁自称"师君"，其后也称"天师"。旗下的大教区称"治"，领导者称"治头"。大教区下的各种教区教会则设"祭酒"，不过，也有"大祭酒"这种高级祭酒，因此大祭酒和统辖大教区的治头可能有所重合。所谓祭酒，原本似乎是指祭祀中最初斟神酒的长老，到汉代一般也还是授予同种官职中最年长者的称号，这一词语给人的感觉是担任者为贤明的长者，具有在道德上主持公正的职能，是一种与乡村共同体理念关系很深的称号。

五斗米道中的祭酒，如果用基督教来打比方的话，就相当于教区教会的神父。他们既是教会和教区民众的管理者、祭祀及祈祷的主持者，同时在政治与宗教紧密结合的五斗米道中又是其辖区的统治者。祭酒之下，设有"鬼吏""奸令"之职为辅佐。所谓鬼吏，是侍奉神灵的官吏，奸令则是犯奸恶（罪过）者的监管人。一般信徒称为"鬼卒"。这样的一种教团组织等级制度，其理念正如"祭酒"一词的语感所象征的那样，是对应着修行的不同阶段，依据其所修得的德行高下来安排序列的。

共同体理想国的蓝图

五斗米道和太平道一样，是在明鉴世间的诸神之前，忏悔告解作为得病原因的罪过，实行悔改的宗教。不过，五斗米道为了忏悔告解而设有特殊的建筑物"静室"，并且要举行向三神发誓的仪式：写下三通誓约文，称为"三官手书"，向天、地、水三神悔罪改过，发誓今后不再犯罪，将一通置于山上，一通埋在地下，一通沉入水底。

更进一步，似乎还有以忏悔为目的的集团性祭祀仪式，并且由祭酒将信众召集起来，令其诵读《老子五千文》。此外，又宣称从事修桥补路之类的公益事业能够消除罪过，因此人人争先义务劳动，并向称为"义舍"的免费旅舍进献米肉。旅人、流民等可以自由利用这些"义舍"，但倘若食用米肉超过必要限度，便会被神降罚而得病。

以上所述五斗米道的组织和教义，贯彻着一种意图，就是希望在洞察人心善恶的诸神明鉴之下，不断反省控制自己，互惠互助，缔造共同体生活。这是宗教性、道德性的共同体，也是以建设政治性、社会性的理想国为目标的产物。在张鲁领导下的五斗米道王国，持续将近三十年的时间，似乎在一定程度上实现了理想国的形态。据说躲避中原动乱，"流移寄在其地者，不敢不奉也"，遂能"民夷信向"[1]，达成了人心安定的理想状态。

不过有一点值得先予以注意，那就是从汉中到今四川省一带，如第一章中所述，本有氐族、"蛮"族等原住民居住，五斗

---

1 《后汉书》卷七五《刘焉袁术吕布列传》及李贤注。

米道的信众中也有许多这类原住民。法国学者石泰安指出，在原住民中残存的共同体生活和五斗米道建设共同体社会的目标之间，是有某种关联的。

四 三国鼎立

外戚、宦官溃灭与东汉的末路

一方面是黄巾在"苍天已死，黄天当立"的口号底下，企图打造出新的"黄天"世界；另一方面则是酷肖太平道的五斗米道以汉中为中心，在一定程度上实现了的共同体理想国。这两者毫无疑问是面朝同一个方向的世界。然而，尽管黄巾的意图是缔造这种新的宗教性、政治性的共同体秩序，但这一猛烈的武装斗争还是在不到一年的时间里就失去了张角等首领，流散于各个地区，结果将全国都卷入了战乱和无序状态中。

而且，东汉政府已经失去了收拾动乱局面的能力。188年，政府为了强有力地将各地方整合到中央号令之下，开始在各州设置总揽军政、民政的州牧之职。然而事与愿违，这反而助长了地方脱离中央的趋势。就在同一年，又强化称为"西园八校尉"的禁卫军，加强首都的防卫军力。然而在最关键的政府中枢，也就是内朝，外戚何进和宦官相互对立。189年灵帝一死，何进就开始着手与八校尉之一的袁绍谋划诛灭宦官。

何进为了胁迫不赞成其计划的何太后，邀请并州牧亦即今山西方面的军政民政长官、统率着强大军团的董卓前来都城。宦官一伙探知此事，假称何太后之命召何进入宫，将其斩杀于朝廷之上。这是当年八月的事情。袁绍与从弟袁术等立刻动员禁卫军，将宦官不问老少全数诛杀，死者二千余人，据说有些人因为面上无须，就被误认为宦官而被杀。外戚和宦官曾经如此长期把持着东汉政府的实权，如今却连他们盘踞的内朝都烟消云散了。

随后进入都城的董卓，率领一支凶暴的军团，其中有大量出身于今甘肃省的羌族士兵。在他们面前，就连禁卫军也不堪一击，首都和政府完全处在董卓的压制之下。袁绍抛下首都，逃到了今河北省。董卓压制首都后，独断专行，废黜了在灵帝死后继位的少帝，改立其弟献帝（189—220年在位）。最终少帝和何太后都被杀，董卓麾下的凶暴军团在首都内外极尽暴虐之能事。东汉皇帝和政府已只能彻底沦为这种军团首脑的傀儡了。

从群雄割据到三国鼎立

当时，在各地区由黄巾之乱导致的动乱中，地方豪族将宗族、宾客武装起来，他们或是为了自卫，或是为了地方上的安定，又或是为了更进一步，趁机一飞冲天，都纷纷着手组建武力集团。

不但如此，能够纠合这些武力集团的群雄也在成长起来。向东逃离落入董卓手中的首都洛阳的袁绍和袁术，还有后来奠定魏国基础的曹操，都迅速开始着手纠合这些武力集团。

次年（190）九月，东方群雄在得知董卓的恶行后，举起诛灭董卓的旗号一同起兵，以袁绍为盟主，摆出向西进军的阵势。面对这种形势，董卓先将献帝等转移到长安，随后将东汉二百年首都洛阳的众多宫殿一把火烧成白地，自己也向关中进发。献帝虽然在名义上仍维持了约三十年的帝位，但首都洛阳的毁灭，事实上已经宣告了东汉帝国的结束。在讨伐董卓旗号下结合起来的同盟也在事实上解体了。从那以后，群雄分别谋求确保自家地盘，扩大势力范围，相互残杀混战。

这些群雄是如何大显身手，强者又是如何打倒弱者的呢？那真是像小说一般精彩有趣的话题。与其用区区拙笔来描写，倒不如交给史实与想象交融的小说《三国演义》，才是更明智的选择。这里只选取最重要的事件，将群雄势力最终被曹操之魏、孙权之吴、刘备之蜀这三方瓜分的过程，做一个年代记式的记录：

192年，董卓为部属吕布所杀，关中陷入混乱状态。

196年，曹操迎来从关中逃出的献帝，定都于许（河南省许昌市）。此事大大提高了曹操的权威。

200年，官渡（今河南省中牟县的黄河渡口）之战。曹操击破袁绍大军，华北统一指日可待。

208年，赤壁（今湖北省赤壁市西北长江岸）之战。曹操为孙权、刘备联军所破，全国统一化为泡影。

214年，刘备攻陷成都，统治蜀地。

三国鼎立之势就此奠定。

如上所述，率领武力集团的诸多群雄在武力斗争中，被其中的强者所统合，最终归于魏、吴、蜀三国。在这个过程中，武将理所当然手握权力，就算由武人来形成统治阶级也毫不值得奇怪。这在江南的吴国，就在一定程度上成为现实，这一点留待下一章细述。然而在华北的魏国，情形却并非如此。

例如本章第一节中提到过，乘氏县的李氏集合"宗族宾客数千家"组建起了私兵部队，历经父子三代都以在地领主的形态辅佐曹操。而就在曹操打倒袁绍、称霸河北指日可待之际，其首领李典主动请求将私兵部队和宗族一万三千余人从乘氏县迁徙到曹操的新根据地邺城，他本人则采取了"贵儒雅，敬贤士大夫，恂恂若不及"[1]的姿态。而使其放弃在地领主身份、屈膝于自己身前的"贤士大夫"（贤明的士大夫），正是上一节末尾所述，由舆论认证为"名士"的那些人物。可是，这些名士或曰士大夫群体又为什么能拥有如此强大的力量呢？这恐怕是个值得思考的问题。

---

1 《三国志》卷十八《魏书·二李臧文吕许典二庞阎传》："典好学问，贵儒雅，不与诸将争功。敬贤士大夫，恂恂若不及，军中称其长者。"

第四章　贵族制社会的成立

——3世纪的华北

一 "士"阶层与曹魏国家

知识人的隐逸思潮

在前文中，我以在党锢事件中被放逐出官场、禁止出仕的党人为中心，叙述了追求乡村社会共同体秩序的清议世界尽管遭到政府弹压，却依然得以维持的情形。不过，清议在被禁止公然批判政治后，转而采取单纯进行人物批评的形式，赞美被认为是贤德之士的人物。在野的"名士"于是纷纷出现。

然而在严酷弹压之下，所谓"名士"之"名"的内涵以及评价的性质，已不复"不畏强御陈仲举"式的勇决。在野，采取和一般民众接近的朴素生活态度，纵有余财也不私享，而是分与周边贫民，致力于维持不断崩溃中的乡村共同体的知识人；以这样的形式，面对最终沦为富殖豪族权力机构的东汉政府，沉默地尝试进行抵抗的反权力知识人，在舆论中就会获得高度的评价，被称为"名士"。

这种在野的反权力存在、沉默的批判者，就是中国的所谓"逸民"或"隐逸"。中国学者侯外庐氏指出的，以党锢事件为契机，舆论转向了支持"隐逸君子"的方向，知识人群体的一般潮流倾向于以"隐逸君子"之清净高洁为最高的品德。清议之"清"，从正面针对污浊政治进行的政治批判，内化成了更具人格色彩的生活理念。"清"这一理念在那以后的整个六朝时代，在思想性上获得了种种深入的发展；而成为知识人的一个基本条件，就是要被认可为"清"。从社会性的视角来看的话，应当是基于这么一种自觉意识：为了维持黄巾之乱以来因动乱频繁而生产力大幅下降的乡村社会，"安贫乐道"的逸民式清净虽然看起来最为消极，但实际上却是最为基本的、不可或缺的一种人类生存方式。

知识人的乡村指导力

当知识人的思潮倾向于肯定"清"的生活态度之际，大量存在于豪族阶层中的知识人的自我矛盾便加剧了。为什么呢？因为豪族为了扩大财力、单方面地统治乡村社会，在本质上必然有着与政府公权力相勾结、对其加以利用的一面。

与这种豪族的领主化倾向相反，接受了与共同体秩序契合的儒家意识形态的豪族阶层知识人，其存在本身就已经是一种自我矛盾。因为如今知识人的思潮已经高度倾向于否定"经营产业"，主张"分施余财"、肯定亲近民众的"清"的生活，因此他们为了成为"名士"，就不能不否定自己作为豪族的经济基础。然而，知识人型的豪族通过这种自我否定的行为，反而往往会获得乡论的支持，确立起"民望"声价，这反倒提高了其对于乡村社会的指导力。

例如前一章中引用过的袁安（那位弹劾外戚窦宪的儒家官僚）的子孙中，有位名为袁闳的逸民式人物。袁氏自袁安以后，在东汉政府中成为累世"三公"的名门，但在外戚、宦官日益把持大权的政府中，是不容易长期持守袁安那种硬骨头的儒家官僚品性的，袁闳的从父袁逢、袁隗都已经在宦官政府中安享荣华富贵，保全名门地位。而袁闳耻于这些从父的行径，以为"吾先公福祚，后世不能以德守之，而竟为骄奢，与乱世争权"，于是在党锢祸起之前与世俗彻底断绝了联系。据称他"潜身十八年，黄巾贼起，攻没郡县，百姓惊散，闳诵经不移。贼相约语不入其闾，乡人就闳避难，皆得全免"（《后汉书·袁闳传》）。

逸民的社会意义

从这一例证可以看出，当时的所谓"逸民"或"隐逸之士"，并不像我们通常想象的那样，只是消极性的甚至不负责任的，因而也就是高蹈的、与民众绝缘的存在；这些知识人自觉地站在反政府的立场，抛弃了作为贵族与权力站在一起的家门，作为沉默的批评者，更多地站在了民众一方；作为逐渐崩溃的乡村生活的守护者，又扮演着积极的角色。

百衲本《后汉书·逸民传》局部

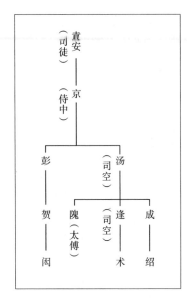

汝南汝阳袁氏谱系图

袁闳所诵的"经"，无疑是《孝经》之类的儒家经典。信奉与之殊途的《太平经》的黄巾徒众将袁闳视作"所谓贤者"，则反映出他们认可逸民性的知识人，将其视为亲近自己这些民众、和自己一样追求共同体生活的人物。

东汉时代，尤其是在汉末，逸民性的人物大量出现，这一点是史上空前的。评价记录这类人物的《逸民传》《高士传》等，最初也是在汉末至六朝时代的动乱期出现的。逸民，在我们看来，并非游手好闲的"太平之逸民"。

在大动乱时期的中国社会，这也是在接近底层处支撑着华夏文明，进而使其得以维持发展的能量来源。对于逸民所具有的积极意义，我们或许应当加以重新评价。

袁闳同时也是前述豪族中自我矛盾、自我否定的典型。袁氏乃是"四世三公"的贵族名门，其主脉是走"豪族领主化"路线，与宦官政权勾结的"贵盛""富盛"家门。那位与曹操棋逢对手、在官渡上演逐鹿天下之战的袁绍，就是袁闳的同族。他凭借祖上世代相传、遍布天下的部属门人，成为虎踞一方的英雄。而袁闳却将这些关系一概斩断，选择了在接近社会底层处、作为"清"型知识人而受乡人依赖的生涯。

"贵盛"的袁氏主流随着东汉政府走向了终结。袁绍之所以会被曹操击溃，至少原因之一，恐怕就在于其无法超脱"贵盛"之家的传统观念。在接下来的魏晋时代，唯有通过彻底自我否定而实现了转型的逸民性人物袁闳，作为预示出新式知识人形态的先驱者而获得最高评价，留在了人们的记忆当中。

"士"阶层形成

虽然"清议之士"思潮以党锢事件为契机，开始朝着这种隐逸君子的方向倾斜发展，但从县、乡名士到郡、国名士，进而到天下名士，层层累积的清议世界仍在延续。遭到弹压的党人经此一役，已经声名鹊起，这些名士间往往以师徒关系、友人关系相互联结。在天下知名的在野知识人中，也有些人物不同于袁闳那种退隐于乡村社会中的逸民式人物，他们尽管遭到弹压，仍能在更宽广的世界中进行政治活动。如吉川忠夫所论，在层出不穷的新名士中成为核心的颖川陈寔等人，就属于这一类型。

以陈氏为首，同样出于颖川的荀氏、钟氏等，在党人遭到弹压的艰难时期，仍然深谋远虑，互为奥援，持续充当着在野名士的核心。在黄巾之乱爆发后的大乱时期，这些人物成为在现实中缔造"贤士大夫"阶层的中坚。而促使他们作为知识人形成士阶层的一大原因，正是那一场黄巾大乱。

不过这一方面的情形，并不是像前述黄巾徒众向袁闳致敬一样直接扶植了知识人，而是东汉政府震于黄巾之乱，担心党人与黄巾联手，于是解除了"党锢"禁令，不久后更转变政策，反而将此前被弹压的党人及在野名士征召至朝廷。换言之，是黄巾大乱使得一直以来只能被迫充当沉默批判者的党人、名士获得了公开进行政治活动的可能。

189年，东汉政府的执政大臣何进征召了包含旧党人派系的天下名士颍川荀攸等二十余人。当然，也有些名士拒绝了这次征召。荀攸的同族荀彧当时也已是著名的知识人，但他早就洞见到了曹操的光明前途。曹操本是宦官曹腾的养子曹嵩之子。因此对属于清议之士谱系的荀彧而言，曹操乃是曾经的敌人。不过，荀彧显然拥有广泛的情报网络，对于曾在汝南月旦评中被认可为"治世之能臣，乱世之奸雄"的曹操，荀彧无疑是看中了他身上足以平定天下大乱的能力。

在191年，曹操还只是微不足道的一股小势力，荀彧为了扶持他重整乾坤，开始积极加以辅佐。以黄巾之乱为滥觞的华北大动乱催生出的结果，是此前走豪族领主化路线的人物与对其加以抵抗的知识人之间相互妥协、同舟共济起来了。

掌握权力体相互间的结合点

这一点，在各地乡村社会中也是一样。例如，东郡东阿县城（今山东省中西部）遭到黄巾袭击而陷入混乱，在当地豪族薛氏和有谋略的知识人程昱齐心协力下才重新恢复了秩序。不过，仅凭二者协力还难以在大动乱期间确保一县平安，不与更强大的势力结合的话仍然不够安定。而194年，曹操在山东方面陷入危机，为了稳固根基，至少需要确保对东阿等三县的统治。当此之际，也并不是由坐拥武力的薛氏与更强大武力集团的首领曹操直接接触而结合成保护与侍奉的关系，而是知识人荀彧与程昱等齐心协力，才实现了曹操权力体与东阿等三县的结合。

也就是说，面对黄巾掀起的地方无秩序状态，面对乡村社会的存亡危机，原本对立的豪族与知识人被推动着同舟共济起来了。为了使如是恢复了秩序的乡村社会更加安全，地方豪族需要与更强大的权力体相结合，而在此过程中起着居中疏通的纽带作用的，则是知识人。

这些知识人尽管自身并无武力，却能团结大乱期间出现的各种大小权力体，在曹操旗下整顿其秩序，从而掌握住了权力体相互之间的结合点。并且，早在清议运动期间，这些知识人中有许多就已做好了横向联合的准备。这些作为权力体间的中介而横向联合的知识人群体，以上层权力为背景，占据了比处于权力下层的地方豪族更为优越的地位，遏制其变得更加强大——也就是遏制了武人的领主化。但是另一方面，他们又以下层权力为后盾，作为其代表者亦即"民望"，在支持上层权力的同时左右其发展方向。

像这样，曹操政权内部的知识人群体通过帮助各种权力体与曹操结合，把握住其结合点，相互横向联合，形成了作为权力中介层的"士"阶层。在205年曹操将袁绍之子袁谭斩首、平定河北省之时，曹操政权内部的知识人"士"阶层应该就已压倒了武将群体。这一点，从地方领主李典在"贤士大夫"面前屈膝致敬的情形就能看得出来。

事实上，荀彧被曹操认定为功臣第一，荀攸则被称为功臣第二。[1]以荀彧、陈寔之孙陈群及钟繇等出身颍川的清议派知识人为

---

1 《三国志》卷一〇《魏书·荀攸传》："十二年，下令大论功行封，太祖曰：忠正密谋，抚宁内外，文若是也。公达其次也。"作者似即本此。

首，出身北海的清议派名士华歆、王朗等人，还有司马懿等其他名士，都纷纷投奔到曹操麾下。在213年曹操被封为魏公、建立魏公国之时，该国政府的重要职位都被这些名士所占。日后的六朝贵族，就是以这些人为中心孕育成长起来的。新时代的贵族，并不是从东汉时代的贵族，反而是从东汉时代被弹压的在野知识人阶层中诞生的。

魏国成立——禅让的开始

曹操听从谋臣荀彧的建议，于196年将东汉献帝迎回许都（今河南省许昌市），在奉戴天子、重建汉帝国的旗号下，着手平定华北。当时曹操在东汉政府的官职是司空（相当于副宰相兼大法官）兼车骑将军。当然，在这种徒有虚名的傀儡政府中担任什么职位并不重要，其势力范围内的军政、民政两方面大权，不消说都是掌握在曹操手中的。不过，在各种势力仍然犬牙交错、颉颃纷争的动乱时期，打出奉戴大汉皇帝、恢复帝国秩序的旗号，以此作为打倒其他敌对势力的大义名分，效果是十分显著的。曹操就在这种障眼法的伪装下扩充自己的势力，不断发展壮大起来。

在讨灭宿敌袁绍的主力之后，曹操于204年兼任冀州（今河北省南部及河南省北部）牧，将邺城（河北省临漳县）定为新的根据地，208年升任丞相，213年以冀州十郡为领地受封魏公，获准在魏公国中拥有独立的政府机构。前节末所述党禁时代的在野名士占据了重要职位的政府，指的就是这一政府。

216年，曹操自魏公进位魏王，但在只差一步便可代汉称帝的时刻，于建安二十五年（220）正月去世了。同年十月，曹操之子曹丕采取由东汉献帝逊位的禅让形式，即皇帝位，正式覆亡东汉，建立魏帝国。曹操被追谥为武帝，曹丕则号为文帝。文帝即位，定魏帝国最初的年号为"黄初"。在五行学说中，汉为火德，属赤，黄则象征着取其而代之的土德。当初的黄巾军也是以此为标志的。黄，意味着新世界的开创。

这么一来，便自此开创了一种模式：某实权人物图谋建立自家王朝，并且也已经有了足够的实力，但在名义上仍暂且奉戴旧朝，在这种障眼法的掩盖下如虫蛹蜕变般建立公国→王国，到最后，就像蝉渐渐索索地从壳中爬出一般，通过禅让仪式诞生出新的王朝。

在王朝易代问题上，是号称传说中的上古圣天子尧舜曾实施过的禅让好呢，还是商汤周武实际上采用过的放伐方式也不错？自孟子以来，这就是儒家屡屡争论不休的问题。然而事实上，从进入历史时代以来到这时为止，实行的几乎都是凭实力打倒旧王朝的放伐方式；仅有演技派王莽在篡夺西汉时，曾利用禅让方式来作为粉饰。然而令人震惊的是，自从曹操开创这种虫蛹成长型或曰金蝉脱壳型的禅让方式以来，异民族国家林立的五胡十六国姑且不论，从魏晋南北朝到隋唐五代，亦即3世纪至10世纪中叶的八百余年之间，众多王朝无一例外，全都是通过这种禅让方式来取代旧王朝的。

禅让中所见的中世精神

在曹操开创这一方式之际，汉王朝已绵延四百年之久，可谓"百足之虫，死而不僵"。自从黄巾之乱祭出"黄天当立"的口号以来，时代诚然已经开始步向新世界的诞生，但尽管如此，可以想见对于开辟新世界的当事人而言，要从古旧躯壳中蜕变仍不是那么简单的事情。就算已经有心取汉王朝而代之，面对着汉帝封其为公的非常之诏，仍然必须谦让推辞，表示自己尚无资格，要在左右强谏之后才无奈接受；封王时也是先辞退之后才最终接受；到帝位禅让之际，自然更不必说了。之所以要采取这样的形式，在曹操和曹丕所处的情形下，仍是有必要的。

然而随着时代变迁，到了魏晋之交、晋宋之交，篡夺帝位的意图和行动已经日渐路人皆知，只剩下谦让的辞令和仪式变得越来越华美粉饰。对我们而言，这种虚饰伪善甚至已经超越了令人反感的程度，不啻为滑稽的喜剧了。然而这种喜剧竟不得不一本正经地上演了八百年之久，从这当中，我们必须要看到中世精神的一个侧面，那就是不管现实如何，至少还是将谦让视作美德，有必要反复确认谦让之德。

话说回来，"魏公国→魏王国→魏帝国"这一虫蛹蜕变般诞生的国家，其原动力当然源于天才战略家、政治家曹操（同时也

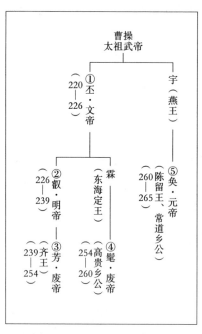

魏曹氏谱系图

是诗人和文章家）的能力，可
是构成其基础的，却是支持着
这一国家的"士"阶层，以及
与曹操勠力同心的军队之力。
如本章所述，这两者的存在形
态是由当时社会的两个基本动
向，亦即期待实现共同体生活
的方向与豪族强大化的方向之
间的相互缠斗所决定的。下面
就来看一看，这样的"士"阶

魏太祖曹操像　出自《历代古人像赞》

层和军队，在曹魏至西晋的国家中是如何被整合起来，又是如何
演变发展的。首先从"士"的话题开始谈起。

二 九品中正制度与贵族

"九品中正"之制

公元220年，当魏帝国取代汉朝成立之际，帝国政府的大臣
陈群针对官制及官吏擢用问题，创造了一套新的制度——"九品
官人法"。

所谓九品，是自一品以下而至九品，分为九个等级的位阶。
日本古来也是模拟唐朝官制，有自正一位、从一位以下匹配授予
官职的位阶制度，所谓"品"就相当于日本的"位"。一切官职
都依据位阶品等来划分的制度，就始于这一时期。汉代只能以俸
禄高低来显示区别，而自陈群制定官品之后，这一位阶制度就长

期袭用下去了。当然，后来多少经过一些修正，如南朝梁将九品一分为二，变成"十八班"，北魏以后则将一品再分为正、从二等之类，但是，一切官职都依据品阶·位阶来划分的这一原则，甚至通过隋唐传入了日本。因此，九品官人法在整合官僚体系中的金字塔秩序方面，可以说是迈出了巨大的一步。

并且，这一制度的意义不仅仅是将当时的官僚分为九等品阶，更重要的是同时实行了新的官吏任用法。由于黄巾之乱后的大动乱，有文化教养的知识人大量背井离乡，流散各地，中央政府难以掌握他们的消息，因此分别任命出身于各郡国的一名人士为该郡国的"中正"官，负责听取郡国乡论，衡定当地现存人物（包括流徙外地者）的品级，给出评语，上报中央。中正所定的品级称为"乡品"，申报书则称为"状"。中央政府在任命这些人物为官时，就授予和乡品对应的官品。

譬如说，乡品被定为二品的人物，出仕时便被任命为官品系列中低四个等级的六品官，日后历官则可升迁至二品官职。在原则上，乡品与实际任命的官品之间会像这样对应着四级的落差。换言之，在这一制度中，以乡论为基础的乡品被设定为官僚体系的基础，中正则扮演着关键角色，因此这一制度也被称为"九品中正"之制。

如前节所述，乡论的方向在于支持乡村社会中的贤人、有德者，因此，以这种乡论为基础来设定官僚序列的九品中正制度，至少在制定之初的基本精神，是希望从国家社会的整体上贯彻乡论所反映的共同体原理。在这一意义上，不妨说其目标是在于彻底实现汉代所追求的"乡举里选"。实际上，缔造了这一制度的魏国政府大臣陈群，就是在汉末乡论（也就是清议）世界的中心成长起来的人物。他的祖父不是别人，正是党人受弹压之际的"天下名士"、被视为清议中坚的陈寔。在这种环境中成长起来的陈群，与同样环境中成长起来的荀彧（已去世）、荀攸、钟繇等一起，成功地将曹操政权建设成了帝国政府。他在此时此刻创造出来的人才擢用制度会反映民间的乡论构造，正是理所当然的。

中正倒向权力

然而，由于黄巾之乱后的战乱，民间的乡论构造已经面目全非。颍川、陈留等曾为清议中心的先进地区，这些县、乡等在战乱中遭到破坏，昔日承担着活跃乡论的居民已四处流散。例如陈群的故乡颍川郡许县，堪称清议之士的圣地，当其祖父陈寔去世之际，从各地奔赴而来参加葬礼的据说超过三万人；然而这里在汉末战乱中已沦为荒野之地。曹操没收这片已无人化了的广大土地，募集流民，在此处实施大规模的屯田，随后又将东汉献帝迎来，将此处作为军政府的根据地。可是应募而来的屯田民并不见得就是原本的居民，况且又被置于国家权力的严厉统制下，已经无从再次形成往日那般活跃的乡论了。

基层乡论在许多地方已告断绝，或者变得薄弱了的这种情形，陈群等人没有理由不了解。毋宁说，正是因为了解这种情形，才设置了"中正"一职，期待发掘、擢用或者流亡他乡，或者隐居山野的人才——这就是制定九品中正制度的旨趣所在。

然而，基层乡论的薄弱化，导致中正在认定人物时更重视上

司马懿像 出自《历代古人像赞》

层的意见，而不是由下而上的声音。而且，在上层或"士"阶层，仍然延续着汉末清议运动以来的传统，人物评论之风日益盛行。中正于是无法名副其实地"中正"行事，其认定人物的基准不得不随着权力阶层的评价而发生偏向。249年，魏政府手握实权的司马懿于郡中正之上对少数州置大中正，自此以后，这一偏向便决定性地确立下来了。

这是因为，州大中正掌握的乡品授予权，比郡的地域更为宽广，而且州大中正本身就由政府高官兼任。

这么一来，九品中正制度便远离了当初"犹有乡论余风"的状况，偏向"计资定品"[1]。结果是到了西晋时代，已发展成"上品无寒门（出身于贫弱家门者），下品无势族"[2]的事态。

换言之，九品中正制度原本应当是基于乡论，以贤、德为标准来整理排列各个人物的座次，打造出贤人、有德者的金字塔秩序；结果却逐步偏向于既成的权势阶层一方，打造出来的不是个人座次，而是家门座次，也就是被运用到确立巩固贵族阶层的方向去了。

---

1 《晋书》卷三六《卫瓘传》载瓘等上疏。"计资定品"一句，原文直译为"根据是否出于名门而定其品第"，以意推之当即引此句。
2 《晋书》卷四五《刘毅传》载毅上疏。

贵族制社会的出现与"清谈"

这一制度在日后的六朝各国中被持续采用，尤其东晋至南朝时期形成了典型的贵族制社会，其制度性的基础就渊源于此。琅邪王氏、陈郡谢氏等门第，总是被固定地评为乡品二品，这种门户称为"门地二品"，出身其家者占据了立法、行政相关的最高官职（二品官及三品中居于前列的官职等）。并且，他们从六品或七品官起家，最终升迁至最高官职的晋身轨道也是规定好了的，符合这条轨道的官就被视作"清官"，为门地二品之家亦即贵族所独占。例如六品官秘书郎、著作郎[1]，就成为注定要出人头地的贵族子弟的起家官。

总是占据清官之位的门地二品之家，和虽然属于"士"阶层、却未能被认定为门地二品的家门之间产生了落差；并且，

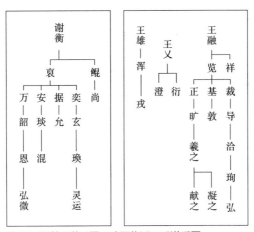

陈郡阳夏谢氏谱系图、琅邪临沂王氏谱系图

1　六朝起家官与秘书郎同级者为著作佐郎，直接起家著作郎者极少，作者似于二者未做区分。

《世说新语》局部　南宋绍兴八年刻本

"士"阶层和仅能被认定为庶民的阶层之间的区别，也明确地进入了人们的意识。这样的社会，就是贵族制社会。这种体制是从曹魏到西晋，亦即3世纪期间确定下来的。在4世纪的东晋以后，贵族制转入江南发展，但上述九品官人法及中正制度的运作仍是这一体制的重要支点。尽管由于基层乡论稀薄化，中正对人物的认定偏向于重视权势阶层一方的意见，但说到底还是参考当时的人物评论的结果，因此评论的空间仍是一直存在的，这一点有必要加以注意。

脱离了基层乡论的所谓评论空间，是指跻身于魏晋政权中的"士"阶层间的相互谈论，以及不久后逐渐形成的贵族社交界或沙龙中的谈论。这种谈论称为"清谈"，其实际形态见于南朝刘宋初编纂的《世说新语》一书所载。在其中，人们对人格和教养提出严峻的批评，而这种批评空间的存在则造成一种效果：即便对于贵族，也不容许只是依靠家族门户坐享其成，而是必须精进修习知识和提升教养。关于"清谈"的功过，虽有种种议论，但其促进了魏晋贵族作为华夏文明的承担者、维持者的自觉，这一点是不可否认的，并且，其所盛行的人物批评源自汉末清议以来的传统，这也是有必要注意的。

贵族社交界的潮流

"士"阶层的形成，以及九品中正制度的实施，彻底从制度上封锁了武人领主阶级的形成，打开了通往文人贵族统治体制的道路。而达成这一方向的主要动力，则来自荀彧、陈群等长于智谋的知识人群体。这是因为，为了渡过汉末的战乱时期，一方面如程昱的事例所见，在直面存亡危机的乡村社会中，乡论支持的是挽救这一危机的智谋之士；另一方面，从曹操的角度来说，为了恢复华北安定，他也更需要智谋之士而非有德之士的支持。

不过，九品中正制度在原则上毕竟是一条吸收乡论的渠道。尽管大量的乡村社会已在战乱中遭到破坏，但在那些仍然存续下来了的地区，乡论当然会响应从破坏中走向重建的质朴乡村生活，将目光投向一直默默支撑着乡村社会的逸民式有德之士。在通过九品中正制度跻身官场的人物当中，这种性质的知识人越来越多。过去在汉末党禁下知识界开始普遍倾向于隐逸的潮流，借助曹魏至西晋时期延续的九品中正制度这一渠道，扩展到了包含官僚体系顶端在内的全体社会，"清素""清俭"作为知识人的基本德性，逐渐固定了下来。

隐逸的本质在于对世俗与权力的蔑视，在于个人心性上的内省与孤高。这一点，与正统儒家的意识形态，亦即认为知识人的责任在于凭借自己的知识与教养来教化、统治国家社会——所谓"修身、齐家、治国、平天下"，是相当疏离的。

这种立场，毋宁说与内省性的、哲学性的道家意识形态相亲近。

自清议运动以来便大为盛行的人物评论，在重视人物评价的九品中正制度下，越发活跃流行起来。而在其评价标准倾向于隐逸潮流的同时，谈论中哲学性的对话也增加起来。最初确立了这一方向的，是正始年间（240—249）以何晏、王弼为中心的哲学性清谈。

在那之前的文帝（220—226年在位）、明帝（226—239年在位）在位期间，还残留着曹操时代的风气。那时候曹操与其幕中的诗人群体（所谓建安七子），还有文帝及其弟弟大诗人曹植一起，确立了抒情诗和文学体例，这当然是很令人瞩目的事情；但在人物评论的方面，能够得到世间好评的仍然是那些干练切实的人物。然而明帝死后，养子曹芳仅仅八岁便成为新皇帝，族人曹爽辅政，随即重用曹操的女婿何晏，联手主持政局。

何晏是学富五车的贵公子，写过研究老子的论文《道德论》，还撰有《论语集解》。他高度评价年仅二十岁的哲学家王弼（《周易注》的作者），与这位将"道"这一根本性存在解释为"无"的年轻哲人进行高度哲学性的谈论交锋。他们将以往儒学中形而上学部分的《易》学抽出来，与《老子》《庄子》等一并，开辟了根本性的"道"之学，即被称为"玄学"的形而上学门类。这种华丽的"清谈"风靡一世，在那以后也称为"正始之音"，一直被视为清谈的典范，在日渐形成的贵族社交界风潮中留下了巨大的足印。

魏晋易代与竹林七贤

然而，由于249年司马懿掀起的政变，这一华丽的"正始之音"宛如短暂的朝露般消亡。曹爽、何晏被诛杀，王弼则年仅二十四岁便早早地病死了。

司马懿最初是由荀彧推荐加入曹操政权的，与陈群交好，是足智多谋的知识人。著名的诸葛亮（字孔明）自蜀攻关中，与之交战。最终诸葛亮死于五丈原，司马懿立下了防御大功。其后更于238年攻灭独立于辽东的公孙渊，在军队中拥有强大的影响力。

竹林七贤与荣启期砖画（局部）
南朝　南京博物院藏
左为嵇康，右为阮籍。此外又有山涛、向秀、刘伶、阮咸、王戎，合共七人

在239年明帝去世之际，司马懿实际上与曹爽一同受命辅政，却遭曹爽猜忌，在正始年间一直韬光养晦。到了249年，曹爽等出赴洛阳郊外，司马懿乘隙调遣中央军，果断发动政变。司马懿虽然在251年死去，但这次政变之后，中央政界已经对手握强大中央军的司马氏——司马懿之子司马师、司马昭——唯命是从，曹魏皇帝曹芳在254年惨遭废位。起兵抗击司马氏专横的地方军队被强大的中央军各个击破，继曹芳之后即皇帝位的曹髦（254—260年在位）因企图做有勇无谋的反抗而被杀。总而言之，249年政变之后，已进入了司马氏为尽快篡夺魏国而阴谋策划禅让戏码的时期。

仿佛是为了逃避这个阴谋涌动的惨淡时期，隐逸潮流在知识人中广泛流行起来。其典型就是阮籍、嵇康等七人，即著名的"竹林七贤"。他们弹琴醉酒，以解心忧，读书谈"道"，追求人的自然本性。其追求方式固然各有各的个性；但他们自由而真诚的生存方式，则被视为后来六朝时代文化人的典型。愤世嫉俗的道教修行者嵇康，虽然实际上是被司马昭处以死刑的，但后世道教徒则相信他是升天成仙了。

魏晋之交的禅让剧在265年上演，司马昭之子司马炎当上了武帝（265—290在位），但在那之后的西晋时代，哲学、文学议论和人物批评相混合的清谈仍然持续流行。贵族化更进一步推进，琅邪（今山东省东南部）王氏、闻喜（今山西省南部）裴氏等是其中的领袖。竹林七贤之一王戎的从弟王衍等人，尽管身为大臣、宰相，却仍然热衷清谈，不顾政务，因此引起后世非议，认为是清谈导致了西晋的灭亡。

理应身当为政者的贵族，却热衷于超凡脱俗的"清谈"，这从原理上说确实是一种矛盾。而这正是我们有必要留意的：和昔日东汉的外戚贵族之流截然不同，魏晋的典型贵族身上存在着这样一种自我矛盾的性质；而这种自我矛盾的性质，乃是出身豪族的知识人在汉末党禁弹压下所形成的状态的延伸。

三 屯田与户调式

兵户与屯田

对于推动形成魏晋国家的知识人的动向，我们已经费了太多的篇幅来关注。接下来对形成魏晋国家的另一支柱——军队，结合作为其经济基础的土地问题，略做一些说明。

前文已经提及，曹操于196年募集流民，在许县实施了大规模的屯田。当时曹操的军队，在以曹氏一族及相关人等为核心组织起来的曹操直辖军之外，还包括了民间豪族各自集结起来的许

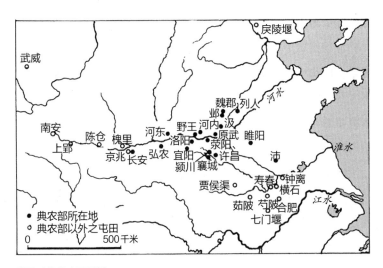

魏晋时代的屯田区域
政府直辖的典农部屯田（民屯）集中于中原，临近吴国边境的淮水流域则配置军
屯田

多武力集团。在许县周边的这次屯田，作为向这些军队提供补给
的关键措置，有着重要的意义。其后，在曹操讨灭袁绍，将邺城
定为新根据地后，一直作为在地领主辅助曹操的乘氏县人李典，
率宗族宾客一万三千余人迁移至此。可以想见，李典下属的军人
及其家庭在邺城周边被分与田宅，进行屯田，必要时则编成军队
出征。

　　此外，在曹魏时代，首都洛阳周边也有大规模的屯田区域；
而自魏至晋又与东吴长期对峙，沿着临近国境的淮水流域也设置
了广大的屯田区，形成边境防卫军屯田耕作、在自给自足的同时
参与作战的体制。

　　之所以能像这样在各要地设置广大的屯田地带，是因为战乱

中的大量无主土地被没收，成为国有土地。政府采取的佃耕方式是将流民安置于此，借给他们农具耕牛，相应的代价是需缴纳一半以上的收成。从这种民屯（由非士兵的一般民众从事耕作的屯田）获得的收益成为国家财政尤其军费的重要基础。不过，像淮水流域的军屯那样，平时由军人自身携家属一同耕作、尽可能自给自足的情形也是很多的。

不妨看看249年司马懿在首都发动政变时的形势。在洛阳周边广大的民屯中，也有首都防卫军的军屯错杂其间的痕迹，至少在发生非常事态之时，从屯田地区召集军队也不是没有可能的。

还有，军人及其家属被纳入区别于一般民众的户籍，子孙代代专门负担兵役义务，这被称为兵户。魏晋以降直至南朝，至少到将近5世纪中叶为止，兵户都构成了正规军的主干。

在形成魏晋国家的过程中，屯田及由此养成的军队力量成为重要的支柱。但政权逐步确立之后，其统治力不仅限于屯田这种国家直辖地，还延伸到一般郡县，从各地征收的租税增加起来。司马氏以强大的中央军力为背景，镇压了地方军队的反叛，调动这些军队于263年灭蜀，继而于280年大举南征灭吴。历经百年之后，天下终于重回安定统一。当此之时，晋武帝司马炎以为已是"当韬戢干戈"[1]之日，遂令州郡兵各自解甲归田。接着发布了与此相关的"户调式"这一征税及土地制度的法令，其内容则如下节所述。

---

1 《后汉书·百官志五》李贤注引晋太康初武帝诏。

户调式

（1）以丁男（十六至六十岁的男子）为户主之家，每年缴纳三匹绢、三斤绵作为"调"。（在当时的税收体系中，除田租之外还要缴纳名为"调"的农产品。这条规定中应征收的田租份额已不详。）

户调式表（这是针对有官品的人所做的规定）

官品	第一品	第二品	第三品	第四品	第五品	第六品	第七品	第八品	第九品
占田	50顷	45顷	40顷	35顷	30顷	25顷	20顷	15顷	10顷
衣食客	3人	3人	3人	3人	3人	3人	2人	2人	1人
佃客	15户	15户	10户	7户	5户	3户	2户	1户	1户

（2）男子占田七十亩、女子三十亩。（占田被解释为申报田数。换言之，一夫一妇有百亩田地，这是适于一般自耕农耕种的面积，故法令标举的是应当申报拥有的田地的标准面积，希望扶持自耕农的成长。）

（3）丁男课田五十亩，丁女二十亩，次丁男（十三至十五岁，及六十一至六十五岁）则课其半。［课田意为分配田地。这被认为是对屯田兵、屯田民等耕作国有土地者的规定。换言之，在（2）所规定的一般自由民之外，还存在国家直属的佃农。］

（4）如上所见，规定按年龄区分丁与次丁。

（5）规定偏远之地的蛮夷等的赋课。

（6）一品官占田五十顷，以下逐级递减五顷，至九品官占田十顷。

（7）规定对应官品高低，对亲族人等在多大范围内可以免除赋课。

（8）对应官品高低，规定其所拥有的衣食客（相当于奴隶的仆从）、佃客（佃农）数量。一品、二品官可有佃客十五户，三品十户，其下逐级递减，至九品仅得有一户。

晋王朝的统治理念

因为户调式的相关史料极其稀少，所以学者过去曾对法令内容尝试做出过各种各样的解释。但不管怎么说，有一点是确定的，那就是其中反映了晋王朝的统治理念。

上述各项规定中，首先值得关注的是（3）的课田规定。课田民被束缚在屯田一系的国有土地上，土地、耕牛等生产工具归国家所有，毫无疑问，收获的一半甚至一半以上要作为地租遭到征收掠夺。

这正对应着（8）所见的佃客，也就是隶属于贵族、官僚以下遍布于各地乡村的豪族、被驱使耕作其私有土地的佃农。换言之，课田民是国家直属的佃农，佃客则是贵族及民间豪族的佃农，他们在这一关系上是相互对应的。

当时，成为官僚的贵族和一般的民间豪族中，私人占有广大土地和大批佃客者非常多。这成为支持贵族、豪族势力的经济基础的核心。必须说，国家也有着与此相同的构造。

不过，前述规定（6）中，即使是最高的一品官，所占有的土地也不过五十顷；又据（8），其所属的佃客数量规定为十五户。一品官几乎都是授予皇族的，如果考虑到“门地二品”一语（不过此语是在南朝才固定下来的）所示，即使顶级的贵族也不过就止于二品官[1]，则这一标准不论是就当时实情观之，抑或就此前此后的时代而言，都只能说压得太过于低了。不过，敢于如是立法的精神无疑是认为官僚应有的特权不应逾越这一界限。

我在上文谈到，汉末以来的一般知识人，哪怕是豪族，也都基于"清"的生活而得到乡论支持；并且，因为九品中正制度将乡论的构造吸收到了官僚体系中，所以就算在上层贵族之间，以"清素"为基本德性的风潮也扩展开来。户调式所规定的官僚特权标准与现实有很大差距，其之所以敢于如是制定法规，应当说就是魏晋贵族这种自我规制精神的一种表现。

这种自我规制精神源自一种长期的经验与自觉：自党锢事件以来，豪族对乡村的统治就不是仅仅凭着扩大私有土地、控制被土地束缚的佃客来实现的；如果不能尊重与周边自立农民层一起构成的共同体关系，从而在乡论上被认可为"民望"，就无法真正成为乡村全体的指导者。

换言之，他们意识到，自汉末以来的豪族领主化路线，和从清议运动延续到黄巾之乱的共同体冀求运动，这两种力量相互博弈而诞生的新型乡村社会构造必须以自我规制型豪族为中心，采取阶级统治关系和共同体关系两者在保持平衡中相互结合的形态。

因此在户调式中，既有希望建立共同体关系，反映出理想中的自耕农形态的占田规定（2），也有基于阶级统治原理的课田规定（3）；基于九品官人法和中正制度成为统治阶级的官僚，则

---

1 作者于此似乎对"官品"和"乡品"有所混淆。"门地二品"所指为乡品而非官品。魏晋非皇族而任官至一品者甚多。

被视为应当以规定（6）—（8）为标准自我规制，这正反映出国家的统治形态和上述新型乡村社会中的豪族统治形态是完全对应的。在这个意义上，九品中正制度与户调式中呈现出的魏晋国家，可以说就是贵族制社会在国家层面的体现。

西晋灭亡

如前所述，280年灭吴之后颁布的户调式，可以视为贵族制国家理念的表现，但现实并不是按照理念来运转的。现实中的贵族、豪族无法做到如此程度的自我规制，反倒是与户调式的精神相悖，往往流于奢侈，热衷于扩大私有土地，增加隶属民。自汉末动乱时期以来，南下的北方异族增多，被卖为奴隶的异族人也随之增加。遭到压迫的异族终于在进入4世纪后爆发反抗，结局就是断送了西晋王朝的命脉，进入五胡十六国时代。这一点容后再叙。

对西晋王朝而言，更直接地埋下了重大祸根的是平定孙吴后立即命令士兵解甲归田，同时极度削减常备兵员。280年的诏敕规定，即使大郡也仅置武吏百人，小郡则削减至五十人。这一规定是否被彻底执行，和户调式一样是存疑的。但不管怎么说，大量削减常备军会导致一旦发生动乱便难以收拾的局面。

比这一点更直接地使西晋加速灭亡的原因，在于中央政界的不统一与混乱。武帝平吴以后一统天下，满足于形式上的和平，并未采取善后措施。在朝的贵族、高官等也都沉溺于表面的和平，致力于平吴及其后治理荆州（大致在湖北省）的杜预几乎是唯一的例外。一方面是奢侈风尚的大行其道；而另一方面，由于代表着知识阶级潮流的"清谈"强化了哲学性、高蹈性的倾向，表面上反而出现了将现实政治视为俗务、唯恐避之不及的风气。他们不过是一盘散沙、不问政事的乌合之众而已，像杜预那样踏实细致的政治家、堪称科学性实证主义者的学者——他树立了《春秋经传集解》这一《左传》研究、古代史研究的里程碑——从当时的潮流看起来，反而是怪物一般的存在。

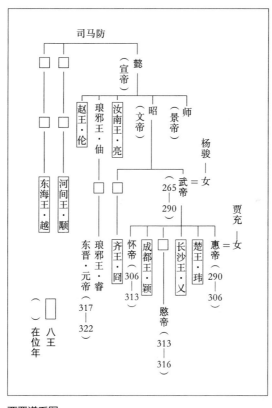

西晋谱系图

于是乎现实的政坛便落入了一小撮利欲熏心之徒手中。290年武帝去世前后，掌权的是外戚杨氏，291年以后则是拥立暗昧的惠帝（290—306年在位）的皇后贾氏一党。其中尤以贾皇后的手段最为毒辣，她唆使惠帝的异母弟楚王玮打倒杨氏，随后又杀死楚王，更进而废皇太子而改立自己的养子。

贾皇后这种露骨的狠毒手段，导致同情废太子、反对贾氏的气氛高涨。300年，赵王伦利用这种气氛，操纵部下诛灭贾氏一党。赵王为了确立自己的权威，接连诛杀名臣，还一度从惠帝手中篡夺了帝位。

为了讨伐其暴行，以出镇许昌的齐王冏为首，居于邺的成都王颖、居于常山（今河北省正定县）的长沙王乂，于301年发兵前往首都洛阳。中央政界的混乱就此蔓延到全国。接下来为了废黜齐王，以居于长安的河间王颙为首的诸王也都出动了。诸王之间无法同心协力，被部下操弄摆布，一盘散沙，各谋私利。一次斗争又催生下一次斗争，在斗争中纷纷引入北方异族的武力，以提高己方的战斗能力。

糜烂不可收拾的这一所谓"八王之乱"成为一个有力的契机，促使原本受汉人地方势力驱使的北方异族意识到自身武力之强大。最终，华北全境成为异族横行之地，导致司马氏诸王全灭的结局。

最后给已开始自我分裂的西晋王朝致命一击的，是原本听命于成都王颖的匈奴族族长刘渊及其子刘聪的军队。洛阳于311年陷落，继惠帝之后即位的弟弟怀帝（306—313年在位）被俘送刘聪的都城——今山西省南部的平阳。虽然怀帝要到313年才在平阳被杀，但早在311年洛阳陷落之际，西晋王朝在实质上就已经灭亡了。

第五章　开发领主制社会

——3世纪的江南

一 孙吴政权下的江南社会

华北贵族与江南

在2至3世纪的华北，如前文所述，一方面存在华北各地豪族壮大、社会阶层加剧分化的倾向，另一方面又存在着遏制这一倾向、追求缔造共同体关系的倾向。形成于这一时期的贵族统治体制，就是这两种倾向相互碰撞的结果。

在这当中，豪族并未能够一举朝着形成武人领主统治阶级的方向跃进，而是立足在有志于建设共同体的乡论之上，形成了身怀知识和教养的文人性的"士"的统治阶层。在这一"士"阶层之上，层层叠压着贵族社交界。而这些"士"及位于其上的文人性贵族，渡过了汉帝国崩溃的大动乱，成为将华夏文明带入新阶段的主体。但是，孕育出这些人物的基层乡村社会在大动乱中受到的创伤未能恢复，阻止豪族强大化的自耕农共同体意志力变得薄弱了。

尽管如此，西晋的贵族阶层并未能直视这一基层社会的问题，而是满足于表面上的和平安稳，游离于基层社会之外，在他们的社交界中"清谈"度日。结果就是放纵部分实权人物滥用权力，引起八王之乱，北方异族横行。在无法收场的大动乱中，这一贵族社交界也就土崩瓦解了。

在贵族中，有些人回归乡村社会，竭尽全力摸索生存之道；而大多数则避难江南，与当地的一流豪族共同拥戴东晋政府，再生了新的贵族社交界，重新建立起他们的统治体制。华夏文明的火种因此免于被横行华北的蛮族消灭，得以在江南继续熊熊燃烧下去。

话虽如此，4世纪初期从华北避难至江南的贵族最初迁徙到这片新天地中的时候，只不过是些漂泊无根的流亡者罢了。然则他们又是如何能够如不死鸟般浴火重生的呢？为了追寻这一问题的答案，我们必须要来看一看他们逃难以前，也就是在3世纪的时代，江南社会是怎样的一种情形。

3世纪的江南土地上是三国之一的吴国。那么就先来看看吴国的情形吧。

吴国的建立

在三国中，定都建业（今南京）的吴国，是由吴郡富春（今杭州市西南）的孙氏建立的，那么下面我们就把这个政权称为孙吴政权吧。富春这片土地，在2世纪末期，还只是汉族在江南的殖民地中最前线的城镇之一，暴露在被江南原住民如山越（见第一章所述）袭击的危险下。

这种地方，着实会令人联想起西部片中登场的那种开拓前线根据地，而孙氏中的孙坚从年轻时候开始，似乎就是这种边境城镇的头面人物。孙坚强悍武勇，在战争中功绩彪炳，被东汉政府擢升为某县副官，前往长江之北赴任。

当此之时，许多流民从在宦官政府压迫下辗转呻吟的中原先进地区，流亡到淮水和长江之间的地域，其中包括大量无赖恶棍。这时正好赶上184年黄巾乱起，孙坚将这些无赖少年纠合起来，组织起一支军队，隶属于黄巾讨伐军，开始大展拳脚。

在不久后群雄割据的乱世中，他于192年战死，但其子孙策仍然继承了他的这个无赖任侠集团。孙策以此为自己的势力核心，下定决心割据江南。

在这一时期的江南，吴郡亦即今天的苏州一带，以及会稽亦即今天的浙江绍兴一带，都早已得到开发了。吴郡有朱氏、张氏、顾氏、陆氏等大豪族势力，会稽也有虞氏、魏氏、孔氏、贺氏等豪族成长起来。孙策于195年正式开始进攻江南，据称其军规整然、无所掠夺，发布告示说："归降者不问从前经历。只要一人愿意从军，全家都免除赋役。不愿从军者，亦不强制。"[1]江南人士由是云集于孙策旗下。

孙策同时又开展工作，致力于将吴郡、会稽等地的有力豪族纳入自己阵营。而这些本土豪族也同样抱有期待，与其任由江南各地被弱小势力割据，还不如有一个强力政权来将整个江南统合起来。为什么呢？因为正如第一章中所述，当时的江南是处在开

---

1 《三国志》卷四六《吴书·孙破虏讨逆传》裴注引《江表传》："军士奉令，不敢虏略……发恩布令，告诸县：'其刘繇、笮融等故乡部曲来降首者，一无所问；乐从军者，一身行，复除门户；不乐者，勿强也。'旬日之间，四面云集。"

发途中的殖民地，为了强有力地推进开发，一个强有力的政权是必要的。

如此一来，来自长江北岸的无赖任侠集团军事力量，就和吴郡、会稽等地的本土豪族势力达成了妥协。以孙策为首脑的政权诞生了。孙策于200年去世，由弟弟孙权主宰政权。据大川富士夫的统计，孙吴政权的人员构成大致上是江北系和江南系各半。这反映出，仅凭江南的本土豪族势力还不足以缔造独立的军事政权，同时也反映出除了吴郡、会稽之外，江南的本土豪族仍未成熟发展起来。

江南的知识人

事实上，甚至就连孙吴政权首都所在的建业，也就是今天的南京，在当时都还完全是一片默默无名的土地。如上一章所见，华北各地豪族已经发展壮大，包含自立农民在内的知识人的乡论也针锋相对地盛行起来。反过来在江南地区，整体上却几乎看不到乡论盛行的景象，仅见于吴郡、会稽这些先进地区而已。江南的知识人阶层仍然是极其薄弱的。

吴郡的豪族顾氏、陆氏、张氏中已出现了有教养的知识人，但就连这些人物，在孙吴政权下也往往是作为武将而活跃的。在华北，如李典的例子所见，武将屈身于知识人的"士"阶层之下，而江南则反过来，就连有教养的人也有志于武将之道。

在这个政权中，还有两三位出身北方、在华北都颇有名望的名士担任政治顾问，他们是为了躲避华北动乱而迁徙来的知识人，张昭就是其中有代表性的一位。然而当曹操大军南下，如何应付成为大问题之际，张昭提倡的是软骨头的投降论；而与之针锋相对，在朝议中高唱主战论，大破曹操军队于赤壁（208年），确保了吴国独立的，则是周瑜、鲁肃等出身江淮间的任侠之士。华北名士的发言权，在孙吴政权中并不是那么强。不过，出仕孙氏的琅邪郡阳都（山东省沂南县）人诸葛瑾，乃是那位大名鼎鼎、辅佐蜀国刘备的诸葛亮（字孔明）之兄，

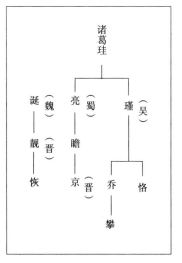

琅邪阳都诸葛氏谱系图

这两兄弟为缔结吴蜀同盟共抗曹操而做出的贡献值得注意。

吴、蜀的主从关系

迁居荆州襄阳附近的诸葛亮，早在刘备以所谓三顾茅庐之礼将其迎来之时，便已向刘备进言，指出必须要与吴联盟方可对抗曹操，其后则应自荆州取巴、蜀（今四川省）。208年，刘备被南下的曹操军追奔逐北，仅能保住夏口（今湖北省武汉市附近）。当时孙权正好在柴桑（今江西省九江市）安营布阵。刘备遂派遣诸葛亮前往，成功缔结了吴蜀同盟。当此之时，孙权对诸葛瑾说道：

——你与孔明是兄弟。弟弟追随哥哥，才合乎为人之道。何不将孔明留在我们阵营当中？

——弟弟已经托身于人，交换了忠诚契约，定下主从身份，为人之道不可再有二心。弟弟不能留在这里，就与找小能到对方阵营中去，是一样的。

据史书记载，诸葛瑾这番回答令孙权佩服得五体投地，以为此言"足贯神明"[1]。

这里解释为"交换了忠诚契约"的一句，在原文中乃是"委质定分"。"质"通"雉"，在古老的春秋时代有个惯例，当出仕主君之际，要送上雉鸡，缔结忠诚契约。三国时代已经不再那么正儿八经地当真用雉鸡了，但"委质"仍然意味着这样的忠诚契约。由此缔结的主从关系，被认为优先于兄弟间的血缘关系以及"事兄悌"的伦理，这才是为人之道（原文是"义"）。上面的问答，就反映出当时的这种观念。

事实上，诸葛亮对主君刘备鞠躬尽瘁的耿耿忠心，不但刘备在世之日如此，就连后半生侍奉其子刘禅都一以贯之，这是天下皆知的。在诸葛亮发兵北伐魏国之际向刘禅奉上的《出师表》中，其衷情表露无遗。此外，刘备在举兵之初，就和著名的关羽和张飞交换了义结金兰的盟誓。换言之，这是任侠者之间实行的极具人格色彩的关系。孙权父子也是通过集结无赖任侠者来打造其军团的。其中大哥与小弟间的纵向关系，最终升华为主从关系，成了统合吴国的主干。

---

1 《三国志》卷五二《吴书·张顾诸葛步传》裴注引《江表传》载孙权报书，"玄德昔遣孔明至吴，孤尝语子瑜曰：'卿与孔明同产，且弟随兄，于义为顺，何以不留孔明？孔明若留从卿者，孤当以书解玄德，意自随人耳。'子瑜答孤言：'弟亮以失身于人，委质定分，义无二心。弟之不留，犹瑾之不往也。'其言足贯神明。"

像这样，当时个人与个人之间缔结起来的极具人格色彩的纵向关系、主从关系，在社会中占有重要的地位。这一方面来自刚才谈到的任侠关系，但即便在知识人之间，与此同构的关系也是普遍存在的。这也就是"士为知己者死"。弟子对于老师，下属对于肯定了自己的上级，对于这些认可自己人格的对象，从此以后长期奋不顾身地尽忠。这就称为"门生、故吏"关系。

所谓"故吏"，是指曾经身为部下，现在虽然已经不再是部下了，但对过去的老上司却一直怀抱着感恩之情的这么一种关系。在那之后，这种门生故吏关系规制着整个六朝时代的人际关系。这已经完全可以称为封建性的人际关系了。

因此，就算在华北的魏晋社会中，这种封建性的纵向社会关系当然也是随处可见的。不过，随着以文人为优先的贵族制社会形成，汉末战乱期所见的任侠式主从关系渐渐销声匿迹，门生故吏式的主从关系显著起来。在身为第一流知识人的诸葛亮身上，可以感受到一种混合状态：既有侍奉刘备的任侠式主从关系，又有对刘备以三顾之礼来认可自己人格的感恩之情。但到刘备死后，他作为丞相全力以赴维持蜀国并部署对魏进攻。在这一时期的蜀国，他作为文人进行的理性统治就要优先于任侠式的主从关系了。

可是在吴国，任侠式的主从关系甚至成为缔造国家组织的主干。说到底，这正提示出吴国，也就是长江流域下游（比蜀国还要落后）的落后性。

世兵制——诸将军的军团世袭制度

在孙吴政权中，有种不见于当时华北的特殊制度。那就是所谓的"世兵制"。这从制度上认可了吴国诸将军在父子兄弟间世袭麾下的军队。这是通贯孙吴一朝，不，应该说甚至是从吴国正式起步之前的孙策时代就延续下来的传统，因此军队强烈地带有领兵将军属下私兵的性质，增强了各军团的独立性。

换言之，以武力为基础的孙吴国家，带有私兵集团联盟的性质。而将其联合起来的核心不是别的，正是前文所述孙权与诸将军之间的主从关系。

江北的无赖任侠者作为一军之将进入江南后，为了豢养自己获准世袭的军队，必须打下经济基础。因此最初这些将军会被授予"奉邑"。一县乃至数县一旦成为某将军的奉邑，该将军便可自由任命该县的高级官吏，自由使用当地收上来的赋税。所以这些将军在事实上，可以说就是完全统治着其奉邑的领主。

不过，吴国最终于222年正式成立，这种奉邑制旋即废止。可是吴国的兵士并不仅仅是从事战斗的战士，他们在无战事之时会被指派承担农耕任务。换言之，诸将军所率领的私兵性世袭军团，在原则上是各自屯田、尽力自给自足的。

吴国之所以要废止奉邑，完全替换为屯田，恐怕是由于战火连绵不绝的草创期已经过去，军队在作战行动之余有了空暇，可供兵士从事农耕的时间逐渐增加起来；而与一揽子供给的奉邑相比，屯田也要有效率得多。像这样，在首都建业之东的毗陵（今属江苏省）虽然本是奉邑，但不久以后，从当地直到今天无锡一带的广大土地便都实行了屯田，并且首都周边的丹阳、晋陵一带也成为大规模的屯田区。不仅首都周边，包括今属江西省的浔阳，以及对魏蜀边境防卫军屯驻区以下的各军队所在地，也都处处开发了屯田。

屯田军的江南开发

各地之所以能像这样大兴屯田，是因为在当时的江南，仍然遍布着广阔的荒地和未开垦地。配置于各地的屯田军毋宁说正是土地开发的尖兵。孙吴政权的兵士，其性质在很大程度上是为了开发而使用的劳动力。不言而喻，为了开发必须要有大量的劳动力，也就非得寻找劳动力的补给来源不可。而补给来源不是别的，正来自当时仍分布在广大地域中的江南原住民——山越。

组成孙吴政权的诸将军屡次讨伐抵抗他们的山越。被征服、被降伏的山越被分配给征讨将军及部将等。其中的强健者作为兵士编入屯田军；老弱也要编入郡县户籍，虽然得以免除兵役，却要负责种田，从事强制性的农耕劳动。因此虽在一般的郡县，也有这类屯田民，并且也常常由率领屯田军的将军来担任郡县长官。

像这样，江南仍处于开发途中的许多地区，都由诸将军统率着获准世袭的私兵性屯田军，以其武力及财力为基础，各自君临于未开发土地之上，实行严酷的军事统治。

这样的将军一旦成为郡县长官，原本理应具有"公"性的郡县统治体制，无疑也就会转向以私兵色彩强烈的屯田军为核心的"私"性的军事统治，将编籍于辖内郡县的被征服民束缚在屯田地区中，驱使其从事私役了。

这种情形，只有在这些郡县中还不存在强有力的本土豪族，并且自主经营农民也还未广泛成长起来的情况下，才有可能出现。而且当地实行的严酷军事统治，可以想见反过来妨碍了自耕农的成长。

开发领主性统治体制的形成

不过正如开篇所述，在吴郡、会稽等早就开发了的地区，如吴郡的顾氏、陆氏等大豪族已经成长起来了。他们拥有广大的土地，隶属于其中的大量佃客随时可以作为私兵被动员起来，私兵在平日也可以恢复为佃客。当地甚至设有武器库。而且，这种江南本土豪族中成为吴国将军的人物，比如陆逊等人，也和来自江北的开拓屯田军将领一样，极度热衷于讨伐山越之类的人口掠夺战争。

为了进一步推进开发，他们也需要更多的劳动力。因此吴郡、会稽等地土豪的领主化程度比华北豪族还要高得多，已经大可以称之为开发领主了。不，应该说他们是与来自江北的孙氏所率诸武将的开拓屯田军齐心协力，在孙吴政权这一形态下，打造出了甚至可以称为开发领主制的统治体制。

江南社会的这种情形，与上一章中所述的华北社

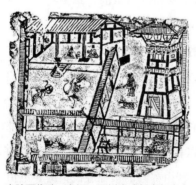

宅院画像砖　东汉　四川省成都市郊出土
反映大豪族的宅邸

会有很大差异。在先进的华北社会，一方面豪族势力大举扩张，另一方面是成熟了的个体经营农民广泛存在，凭借追求共同体理想的乡论来抵抗豪族的领主化倾向，使其朝着文人贵族而非武人领主的方向发展。与此相对，江南的自耕农在整体上尚未成熟，这既容许了吴郡、会稽等地本土豪族的开发领主化，同时也让外来武将有可能以屯田军为核心，实行开发领主式的统治。

总而言之，江南乃是处在开发途中的落后社会。正是因为如此，孙吴政权这一开发领主制式的体制，才得以在开拓屯田军的军事统治，以及吴郡、会稽本土豪族的开发领主化倾向这两大支柱之上建立起来。

二 孙吴政权的崩溃

主从关系解体

如上所见，孙吴政权是在开拓屯田军，以及吴郡、会稽的本土豪族这两大支柱之上成立的。而且这些将军率领私兵性的世袭军团，具有相当强的独立性。他们之所以能统合为一个整体的孙吴政权，关键点就在于孙权与诸将军之间的主从关系。所以一旦主从关系出现裂痕，政权就会面临危机。这一危机由于孙权晚年的帝位继承问题而越发加剧了。

241年，皇太子孙登病死。242年，孙和被立为太子。然而孙权宠爱孙和之弟鲁王孙霸，他的待遇与太子孙和之间没有明确的等级差别，于是拥戴鲁王的一派开始蠢蠢欲动。鲁王一党就此与维护太子的太子一党之间爆发了长达近十年的斗争，据说导致"中外官僚、将军、大臣举国中分"[1]。

这种分裂状态，最终在250年以太子孙和被废、孙霸赐死的两败俱伤收场。孙权另立年仅九岁的幼子孙亮为太子。两年以后的252年，孙权去世，十一岁的孙亮继承帝位。直到两年前还两派对立、长期纷争造成的分裂伤痕，这时开始暴露出严重的后果。

在受孙权遗诏辅佐幼主的重臣当中，大将军诸葛恪等是旧太子一党，孙峻等过去则是鲁王一党。至今为止一直身为孙吴政权核心的孙权刚刚去世，现在正是必须拥戴幼主、重新确立统一政权核心的时刻，然而位于中枢的心腹重臣执着于两派分裂造成的伤痕，毫无相互沟通和解之意。并且，向来坐拥世袭军团、具有高度独立性的各地将军及本土豪族，在失去一贯的主从关系核心孙权之后，究竟还是否会听从中央政府的命令，也是相当头疼的问题。

在辅佐幼主的重臣当中，孙权主要托付后事的是诸葛恪。他也算是有才能的战略家，曾经策划过对华北魏国的战争，企图以一次大捷来加强自己在中央政府的权威。然而，为了急于确立权威而仓促发动的战争，最终以惨淡败北收场。尽管诸葛恪仍顽固地打算继续征战，但死对头孙峻却利用高涨的反战气氛，将诸葛恪斩首（253年）。此后直到256年，中央政府的实权都掌握在孙峻手中；接下来的256—258年，则由孙峻的从弟孙綝接手。

然而，他们只是像热锅上的蚂蚁，已经束手无策，无法确立

---

1 《三国志》卷五九《吴书·吴主五子传》裴注引殷基《通语》。

权威，只剩下滥用权力欺凌弱小的能耐了。

第三代皇帝孙休（258—264年在位）诛杀了横行霸道的孙綝。他选择逃避政治，醉心于读书学问，但其治下实际运作权力的当权者仍是些和孙峻、孙綝之流差不多的人物。而最终即位的孙皓（264—280年在位）则是个一味凶恶残暴的君主，只知道毫无意义地大兴土木，营建宫殿，胡乱虐杀大臣。

所有这些当权者，都面临着领主式人物割据各地、

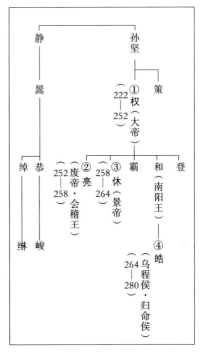

吴郡富春孙氏谱系图

分裂迫在眉睫的客观形势，身处极度不稳定的政局当中，又被摆在了要求树立权威的处境下。他们已经根本束手无策，却又迫于形势硬要建立权威，于是只好盲目肆意地发动权力意志，虚张声势。这种左支右绌的状况越发加速了主从关系的解体，使作为孙吴政权支柱的人际关系全面崩溃，成了吴国灭亡的一大原因。

屯田体制的崩溃

孙权之死，触发了手握世袭军团、遍布各地的开发领主式诸将军的独立倾向。中央政府的当权者为了制止这一倾向而急于树

立权威的情形，已如上所述。中央政府摆出这种气急败坏的架势，因勉强发动战争而招致无谓的损失；为了弥补损失，又强行进行征发，再次发动毫无意义的权力意志，加强对治下民众的掠夺。

中央政府的强行征发与掠夺，指向了威令最容易到达的屯田地区。原本从孙权时代开始就处在严酷军事统治下的屯田兵与屯田民，由于掠夺的加重，越发被逼到了山穷水尽的地步。

不过另一方面，江南在孙吴政权下达成统一，推进开发，沟渠运河得到修整，物资的运输贸易也随之增长起来。舟航便利的长江及其支流获得治理，物资运输变得容易。于是首都建业的人口增加，呈现出消费都市的形态。早在孙权时代，东吴就已经发行了新的货币，这无疑也刺激了物资的贸易。

在这样的背景下，受中央政府掠夺最多、负担最重的屯田地区，仅靠遭受剥夺后剩余的那点农产品，已经无论如何都做不到自给自足了，只好通过更有利润的商业来帮补生计。屯田队长驱使其指挥的兵民，命令他们运输管辖地区内生产的物资，从事商贩交易来充当劳役。兵民不仅仅要从事农业，还要从事商贩以充劳役，他们已日渐不堪沉重的负担。

不过，兵民通过从事商业进入市场，可以得到其他地区的相关情报。这些情报由屯田区的兵民传播扩散，最终，这些已经穷困潦倒到极点的屯田民、屯田兵

吴大钱　三国吴
孙权发行的钱币，上有"大泉当千"铭文

开始从严酷压迫下的屯田区逃离，流亡到负担较轻的地区。不管怎么说，对于将兵民束缚于农田中的屯田体制，商业活动总是一种促使其崩溃的要素。

吴国战斗力的丧失

然则，比屯田区负担更轻的地区——至少是想象中或许会负担更轻的地区，是什么样的地方呢？在熙熙攘攘的首都建业城中，每天都在滋生游侠[1]，他们身边当然是极好的投奔之地，但其收容力毕竟有限。以宦官为首的宫廷相关人等以及与之沾亲带故的官吏，利用特权划定广大的私占土地，募集耕作和经营所需的劳动力，这是吴国末期尤其孙皓在位之时的显著现象。从屯田地区流亡出来的兵民，正要托庇于这种私人性的大土地所有者。

不仅如此，宦官还担任皇帝直属的临时征税官，对自己所占土地之外的一般郡县征收苛捐杂税。除了屯田区的居民，他们对一般庶民也都极尽压榨之能事，借此将他们驱迫进自己及同伙的庄园中。不言而喻，这就是使屯田体制崩溃的致命一击。

在中央威令所及的地区，这种屯田体制崩溃、当地居住兵民发生流动的现象加剧，商业的活跃化及由此引发的部分统治阶层的奢侈风潮也在增强。这样的种种现象和潮流立即波及了其他地区。毫无疑问，诸将军率领开拓屯田军从外部、从上层进行统治的地区——其中想必还出现了中央威令鞭长莫及的地区——也在发生着同样的现象。随着生存基础的崩溃，屯田军的战斗力也丧失了。

---

1 作者于"游侠"二字上标注假名"やくざ"，意为黑道。

如前所述，一方面由开拓屯田军来进行军事统治，另一方面由吴郡、会稽等地的本土豪族来进行开发领主制式的统治，孙吴政权体制就是在这两大支柱之上成立起来的。既然其中一大支柱，也就是支撑着开拓屯田军的屯田体制已在经历上述过程后分崩离析，孙吴政权本身的最终颠覆可谓理所当然。而诸将军受屯田体制崩溃的影响，原本就已丧失了大半的战斗力，如今眼见暴君孙皓治下那些宦官及与之相勾结的一部分特权人物都在追逐私利的道路上奔竞不休，他们会因此灰心丧气，无心为国效劳，也就是同样理所当然的结果了。

这么一来，西晋遂趁着吴国的这种内部形势，于280年挥师南下。晋军连像样的抵抗都没有遇上就攻灭吴国，成功征服了江南。

三 江南豪族与流民

吴国灭亡后的江南

280年，孙吴政权灭亡，由其政权支柱之一的开拓屯田军实行的严酷军事统治也就随之终结，在其末期滋生的部分特权阶层（宦官及与其勾结的官吏）的横征暴敛被撤销。在此形势下，饱受蹂躏的民众终于获得了一丝喘息之机。征服了江南的西晋王朝将若干江南优秀人才召到了中央，但除此之外，并未特别对江南实施任何具体政策，简直是无所作为地放任自流。可以说，从280年开始一直到3世纪结束的约二十年间，江南社会都顺其自然地运转着。

社会自然运转的方向，是被上一节所述孙吴末期的社会状况规定了的。那就是在屯田体制的解体过程中，原本被束缚在屯田地区上的农民流亡现象逐渐激化。同时另一方面，各种大大小小的特权人物正在推进大土地所有。孙吴政权的消亡，一方面是屯田军事统治彻底解体，给大部分旧屯田区带来了解放；另一方面，与孙吴政权紧密结合的特权阶级（尤其是宦官）拥有的广大土地必定也被没收或者解体了。这些土地上所束缚的隶属农民也获得了解放，有些人开始在这片土地上成长为自耕农，有些人则流向他方，追求更安乐的生活。

这么一来，自耕农终于开始在广阔的地域上成长起来了。然而他们的基础仍然非常薄弱，稍遇一点小小的打击便很容易发生流动，而且抵抗力无疑也很弱小，很容易被大土地所有者的势力吸纳。

为什么呢？因为除了寄生于孙吴政权的宦官之流，还有许多大土地所有都在西晋治下处于放任自流的状态当中，原封不动地延续了下来。事实上，虽然陆氏、顾氏等吴郡（今苏州）豪族和贺氏、虞氏等会稽豪族无疑是孙吴政权的一大支柱，但他们的根基在于各自在故乡自力更生开拓出来的大土地所有制，以及对周边农民的控制力，因此其社会势力并未因孙吴政权灭亡而受到任何影响。当西晋政府将江南人才拔擢至中央之际，所谓的人才也正是在这些豪族中成长起来的教养人、知识人。陆机、陆云兄弟等就是其中的代表人物。

除了这些自古以来的名族之外，在从吴过渡至西晋的3世纪后半叶，同类型的豪族在江南各地都成长起来了。位于太湖西岸的义兴郡阳羡（今江苏省宜兴市）周氏，还有来自南岸的吴兴郡武康（今浙江省德清县）沈氏等皆是其例。在4世纪初期，他们建立了强大的势力，号称"江东（江南）之豪，莫强周沈"（《晋书·周札传》）。

在吴郡、会稽等自古以来的名族之外，如此强大的豪族也在各地成长起来，这固然是乘着孙吴政权以来大规模江南开发的浪潮，但使其成为现实还不能缺少一个条件，那就是他们能毫不困难地将那些易于流动、基础薄弱的农民吸收进来开发、耕作土地。换言之，由于孙吴政权的消亡，基础薄弱的自耕农广泛出现，同时他们又缺乏适当的保护措施，被置于自生自灭的状态中，这两点为江南豪族的后续发展成长提供了良好的环境。

豪族间的等级落差

不过，有必要注意到，吴郡、会稽的名族和周氏、沈氏等在江南其他地区成长起来的新兴大豪族之间，出现了社会评价上的等级落差。吴郡顾氏、陆氏等自孙吴政权时期以来，就是屡出大臣宰相的名门，即便北方的西晋王朝，也认可他们为江南士人中的翘楚。被召至西晋的陆机兄弟和顾荣等，虽然作为昔日敌国之人仍不免被华北先进地区的贵族看作乡野鄙夫，受到轻蔑歧视，但作为身怀知识教养的士大夫，他们毕竟融入了贵族社交界。而同样出仕西晋的阳羡周处之流，便只能被当作武将、不被承认为贵族社交界的一员。

来自中央的评价差异，同样也影响了被评价方的意识。在吴郡、会稽的一流名门心中，无疑暗暗有着轻视之意：不管阳羡周氏、武康沈氏的实力如何强大，这些新兴豪族也不过是徒有匹夫之勇的乡下武士罢了。而对于顾氏、陆氏等才是江南第一流名门的这种评价，江南豪族自然也都是认可的。

虽然有着如此的内部落差，他们需要为了江南社会的稳定而齐心协力的时刻最终还是来临了。新出现的事态是：流民从外部涌入江南，易于流动、基础薄弱的江南农民在这一冲击下变得更不稳定，豪族稳固的大土地经营面临着威胁。

最初的一击，来自303年从长江上游汹涌而至的石冰之乱。这次动乱的根源，与遥远的今陕西省、四川省的形势相关。我们必须暂时将视线转移到那边去看一看。

成汉王国的成立与流民

第一章中已经叙述过，从今甘肃省到陕西省一带，有羌族、氐族等大量异族进入，屡次挑起事端。296年，氐族族长齐万年叛乱，西晋政府对此大感棘手。297年更是遭受重创，前文所言出身江南的武将周处战死。这次叛乱总算在299年被平定，但骚乱之余又加上连年饥荒不断，当地民众为了求食，成群结队往南方迁徙。略阳（今甘肃省秦安县）的氐族族长李特沿路护送一群流民，抵达汉中后贿赂西晋政府的派出官吏，获准将流民安置在今四川省肥沃的大平原上。

大举涌入的流民与当地人不断发生冲突。然而流民越是遭受迫害，便越是团结在李特周围。李特也看准了今四川省一带诸势力的四分五裂，下定决心割据此地。整合了流民集团的李特，实力甚至强大到能于301年进攻成都。不过，他在303年被西晋驻今四

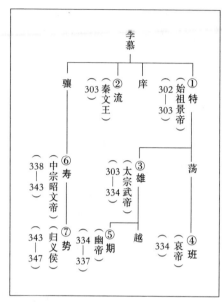

成汉李氏谱系图

川省地方长官的军队击杀，其子李雄随后重整集团，最终占领了成都。

李雄于304年即成都王位，宣布独立，306年即帝位，国号"大成"。同样就在304年，匈奴族于今陕西省南部独立，首领称"汉王"。它们是中国内部最早诞生的异族国家，并被列为本书第九章所述的五胡十六国之一。

据说李雄（303—334年在位）崇拜贤人范长生，欲立其为君主，自己作为臣下侍奉，只是因为范长生固辞不许，李雄才最终即帝位。因此李雄尊奉范长生为丞相。说起来，"长生"之名原本就与修炼以求不死的道教有关，在史书的描述中，李雄和范长生所统治的成国，是一种与五斗米道张鲁的王国相似的理想国。

虽然张鲁在大约一百年前便已归降曹操，离开了汉中；但从汉中到蜀地，甚至传播到了氐族中的五斗米道信仰，在那以后历经一个世纪仍然生生不息。如果说其精神会通过李雄的大成国得到体现，也是很可以理解的。

在那之后，李寿（338—343年在位）尽杀李雄诸子而即位，改大成国号为"汉"。故后世又将两者合并略称为"成汉"。直到

347年东晋将军桓温灭汉为止，四川盆地都一直存在于另一个世界当中。

石冰的流民叛军与江南豪族

当李特、李雄进入今四川地区，在当地扩大势力之际，西晋政府为了应对这一形势，从今湖北地区征发兵士，计划开往今四川省。厌恶远征的湖北人民抗拒这一命令。这时正好遇上湖北大丰收，八王之乱又已经爆发，于是食不果腹的中原流民开始纷纷南下前往丰收中的湖北。由于民众的反抗和流民群的涌入，湖北越来越不安定。出身"蛮"族的张昌利用了这次机会。

303年，张昌散布预言称"当有圣人出，为民主"[1]，还煞有介事地把某个人物捧出来当作圣人天子，煽动流民及反抗的民众。人心惶惶的民众纷纷投奔而来，袭击郡县衙门，湖北一带陷入大动乱中。张昌将这些民众编成军队，从湖北入侵湖南省。其部下石冰继而作为首领，从今安徽省转战江苏省，侵入长江下游流域。从长江中游到下游一带的农民基础薄弱，只要受到轻微刺激就容易发生动摇，由于张昌、石冰流民叛军的蜂起，他们也随之一同骚动起来了。

在这场大乱当中，同样从华北亡命而来的贵族，开始在江南的新天地中复苏他们的统治体制。这种不死鸟般的重生是如何实现的呢？下面我们就来观察这一过程。

---

1 《资治通鉴》晋惠帝太安二年三月条。

第六章　贵族制社会的落定

——4世纪的江南

一　江南豪族与司马睿政权

陈敏之乱与江南豪族的动向

　　石冰的流民叛军流窜到长江下游，使流动现象的巨浪波及江南。这给江南豪族的大土地经营带来了巨大的威胁。为什么呢？因为虽然流民的存在自身就是给大土地所有者提供劳动力的补给来源，绝不会造成威胁，反倒应该说是利好条件；但大量流民涌入，却无疑会将他们原本安定的大土地经营拖入混乱当中。

　　江南豪族以阳羡大豪族周玘等为中心，推戴吴郡名家顾秘为盟主，起兵讨伐石冰。值得注意的是，后来撰成包含炼丹术等方面内容的道教文献《抱朴子》的葛洪，作为丹阳郡句容县的小豪族，也率领一支数百人的军队加入了豪族联军。他们协助江北的西晋王朝军队，于304年平定了石冰之乱。乱局大致平稳后，他们便解散联军，各自回乡。

　　然而，社会流动现象的巨浪，并未随着石冰之乱被平定而止息。由于八王之乱的扩大，华北中原已沦为异族横行之地，流民

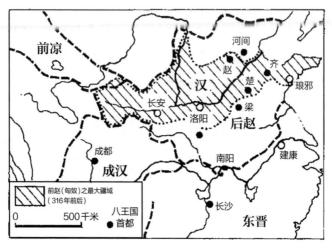

4世纪前半期华北形势图

为了避难纷纷南下。在讨伐石冰之役中立下大功的晋将陈敏眼见中原大乱，遂向晋朝举起反旗，于305年摆开割据江南的架势，请求江南豪族的协助。吴郡名家顾荣曾接受西晋朝廷征召，但出于所受蔑视及中原乱象，这时正在归乡途中。以他为首的江南豪族一开始接受了陈敏的请求。到了此时此刻，他们已开始感到，为了遏制已经波及江南的社会流动现象，恢复江南的安定，有必要树立一个独立政权了。

然而，以驻于寿春的周馥部下晋军为首，江西诸军昭告远近，宣布顾荣等江南豪族协助逆贼陈敏的罪名。这些军队的势力仍是十分强大的，并且，陈敏原本只出身于西晋的下级官吏，渐渐暴露出其并无政治上的能力。顾荣等最终背弃陈敏，决定勠力同心对其发动讨伐。在顾荣的指挥下，阳羡大豪族周玘所率军力于307年击溃陈敏军。陈敏单骑北逃，于当年三月被周馥军所杀。江南豪族的齐心协力，在这个时期达到了顶点。

就在那之后的永嘉元年（307）九月，晋朝宗室琅邪王司马睿与出身于华北第一流贵族琅邪王氏的王导一同率领寥寥可数的随从来到了建邺。正是江南豪族群体与司马睿、王导这对搭档的关系，决定了此后纵贯江南历史的一条基本线。接下来就让我们以两者力量关系的变化为焦点，来对东晋政权的成立过程稍做一些考察。

晋朝皇族司马睿登场

司马睿是武帝叔父琅邪王伷之孙。他在八王之乱中与东海王越共同行动，但后来发现形势不妙，遂用王导之计，于304年逃离首都洛阳，回到封地琅邪（今属山东省）。此后，东海王越于305年从徐州地区（今江苏省北部）卷土重来，司马睿再次追随其后。永嘉元年（307）七月，东海王拥立西晋怀帝，主持政务，司马睿被授予安东将军、都督扬州诸军事（扬州方面军司令官）之职。

这一职衔，其实陈敏以及威震江南豪族的周馥都已从西晋政府接受过。正是因为周馥拒不接受东海王的命令，东海王才重新授予司马睿此职来与之对抗。

司马睿听从王导的建议，与其一同进入建邺，但江南豪族最初却根本不亲附他们。对江南豪族而言，长江北岸的周馥才是手握军队实权、力量不容小觑的扬州方面军司令官。仅仅带着这么点随从就大胆闯进江南中枢建邺的这位新司令官，是否值得拥

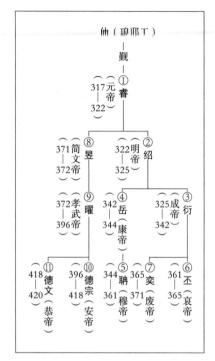

东晋司马氏谱系图

护？有必要先掂量掂量老司令官周馥与这位新司令官之间的关系如何。

如前所见，江南豪族热切盼望着流动现象日益加剧的江南社会恢复安定。甚至由他们自己来合力打造一个江南独立政权的可能性也不是不能考虑的。

然而，出于陈敏之乱的经验，他们也心生忌惮。不但对于是否有足够的军力对付驻于寿春的周馥部队多少有些心里没底，更要命的在于，一旦逆贼恶名传扬出去，难免要被周边的晋军围起来瓮中捉鳖。总而言之，他们需要的是能够摆脱"逆贼"之罪的一个名分，是由晋朝委任来维持江南周边秩序的一个幌子。

在这一点上，司马睿凭着都督扬州诸军事的头衔，有方便维持江南秩序的名分；而他又是晋朝的皇族宗室，这也是很合适的一个幌子。唯一的问题是，对于警戒监视着江南豪族的周馥，司马睿等是否会谋求妥协？在看清司马睿、王导等并无这种妥协意图，甚至毋宁说是期待着他们施以援手之后，江南豪族最终走上了推戴司马睿、谋求稳定江南秩序的道路。

司马睿政权的成立

在308年之后的几年里,江南豪族积极拥护司马睿,大展拳脚。其代表人物顾荣直到312年去世之前一直担任军司马,参与全部筹划,是中央的作战指导。江南豪族在他的指挥下,由大豪族周玘于310年平定了吴兴郡的骚乱;永嘉五年(311)正月,又击溃了早已成为其眼中钉肉中刺的周馥军队。几乎赤手空拳闯进建邺的司马睿、王导等人,直到这时为止,才凭借着以顾荣为首的江南豪族战力,好不容易站稳了脚跟。

到了永嘉五年(311)六月,晋朝首都被独立后的匈奴族刘聪的军队占领,西晋王朝在事实上灭亡了;西晋政府的大臣荀藩等遂传檄天下,推举当时晋朝皇族中硕果仅存的司马睿为盟主以抵抗蛮族。这么一来,司马睿的权威就水涨船高,跃上了一个新的台阶。这时候,今江西省地区的长官华轶不听传檄,不遵司马睿号令;而在对华轶发动的讨伐战争中,王导的从兄王敦便作为总司令官,凌驾于江南豪族军队之上了。

这位王敦,在前一年的吴兴骚乱中还毫无建树地逃回建邺,靠着阳羡豪族周玘之力才平定了骚乱。然而时移世异,周玘面对着一年前还软弱无力的王敦,却已经落在下风。周玘心中渐渐萌

东晋元帝司马睿像　出自《历代古人像赞》

生不满。偏偏就在312年，统合江南豪族的核心人物顾荣又去世了。再加上华北的贵族、士人通过荀藩檄文了解到江南仍有晋朝皇族作为盟主存在，正在纷纷投奔而来。

司马睿于313年获得西晋丞相名号。辅佐司马睿的北方贵族名家王导，在其幕僚中擢用了号称"百六掾"的大批人才为助。其中固然也有不少一直奋力拼搏、给司马睿等打下根基的江南豪族，但围绕在司马睿身边的幕僚要职几乎都被北人所占。自308年以来，为了安定司马睿政权、强化其权威而奋不顾身打下根基的南方人，并没能在新政府中如愿以偿地摘取自己的努力成果。

当此之时，王导对江南豪族的处理手腕可谓极尽巧妙。我在前文已经指出，虽然同样都被称为江南豪族，但知识人辈出的吴郡、会稽名门，和阳羡周氏、武康沈氏这种粗鄙的乡野豪族之间，仍存在着社会评价上的等级落差。王导注意到江南豪族自身内部隐含的这种微妙嫌隙，成功扩大其落差，分裂了江南豪族。而其策略得以推进的背景则在于随着北方的贵族、文化人络绎云集江南，华北中原式的先进文化与制度，以及作为其后盾的意识形态都开始在江南社会风靡起来。

华北乡论主义的伟力

在北方的先进文化与制度及意识形态中，核心性的支柱就是九品中正制度以及支撑着这一制度的观念。简而言之，那就是"基于乡论空间中的人物评价来构建政治性、社会性的金字塔秩序"观念，是"由这种意识形态缔造的体制才是先进的、有文化的"观念。

这种先进性的意识形态力量究竟是何等巨大，只要联想到"二战"以后直到今天仍在我们身边泛滥不已的民主主义大旗，也就足以明白了。欧美式的民主主义及其体制，对自卑于社会发展比欧美迟缓的日本人来说，诚然是先进的、有文化的；当民主主义的旗号在面前升起之际，日本人自不免要脱帽致敬了。

与此同出一辙，华北中原式的乡论主义，对落后的江南社会中的人们而言，正表现为令人不禁在其大旗下脱帽致敬的至高无上价值。然而，在确实比华北发展迟缓的江南社会各地，还并没有形成足以让乡论风行的普遍知识阶层；作为知识阶层之基础的农民，还只是连独立自主都还未能确保的弱小存在。于是，被举出来当作旗号的乡论主义，实际上变成了自上而下配给的乡论主义。——不，甚至就连华北地区也是一样，如第四章中所述，在东汉末年自下而上兴起的乡论主义，由于汉末战乱对乡村的破坏（这是原因之一），到曹魏至西晋期间就已变质为自上而下的乡论主义了。

不过，在这一乡论主义基础上成立的西晋贵族，毕竟已在3世纪的百年间发展繁荣了先进的文化；如今来到江南落后地区鼓吹其乡论主义，江南人自然不免要因其先进性而目眩神迷了。

王导巧妙地利用了江南人的这种弱点。他将江南豪族中已经知识人辈出的吴郡、会稽名门笼络到北来贵族及文化人的贵族社交界中，不但授予其司马睿政权中的高位，还让他们担任江南的"郡中正"，行使对江南人士授予乡品之权。当以知识、教养为根本的乡论主义成为基本理念，并成为缔造政治上、社会上的金字塔秩序的标准时，周氏、沈氏等粗鄙不文的豪族就不可避免地要遭到压制了。

江南豪族的分裂

不管是有教养的名门还是粗鄙无文的乡野豪族，这些江南豪族为了江南的安定，最初都曾齐心协力地推戴司马睿等；而如今，他们之间却已经被乡论主义路线分裂了。在平定过石冰、陈敏和310年的吴兴骚乱，为缔造司马睿政权立下汗马功劳的阳羡大豪族周玘看来，这伙中原人当初只不过是穷途末路前来投奔而已，如今竟然不劳而获、身居高位，凌驾于南方人之上，这种现实简直是赤裸裸地彰显出自己这些南人只能吞下徒劳无功的苦果，被排挤于他们所鼓吹的乡论主义圈子之外。

周玘对这种情势愤恨不已，在病死之前给儿子留下遗言"杀我者诸伧子，能复之，乃吾子也"[1]才咽气。其子周勰恪守父志，图谋向北人贵族复仇，同样心存不满的江南"豪侠"翕然附之。

然而，成功地分裂了江南名门和这些"豪侠"的王导，已经洞见了这些"豪侠"自身的裂痕——不，就连大豪族周氏自身内部，都已经存在着裂痕。忧愤而死的周玘之弟周札醉心于经营其拥有的大土地产业，无心加入侄子周勰的复仇阵营。而周勰从兄周筵[2]出仕司马睿政权，是被王导称为忠勤且在乡里受人尊敬的人物。

---

1 《晋书》卷五八《周处传附周玘传》。

2 周筵，诸书所记作筵、莚、延各不同，中华书局本《晋书》据宋本校作莚。

号称"江南豪族莫强于此"[1]的阳羡大豪族周氏，若能举族团结一致，即使派出大军也不是那么容易就能平定的。况且314年时的司马睿政权，事实上也并无派出如此大军的余裕。王导看透了周氏并不团结，周勰不过是其中孟浪险急的黄口孺子，于是全盘信赖周筵，只给他勇猛武士百人，便瓦解了族人周勰之乱，举重若轻地平定了事态。通过利用同族内部的分裂，王导几乎兵不血刃便成功压制了江南大豪族。

义兴阳羡周氏谱系图

在此之后，周札为王敦所诛灭，一代大豪族周氏就此遭到彻底镇压。周氏既然覆灭，另一大豪族吴兴武康沈氏独力难支，已免不了向统治贵族阶层俯首屈服。尽管仍是大豪族，其家门却只能出些下级武将而已了。在接下来的一个半世纪里，他们都不得不屈居于文人贵族的统治之下。

贵族统治的再生

314年的镇压周勰叛乱事件，堪称江南豪族遭到华北落难逃来贵族压制的一个最早的明证。最初，落难贵族在江南全无立锥之地，实力上不消说是江南豪族一方占尽优势。为了稳定江南社会，江南豪族不是没有过由自己来缔造独立政权的打算（如果有可能的话），但考虑到4世纪初的周边军事形势，又还欠缺必要的

---

1 《晋书》卷五八《周处传附周札传》："札一门五侯，并居列位，吴士贵盛，莫与为比。""今江东之豪，莫强周、沈。"

名分，他们终究推戴了晋朝皇族司马睿，企图在其旗号之下，将政权实际掌握在自己手中，于是自308年以来，优先为巩固司马睿政权的根基而进行了积极努力。

然而，司马睿的参谋王导利用江南豪族群体的努力来抬升晋王室的传统权威；同时借助陆续投奔而来的华北贵族的影响力，趁着华北先进文化和乡论主义意识形态风靡江南社会的形势，针对江南豪族相互间一盘散沙、豪族自身也在发生内部分裂的弱点进行突击。吴郡、会稽等地的一流名门作为乡论主义的承担者被吸收进北人贵族的阵营里，在江南豪族当中，唯有他们收获了当初努力的成果。他们甚至拿着乡品授予权当令箭，转而压制乡野大豪族或中小豪族。

总而言之，从华北亡命而来的贵族群体借着鼓吹先进的乡论主义，分裂了江南的一流名门与乡野豪族／中小豪族，将吴郡、会稽等地的名门驱为走狗，通过他们推进对中小豪族的支配。如前所见，对此进行反抗的乡野大豪族周氏就陷入了族内分裂的噩梦，土崩瓦解。其他中小豪族则各自为战，一盘散沙，屈服于一流名门乃至于北人贵族之下，接受司马睿政权的下级职位或武职，在侍

《抱朴子·论仙》卷首　东晋　葛洪撰　清嘉庆刊本

奉支配阶层的同时分沾利益的配额。

如是这般，江南开始走向了文人贵族统治下的明确的阶层社会。而推动社会朝这个方向前进的，正是先进的乡论主义旗号，以及以此风潮为背景，成功将江南豪族分而治之的王导等人的政治力量。

就在江南人士深受乡论主义大旗迷惑的时刻，对其阴谋诡计痛加揭发的，正是《抱朴子》的作者葛洪。他出身于江南小豪族之家，曾在303年的石冰之乱中加入江南豪族联军，可见其原本也有投身政治以安定社会的志向。然而他被排挤在北人亡命贵族和一流名门所标榜的乡论主义圈子之外。在这个过程中，他断绝了在现实社会中立身出世的念想，转向探寻追求长生不老的仙道。

在317年撰成的《抱朴子》中，他针对现实社会，尤其是针对自上而下的乡论主义的招摇撞骗之风，展开了激烈的批判：

把持乡论者，出卖人物推荐权，以此收受谢礼……或者垄断市场，掠夺人民利益；又或者侵占他人田地，危及弱者生计；又或者汲汲营营于各政府机关中，追逐权势利益。（《自叙》）[1]

只要把"把持乡论者"替换成"标榜民主主义、自由竞争主义之美名者"，恐怕今天也会有不少人的耳朵会被刺痛吧。

尽管遭到葛洪的批判，然而大势所趋，以自上而下的乡论主义为基础，文人贵族统治体制还是确立起来了。他于317年撰成

---

1 《抱朴子·自叙》："洪尤疾无义之人，不勤农桑之本业，而慕非义之奸利。持乡论者，则卖选举以取谢；有威势者，则解符疏以索财。或有罪人之赂，或枉有理之家。或为逋逃之薮，而飨亡命之人。或挟使民丁，以妨公役。或强收钱物，以求贵价。或占锢市肆，夺百姓之利。或割人田地，劫孤弱之业。偬恫官府之间，以窥掊克之益。"按葛洪所批判者，似包括各种"无义之人"，而非特指"持乡论者"。

《抱朴子》，而此前一年，西晋愍帝已在长安投降匈奴刘曜，西晋王朝彻底灭亡了，司马睿继承其后，称晋王，于318年即帝位。在华北沦为异族掌控后，华北的文人贵族统治体制以及当地传承的华夏文明传统，自此转入了东晋王朝的江南新天地。

二 东晋贵族制社会

与镰仓时代东国相近的江南情形

以司马睿、王导等为核心从北方亡命而来的贵族群体，尽管手中几乎没有兵力，却巧妙地利用江南豪族的战力，强化了晋朝的权威，最终成功将江南豪族群体分而治之，君临其上。这一过程已见于上一节的叙述。之所以能够如此，是由于江南豪族一方对于华北的先进文化，以及对作为其象征的晋朝传统权威存在自卑心理，而王导等人抓住他们的这种自卑心理，最大限度地施展了政治手腕。江南豪族内部的分歧，归根结底是基于江南社会的落后性。其根源在于江南农民处在广大的地域中，尚未能成长得足够壮大，本应从中形成的知识人阶层仍然十分薄弱。这不由得令我想到，如果要用日本史来对比的话，这一时期江南的情形，正与镰仓赖朝政权灭绝后的东国情形相似。

那个时代的东国，以北条氏为首的豪族群正在养精蓄锐，准备建立只属于自己的政权。然而，他们并没打算自行占用征夷大将军的名头和地位，自己充其量止步于执权[1]之位，反倒大费周章

1　执权，镰仓时代的政所长官，负责辅佐将军，自从北条时政担任此职位后，一直世袭，掌控幕府实权。

地从京都迎来出身于宫家或摄关家的将军。这被认为是出于他们对"贵种"性，也就是高贵家门的自卑心理。

此外，东国豪族之间的统合也不见得就已十分完善，这同样是个弱点。北条氏与其自身出任将军，还不如将传统权威推戴为将军，自己只担任其辅佐，这在统合东

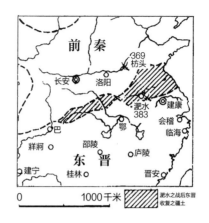

东晋、前秦对峙概要图

国豪族上应该也会更加有效。他们在远离都城的镰仓将摄关家年幼的贵公子迎为将军，在实质上则维持了他们自己独立的北条政权。

然而，假设就在这一时刻，畿内发生长期的大混乱，皇族公卿纷纷奔逃到镰仓，则事态又会如何发展呢？有相当大的可能，北条氏将不得不推戴天皇家或摄关家，而自身屈居下风。如此一来，以先进文化和传统权威为背景，而且在复杂的京都政治斗争中积累了丰富经验的法皇[1]、公卿等若能充分发挥其政治手腕，北条氏为首的东国豪族会被分而治之，畿内式的庄园体制和贵族统治体制也就能在东国继续维持下去了。这种可能性至少不能说完全不存在吧。

1　日本天皇逊位后称"太上天皇"，简称"上皇"。而出家为僧的上皇则称"太上法皇"，简称"法皇"。平安时代后期，天皇为改变藤原氏（摄关家）以外戚长期把持朝政的局面，往往选择退位成为上皇，另行组建政治集团，以求摆脱权臣掣肘。

若能思及于此，江南之所以会建立起东晋政权，复兴华北式的贵族统治体制，其缘由也就是不难理解的了。

来自华北流民的无声压力

不过，我们并不能只考虑这些亡命而来的上层贵族。一个不可忽视的现象是，来自华北的流民，作为这些亡命贵族背后的无声压力，正在滔滔涌入南方。而这对江南人造成了巨大的压力。

从八王之乱到永嘉之乱，也就是异族蜂起、华北大乱旷日持久、战祸接连不息的那些日子开始，人们聚集起来，一村一城都在有力人物的统率下纷纷避难逃离。对陷入苦难中的华北汉族而言，司马睿在江南继续守护晋朝权威的行动，也成为招引他们前来的灯火。

在这些流民统帅者当中，有个名叫祖逖的人物。他原本是今河北省北部的豪族。正当他在首都崭露头角之际，洛阳陷入了大动乱，于是他率领亲党数百家南下，一路上将自己的车马分与老弱病者，自己徒步前进，共同使用药物衣粮，面临危机时则以谋略化解。因而在南下途中，他受到加入集团的人们拥戴，成了他们的行军队长。

在这一集团中，也有为数众多的勇士参加进来。王导等接纳了他们，将集团暂时安置在京口，也就是今天的镇江。据说这时他的部下颇多乱暴狼藉之行。

京口一地，在以往的三国孙吴时代，属于首都建业东边开拓的广大屯田地区；自此以后，则被用于接纳从北方逃难而来的流民集团。像祖逖集团这种在首领统率下组织良好的南下流民集团，即使直接用于作战，本身也已有着相当的威力。

在司马睿、王导等着手压制江南豪族之际，这些纷纷流入的北方流民集团无疑成为一种无言的压力。为什么呢？因为仅凭南人是不足以统御这些北人集团的，非得倚仗继承了晋朝正统的司马睿、王导等北人贵族之力，发挥他们对北人的传统权威不可。

祖逖将流民安置在京口附近之后，便率领其中的勇士再度北上，抵御当时雄霸于动荡华北的羯族石勒（后赵国）的南侵。他活跃在长江北岸到今河南省东南部，安抚在淮水流域各处筑起防御堡垒自卫的诸多难民集团，威令行于远近，稳定了东晋北方。祖逖于321年病逝后，弟弟祖约继承统率了这一集团。

此外，同样统率着流民集团、负责防御东晋北境的人物当中，还有从今山东地区南下的郗鉴、苏峻等人。草创时期的东晋王朝任命这些流民集团的统率者为将军兼北境地方长官，利用他们的恢复中原之志，以其势力为后盾，努力稳固自己在江南的地盘。

王与马，共天下

来自华北的流民波及现象，同样发生在长江中游的今湖北省和湖南省一带。当地更有从西方氐族李氏——大成（成汉）国——控制下的今四川地区逃来的流民加入。激烈流动所导致的混乱，比下游的今江苏、安徽一带来得更加惨重。因为下游地带不管怎么说，总还在东晋政府的眼皮子底下，江南豪族尽管受到南渡贵族的抑制，毕竟也还在协助东晋王朝安定江南三角洲地区。而中游地带还没有成长起这样的稳定势力，东晋政府的权威也鞭长莫及，尚未能像对下游地带一样直接发挥作用。

因此，在上一节提到的"蛮"族张昌之乱后，大量不安宁的流民便不断引起叛乱。而在晋朝所派地方官中，屡屡平定历次叛乱的人物就是第一章中已经出现过的陶侃。陶侃是今江西省出身的南方人，据说还带有溪蛮血统。他在致力于安定地方期间，隐然在当地形成了自己的势力。东晋政府要将势力扩张到长江中游流域时，便不可避免地要将陶侃的这一势力拉拢进来。而完成这一任务的，则是王导的从兄王敦。

王敦在313年对今江西地方长官华轶的作战中担任了总司令，自那以后便专注于安定更上游今湖北、湖南一带的混乱局面。他为此利用了陶侃及其姻亲南人周访之力。王敦利用这些南人的势力，几经曲折之后，终于成功地凌驾其上，掌握了从今江西省到湖北、湖南省，更进而远及广东省的广大地域的总指挥权。当时人语云"王与马，共天下"，其含义正是指掌控长江中游流域的王敦及掌控下游流域诸势力的王导这王氏兄弟二人的政治势力，与掌握晋朝传统权威的司马氏一同取得天下。

像这样，以司马氏和王氏为核心的东晋贵族政权，处在南方诸势力与北方涌入的各流民集团之间，考量、调整、维持其势力均衡，逐步作为调控者确立起了统治权。因此，每当微妙的平衡崩塌，又或者调整得不够精巧灵敏的时候，其统治权就难免发生动摇了。

王导的天才政治能力

王导在调整"权力的平衡"、缔造微妙统一的方面，是个天才。在首都建康南郊举行的宴席上，从北方流亡而来的贵族悲叹此处与沦陷的华北首都洛阳有山河之异，王导一声断喝将他们唤醒：“当共勠力王室，克复神州，何至作楚囚相对！”[1]其实他心知肚明，好不容易才刚刚开始在江南站稳脚跟，夺回中原根本是不可能的事情，但通过标榜这一理念，却将流亡贵族以下众多流民的心和东晋王朝联结在了一起。

而且，早自西晋时代以来，王导便已是贵族社交界中的清谈领袖。他迁到江南之后，某日偶然间喃喃自语道：

“想当年在洛水边上（洛阳附近），常常和阐述‘有’之哲学的裴頠、无神论者阮瞻等诸位名士一同谈论哲理呢。”

这话被某君听在耳中：

“大家不是很久之前就已经认可你这方面的才能了吗？现在还有什么必要拿出来讲呢？”

“当然没有必要了。只恨往时已不可复见于今日啊。”[2]

以王导为中心而重生的贵族社交界，开启了比曹魏西晋时代首都洛阳更为活泼的哲学辩论、人物批评空间。在唇枪舌剑、你来我往的世界中，即便贵族也是不得安闲的。

——“你怎么一点儿都没见进步呢？是因为俗务扰乱了内心，还是因为天分有限？”[3]

被才情横溢的姐姐如此训斥，身为堂堂男子汉的贵族又焉能

---

1 《世说新语·言语》。

2 《世说新语·企羡》：王丞相过江，自说昔在洛水边，数与裴成公、阮千里诸贤共谈道。羊曼曰：“人久以此许卿，何须复尔？”王曰：“亦不言我须此，但欲尔时不可得耳！”

3 《世说新语·贤媛》：王江州夫人语谢遏曰：“汝何以都不复进？为是尘务经心，天分有限？”

不奋发图强？东晋时代文人贵族活力迸发的源泉之一，恐怕正在于这种相互批判的空间的存在吧。

王敦、苏峻之乱

南渡贵族的固有势力根基薄弱，为了维持统治者的优越地位，王导选择了充当各方势力的调控者，这是最适当不过的方法了。不过，对现如今已经当上东晋皇帝的司马睿，也就是元帝（317—322年在位）而言，会想要谋求掌握更强大的权力，也是理所当然的。此外，南渡贵族中也有些人出于提高政府权威的目的，认为王导的手法太过于宽缓了。东晋第二代皇帝明帝的皇后所出自的庾氏一族就持此立场。微妙的平衡因此崩塌，东晋统治权无可避免地发生了动摇。

首先，元帝信任近侍刘隗，开始疏远王氏。导致王敦于322年历数君侧奸臣刘隗等之罪，起兵向长江下游进发，最终控制了首都建康。元帝在忧愤中去世。一直到明帝时的324年，东晋朝廷才通过引入苏峻等北境守备军，好不容易平定了王敦之乱。

明帝死后，年仅五岁的成帝（325—342年在位）即位，外戚庾亮专权。他意图削弱平定王敦之乱有功的苏峻军团势力，反而在327年又一次引起军团叛乱。负责北境守备的祖约军团也加入了苏峻叛乱当中。328年，首都建康落入这些军团的粗暴铁蹄之下，饱受蹂躏。庾亮好不容易逃出生天，投奔今江西省方面温峤的军队。不过，苏峻虽然控制了首都，但王导等人和成帝仍然能够保住性命，这是我们有必要加以注意的。

王敦死后，庾亮、温峤和今湖北至湖南一带隐然自成一派势力的陶侃军团联盟，又结引负责北境守备的郗鉴流民军团，总算于329年夺回首都，平定了叛乱。当时议论沸腾，要将战乱中荒废了的首都迁到其他地方。而坚持申说应当留在建康、安定了民心的，仍然是王导。

如上所述，4世纪20年代的动乱，是由于身为流亡政权的东

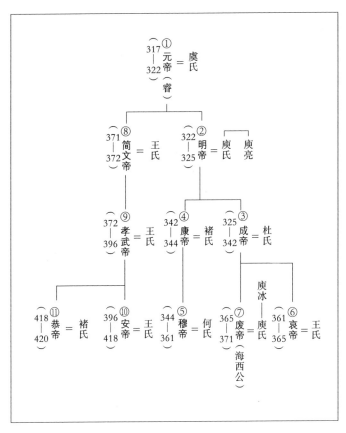

东晋帝室外戚图

晋政府急于一举提升权力而导致的。4世纪30年代，东晋再次复归王导路线。然而，支撑政权的军事势力本来就处在七零八落、各自为政的状态，这变本加厉地助长了时局的混乱。东晋的当务之急就是将各种集团的战斗力整合起来，确立贵族政权的军事基础。而4世纪30年代，就是将这些军事势力统合到北府和西府中去的时期。

北府和西府

所谓北府，是指镇北将军、征北将军、北中郎将等——军号虽然多少有些区别，但总而言之是北方方面军的长官——所开军府的略称。奠定这一军团根基的，是前文提到过的郗鉴所指挥的流民集团。今山东省西南部当时称为兖州，江苏省北部称为徐州，二州的数万流民由郗鉴统率，逐渐南下，形成了这一集团。他们对王敦造成了很大的压力，尤其是在苏峻之乱中渡江南下，在拯救东晋政府的行动中发挥了巨大作用。郗鉴是有教养的知识人，与王导等齐心协力负责了战后的善后处理。

他所率领的庞大集团被安置在京口及对岸的广陵（今扬州）一带，培养起支撑东晋政府的军事力量。339年王导去世，他也随之重病缠身，在临终前给天子上书道：

我所率领的队伍虽然是各路人马的杂凑，但大体上是由北方人组成的。他们或者是被逼和我一起迁徙至此，或者是新近投奔到我这里来的。人人都思念故乡，期盼归去。我以陛下之名供给他们土地住宅，他们才逐渐安定下来。如果听说我染病危笃，恐将众心不安。万一他们开始返回北方，只怕兵力会突然出现缺口，人情骚动。请务必任命他们敬服的人物来接任我的职位。[1]

政府相当忠实地遵行了他的遗言。历代被任命为北府军团长的，都是这个组织中深孚人望，或者至少是容易获得人望的人物；同时，又是被执建康政府之牛耳的贵族世界所接纳的教养人。这一集团的新居住地，也同样以北府兵的家乡徐州、兖州等命名。被授予土地住宅者大多都作为兵户，世代承担兵役义务，成为职业军人之家。北府军团长兼任此新设徐州、兖州的民政长官。这一军团从此作为支撑东晋贵族政权的军事力量而效命。

另一方面，在长江中游，陶侃于334年去世后，他所统率的军团由庾亮接手。庾亮的政治方针虽然和王导不同，但身为外戚，无疑也是贵族世界之一重镇。他将大量优秀的贵族子弟召进自己设于武昌的征西将军府中，因为这里同时也是统辖以今湖北、湖南为中心的广大地域的民政机关。在庾亮之后，这一军府又由其弟庾翼接手，其简称则为"西府"。这里可以说就是建康政府的支部，成长为支撑东晋政府的一大据点，与此同时，又积蓄起了足与以北府为后盾的建康政府相抗衡的实力。

自此以后，东晋王朝的底盘就被置于北府与西府的势力平衡之上，同时，也就受到两者的对抗关系影响而动荡摇摆了。

---

1 《晋书》卷六七《郗鉴传》载鉴上疏："臣所统错杂，率多北人，或逼迁徙，或是新附，百姓怀土，皆有归本之心。臣宣国恩，示以好恶，处与田宅，渐得少安。闻臣疾笃，众情骇动，若当北渡，必启寇心。太常臣谟，平简贞正，素望所归，谓可以为都督、徐州刺史。臣亡兄息晋陵内史迈，谦爱养士，甚为流亡所宗，又是臣门户子弟，堪任兖州刺史。公家之事，知无不为，是以敢希祁奚之举。"

流民集团的定居化

从北府的形成过程可以看到，东晋王朝的军事基础获得整备的过程，是与流民定居化这一更为普遍的现象联系在一起的。在中原大乱中，民众或者整村整城迁徙，或者分头个别行动，总而言之最后都往江南涌来；他们一般来说与原有居民相互区别，独立形成聚落。旧徐州的流民之所以会以京口为中心定居下来，就此构成北府军团的主体，无疑是因为正如先前所述，在昔日的大屯田地区解体之后，这一带已经几乎没有原先定居南方的土著了。新的迁入者期待着将来某日还能回归故乡，往往都用故乡之名来给临时落脚的新聚落命名。

这么一来，在长江流域中就出现了许多带有华北地名的郡县。政府有必要将各地散布的迁入者聚落从行政上加以管理，整顿他们任意建立的郡县，根据事实上所居土地而不是有名无实的地名来对他们的户籍加以修正落实，分别征收租税。

迁入者的户籍与南方土著居民有别，政府将他们作为保护对象，采取了减免租税的措施。而作为补偿，可以想见会有许多人要像北府民一样承担兵役义务。这既是用北方人来充当军事力量基础的措施，同时也有增强南渡贵族经济力量的效果。

像这样，4世纪30年代到40年代是东晋贵族政权将好不容易安定下来的地盘加以巩固完善的时期。344年，穆帝（344—361年在位）即位，年仅两岁。元帝最小的儿子会稽王司马昱担任首辅，统理万机。在爱好清谈的会稽王治下，建康贵族社交界的清谈之风日益繁盛起来。

西府军团长桓温

与此同时，庾翼于345年去世，西府军团转由桓温统率。他是有才能的武将，也是颇有清谈之才的教养人。他于347年攻灭氐族的成汉国，成功将今四川省全境收入东晋版图。这是极大地强化了东晋权威的重大事件，而桓温的威望也水涨船高，于是建康政府开始对其加以抑制。

当时的华北，正值羯族石氏的后赵国崩溃，陷入动乱状态当中。桓温借此良机，向朝廷请求北伐。然而建康政府非但不允其请，反而重用桓温的竞争对手殷浩，以北府军团的力量为中心，独断实施北伐。著名的书法家王羲之写信给会稽王和殷浩，对其轻举妄动提出警告，但未被接受。最终殷浩北伐果然大败而归，久已心怀不满的桓温即行弹劾，使其下台。原本以西府为根基的桓温，如今威令已可行于北府了。

桓温率领其军力，于354年攻入关中。虽然未能攻陷前秦军队固守的长安城，但关中汉人目睹桓温军，都喜极而泣，感叹道："不图今日复见官军！"[1]桓温最终未能攻下关中，就此退军，不过又于356年夺回洛阳。此时桓温本人只是修复了西晋时代的帝陵便班师回朝，留驻于此的晋军则一直保守洛阳直到365年。

以这种军事上的大成功为后盾，桓温掌控了建康政府的实权。然而，他于369年再度北伐，却被前燕所败。急于恢复威信的桓温，逼迫当时的皇帝司马奕（365—371年在位）退位，改立会稽王司马昱为帝，图谋令其让位给自己。简文帝（371—372年

---

1 《晋书》卷九八《桓温传》。

在位）在桓温控制之下，完全无力反抗，临终之前自忖帝位终将为桓温所夺，已然无力回天；然而贵族王坦之和谢安终于力挽狂澜，立简文帝之子孝武帝（372—396年在位）继位。

桓温于373年去世，东晋王朝总算渡过了篡夺危机。桓温大权在握的4世纪60年代至70年代初，可以说是西府压倒北府的时代。在那之后大约十年间，主持政府的人物是谢安。

王导的后继者：谢安

谢安曾屡次拒绝出仕的邀请，直到四十岁后还在会稽上虞的东山上悠然自得地生活，到360年才终于出仕。如今他作为中心人物挫败了桓温的篡夺野心，已成为东晋政府的中流砥柱。而早在会稽生活时期，当地明媚风光中遍布庄园别墅的贵族社交界里，他就已经为众人所瞩目、被期许为大人物了。

在这个社交界里，有过着隐居生活的许询，诗才横溢的孙绰，精通庄子哲学、机锋敏锐的沙门支遁，还有那位大名鼎鼎、完善了书法艺术的王羲之等，当时第一流的文化人都云集于此。

当他们比赛作诗，畅赏得天独厚的自然风物，才智勃发地交谈问答之际，往往就使包括佛典解释在内的哲学辩论开花结果。永和九年（353）三月上巳，也就是三月第一个巳日，应王羲之的邀集，包括王氏、谢氏家族等文人贵族在内的四十二位文化人会聚于会稽山阴（今浙江省绍兴市）西南八千米外的名胜之地兰亭，在春风之中，曲水之畔，饮酒赋诗。最终将其中二十七人之作编集起来，王羲之作序并书，这就是在书法艺术上享有大名的绝品《兰亭序》。谢安也是兰亭集会的参加者之一。

《兰亭序》（局部）　东晋　王羲之
唐神龙年间冯承素摹本

就是这么一位典型的文人贵族谢安，继承了东晋柱石王导的政治路线。具体来说，则是分别充分发挥北府和西府的军事力量，同时居中加以调控，以此来稳定文人贵族的统治。桓温的大本营西府军团，在其死后仍交由桓氏家族统率；而与之相对的北府方面，则由其侄子谢玄为首的谢氏族人统率，使二者相辅相成，共同支撑东晋政权。

淝水之战

在当时的华北，前秦苻坚正在逐步压制各方势力，其巨大的压力渐渐逼近东晋北境。374年，谢玄就任北府军团长，集合刘牢之等勇猛果敢的指挥官于麾下，借助他们的力量将北府诸军强有力地组织起来。北府诸军与桓温之弟桓冲等所指挥的今湖北省的西府诸军遥相呼应，屡屡击破前秦军队。

383年，前秦皇帝苻坚自率号称兵卒六十万、骑兵二十七万的大军，大举南下，逼近寿春（今安徽省寿县）。建康政府以谢安之弟谢石为主帅，谢玄为先锋军团长，领兵迎击。趁着苻坚刚刚攻入寿春城，大军还未集结完成，东晋军便渡过淝水，发动进攻。

刘牢之等率领着北府兵的先锋部队，攻势锐不可当。苻坚的先头部队溃不成军，混乱无序地退却，接二连三地冲乱了后续部队，前秦大军如同多米诺骨牌般全线崩溃。苻坚身中流矢，单人匹马逃回淮水以北。由各异族和汉族组成的前秦军队因为这次败北而四分五裂，华北又再次陷入大动乱中。

谢安一向是气定神闲之人。在苻坚大军进逼的消息传来，首都人心惶惶之际，他那种悠然自得的态度是很能镇静物情的。就在他与来客弈棋之时，淝水大胜的捷报传来。谢安只是扫了一眼报告，便继续下棋。面对客人的探问，谢安了无喜色，从容答道：

小儿辈遂已破贼。

《东山携妓图》　明　郭诩
描绘谢安在东山出游的情形

待局终人散，送客出门后，谢安折返府中，木屐却碰在门槛上折断了屐齿，"心喜甚，不觉屐齿之折"[1]。当时留下了这般生动的逸闻。

---

1 《晋书》卷七九《谢安传》："玄等既破坚，有驿书至，安方对客围棋，看书既竟，便摄放床上，了无喜色，棋如故。客问之，徐答云：'小儿辈遂已破贼。'既罢，还内，过户限，心喜甚，不觉屐齿之折，其矫情镇物如此。"

三 东晋衰亡

贵族制的裂痕

谢安考量各种势力的平衡，在其间进行调整，充分利用各种力量，得以成功抗击来自符坚的重压，展示出东晋贵族政治的辉煌成果。淝水大胜之后，谢玄辖下的刘牢之等北府军追击陷入大乱的前秦诸军，挥师北进，夺回了黄河南岸地区。然而在中央的孝武帝身边，皇弟会稽王司马道子逐渐攫取了权力，谢安被孝武帝疏远。等到385年谢安一去世，司马道子等人的政治举措便转入截然不同的方向，不再奉行通过调控各种势力来维系统治力量的贵族政治了。

司马道子通过身边的溜须拍马之徒，将微贱无名之辈提拔为官吏，受贿卖官。宫廷中尼僧出入，纪纲开始紊乱，倡优小吏之流也都仗着司马道子的宠信卖官鬻爵，家累私财亿万。这与基于九品中正制的贵族制理念，以及在此基础上缔造的身份社会秩序是全然对立的。

过去，元帝身边的亲信，以及明帝、成帝的外戚庾氏等也都曾为了提高中央政府的权威而罔顾各方面势力的平衡，结果引起军队叛乱；但他们并不是要破坏贵族制下的身份社会，只不过是为了确立这种社会而过于急功近利罢了。至于完全掌握了军权的桓温，也只是企图在身份社会之上建立自己的统治权。然而事到如今，却连在身份社会基础上成立的贵族制本身都开始出现裂痕了。开始分裂的贵族阶层面临着重大的危机。继谢玄之后成为北府长官的贵族王恭，还有桓温以来世代在西府扶植势力的桓玄等人，最终都站到了建康政府的对立面。

396年，孝武帝暴毙于紊乱的宫中，继位的安帝是个发育不全之人，连神智举动都无法自主。司马道子以及阿附道子的贵族及恩倖之流继续专权。397年，王恭率北府军逼宫，要求改革内政。司马道子面对军事压力，接受了王恭的要求，将自己宠信的贵族王国宝等处死，王恭也就暂时退兵了。

然而，对于麾下的北府军团，王恭太过于相信自己的统率力了。自从在淝水大胜中扬威中外以来，北府军团的自我力量就已经开始觉醒了。刘牢之在战场上立下赫赫大功，强大的北府军团实际上掌握在了他的手里。换句话说，王恭只不过是徒有虚名的长官而已。

确实，北府军团此前一直扮演着贵族政权佣兵的角色，刘牢之不妨说也就是个佣兵头目般的人物罢了。因此贵族王恭也就一如既往，对其颐指气使。然而，本应只是个佣兵头目的刘牢之知道，在贵族们围绕着建康政府的斗争中，决定性的一票是握在自己手上的。佣兵军团已经积蓄起了如此的力量，也已经自觉地意识到了自己的力量。

398年，王恭再次率领北府军进逼首都，这时刘牢之已经和司马道子之子司马元显勾结，与麾下的北府兵一同背叛军团长王恭，倒戈了司马元显一方。王恭惨遭捕杀。

这下司马元显手执建康政府之牛耳，刘牢之的北府军归入了他的属下。接下来，他们被用于镇压399年爆发的孙恩之乱。

孙恩之乱

孙恩是早年从今山东省逃难到会稽（今浙江省绍兴市）的孙泰之子。孙泰原本是信奉五斗米道的道教徒。如第三章所述，五斗米道本是从汉中扩展到今四川省的宗教。孙泰加入了这一教派，据说似乎身怀请神附体之术（巫术），民众敬之如神。他眼见建康政府与北府、西府的对立最终弄得天下骚然，预见到晋朝气数将尽，于是自称将给人心惶惶的民众赐予新的幸福，在长江下游三角洲地区发展了众多信徒。

他们的活动引起了建康政府的注意，孙泰于是被处死，但信徒们都相信他是"登仙"了，也就是成为长生不死的仙人。这时其子孙恩逃到了当时被称为郁洲的海岛（该岛位于今江苏省北部连云港市南面，即现已与大陆相连的云台山），所以人们相信他在当地成仙不死。于是一众信徒依然继续向该处贡献财物。孙恩利用这一点，培植起了自己的势力。

碰巧就在399年，建康政府下了一道命令，要将长江下游三角洲地区的佃农征发当兵。以今苏州为首，从太湖周边到会稽一带江南最发达地区的民众骚动沸腾。孙恩抓住这个机会，从会稽登陆，动员人心浮动的民众攻击地方官府。在孙恩的煽动下，狂热的信徒发动了叛乱。

孙恩等自称"长生人"——也就是永远不死之人。已经有了决一死战觉悟的孙恩，因为信徒们携带的婴儿会成为拖累，遂下令将他们投入水中。他们有一种入水而得永生的"水仙"信仰。陷入狂信的母亲们一边诉说着"恭喜恭喜，你可以先登上天堂了，我也随后就跟着你来"，一边将孩子抛入水中。[1]人人都相信只要追随孙恩的教义，就能确保永恒的幸福。

---

1 《晋书》卷一百《孙恩传》："其妇女有婴累不能去者，囊篚盛婴儿投于水，而告之曰：'贺汝先登仙堂，我寻后就汝。'"

并且，孙恩还不时聚众举行宗教性的狂欢宴，借此在民众间快速传播宗教狂热。尤其早就定居南方之人，一向对从北方逃难而来的贵族执掌东晋政权多有不满，因此不仅一般民众，连南方的本土豪族也有不少支持孙恩的。

　　这么一来，他的势力就从今浙江省波及江苏省，甚至对首都建康也造成了威胁。

　　建康政府命刘牢之所率北府军团前往讨伐。后来取东晋王朝而代之、建立刘宋王朝的刘裕，也率领一队人马加入讨伐军中。即使在整个北府军团中，他的队伍也是最勇猛的。尤其在401年，孙恩水军溯长江而上突袭京口，刘裕立刻回师迎击，解救了首都和京口的危机。其后，对孙恩军穷追猛打，将其驱逐入海，也是刘裕的功劳。他在北府军团中的地位自然水涨船高，被授予将军衔，成了实力强大的将领。并且，他的部队也是军规最为严整、众望所归的。

卢循之乱

　　402年，孙恩终于穷途末路，投海而死。但是，余党数千人奉孙恩的妹夫卢循为教主，继续教团活动，坚持与东晋政府为敌。他们沿海南下，从今福建省到广东省一路传教，以广东地区为根据地壮大势力，其后于410年发动水军，从今江西省、湖南省两路大举进攻建康。这是趁着当时刘裕率领的北府军正在讨伐今山东省的鲜卑族慕容氏南燕国、首都防守空虚的机会。

　　刘裕攻灭南燕，火速回军，击破逼近建康的卢循水军，总算解救了首都的危难。震惊首都的卢循之乱以这次战败为契机急转直下，走向尾声。刘裕移师追击，连其根据地今广东一带都被拿下，卢循逃到今越南河内，于411年死去。这么一来，曾两度威胁首都，持续十年以上，势力广布于从今江苏省到广东省的滨海地域的道教系叛乱终于宣告结束。

这次叛乱的特殊性在于其以滨海地域为根据地，水军及造船技术优异。最初虽然是以江南三角洲地区南方本土汉族的不满、不安情绪为背景而发展壮大的，但南方本土的异族以及水上生活者作为另一个支持者阶层，无疑也发挥了重要的作用。在其广泛传教的今福建省等地，当时还有大量几乎未被开发的土地。当卢循等越过大庾岭，进军今江西、湖南之际，一下子便能在山中造出顺流而下的舟船，就是因为得到了当地溪蛮的协助。

这时正是第一章中介绍过的诗人陶渊明写下《桃花源记》的前夜。异族期待着重新实现失落的共同体生活，如果说他们这一愿望会与孙恩、卢循等的五斗米道一系的教旨同气相求，也不是毫无道理的吧。这和当初从汉中扩展到今四川省的五斗米道信徒中有大量当地氐族等异族人的情形，其实是一样的。

桓玄的楚国与刘裕的政变

401年，孙恩的水军溯长江而上，突袭京口，进逼首都建康。西府军团长桓玄得此消息，遂以救援首都为名，作势要率领军团沿江东下。虽然因为孙恩被刘裕击退，桓玄军团实际上未能进军首都，但建康政府中的司马元显向来和桓玄对立，眼见桓玄如此声势，连忙命令刘牢之的北府军为先头部队，出兵讨伐桓玄。而这就成为促使桓玄西府军团东下的导火线。

以打倒司马元显为旗号，桓玄西府军进逼首都，而北府军刘牢之却并未与之作战，反而背叛司马元显，倒戈到了桓玄一方。加上王恭那一次，这已经是他的第二次背叛了。刘牢之对北府军的力量充满信心，认为即使和桓玄妥协也足以自立。而司马元显遭到北府军背叛，已经彻底束手无策。桓玄控制首都，诛杀司马元显，掌握了政府实权。

以西府军团为后盾的桓玄，采取了不同于一般贵族的强硬手腕。刘牢之被调离北府，从长官位置上转任他职。这下他又企图反抗桓玄，却为时已晚。

刘牢之下台后，桓玄开始弹压北府军。历年以来活跃于北府的将军多被杀害。刘裕等当时还只是中坚将校，故得以逃过弹压，但不免被编入了桓氏家族统率的军团中。桓玄安插其族人，控制了北府各部队。

元兴二年（403）十二月，桓玄最终通过由安帝禅让的形式登上帝位，国号楚。东晋于此一度灭亡。但仅仅三个月后的元兴三年（404）二月，以刘裕为首的旧北府兵便发动政变。三月，桓玄抛下首都，向西落荒而逃；五月被追军所杀。楚国仅仅半年便告灭亡，刘裕再次拥戴安帝，复兴了东晋王朝。

时代转变的来临

这么一来，到420年刘裕受禅当上宋国皇帝为止，东晋王朝在名义上仍然延续了将近二十年的气运。然而在此期间，东晋王朝不过是刘裕的幌子，实权已完全落入他的手中。因此，东晋在事实上的灭亡，不能不以桓玄篡国为标志。换言之，东晋在事实上的灭亡，正好处在4世纪向5世纪转移的时期，这与江南社会从一个旧时代向新时代转变的时期，恰恰重合。

之所以这么说，是因为如前所见，不管是司马道子身边那些身份微贱者的出场，还是大量民众的不满不安情绪通过孙恩、卢循之乱爆发出来，又或者在此期间刘牢之、刘裕等军人势力纷纷走向前台，4世纪末兴起的这种种现象，都反映出此前在贵族统治下被压抑的人们那种自下而上的力量正在猛烈地喷涌出来。

如本章一开头所述，江南原本是落后的、需由汉族开发的殖民地。从3世纪至4世纪，纷纷涌入的汉族与早期居民相混合，一边同化他们，一边推进江南的开发。然而，在这个落后社会中，农民的基础还很薄弱。3世纪时，堪称开发领主制的孙吴政权统治体制就是在这种条件下成立的。即使进入4世纪之后，从华北逃来的先进贵族阶级也依然骑在基础薄弱的农民阶层头上。

不过，在东晋统治下，农民的根基渐渐稳固了。从华北先进地区引进的先进农耕技术，与适宜农耕的温暖气候风土相得益彰，江南社会的生产力逐渐提高。4世纪末出现自下而上的力量喷涌，正是其效果最终彰显出来的表现。而生产力的提高，以及在此背景下自下而上的力量喷涌，都在接下来的5至6世纪持续地推进。

居高临下的贵族统治也不得不改变形态以与之相适应。而迫使其改变形态的最强动力，首先就表现在了军队的力量上。换言之，北府军首领刘裕之得势，以及他对刘宋帝国的建设等，本身已是对4世纪那种贵族统治体制的变革。在下一章中，就让我们转换视角，看看这一体制改变的过程。

第七章　贵族制社会的变异

——5—6 世纪前半的江南

一 宋齐军事政权与贵族

刘宋立国

363年的春天，刘裕出生在北府军团的所在地京口城。父亲是衙门的下级书记官，一家人被贫困的日常生计压得喘不过气来。更不幸的是，好不容易才生下刘裕的母亲，竟被难产夺去了生命。父亲面对饿着肚子大哭的孩子，却连雇乳母的钱都没有。思来想去，好几次想着把亲生儿子勒死算了。这时嫂嫂正好生下第二个儿子，不忍坐视不管，便把自己的奶给他吃——为了家里节减口粮几乎把小命给丢了的刘裕，这么个贫困的家庭里出生的一个孩子，将来却登上了皇帝宝座，这在当时自然是谁也想象不到的事情。

刘裕的祖先为了躲避西晋末的战乱，随着人潮从故乡彭城县（今江苏省徐州市）迁居到了长江南岸的京口。不妨把他们看作上一章中郗鉴所率领的集团中的人。这些移民集团后来成长为强悍的北府军团，其过程我们前文已经述过。而当这一军团在淝水之战中获得大胜时，刘裕已经是二十多出头的年纪了。

到那时为止一直只是种点薄田、卖卖草鞋、汗流浃背地帮忙维持家计的刘裕，加入了这个勇武的军团，选择踏上武人之路。这个贫民之子凭着胆略豪气朝上攀登的人生，就是起步于这个军团中，以军团的发展为根基的。

399年，孙恩之乱爆发，刘裕初次迎来了声名鹊起的机会。他率领一支小队，为平定叛乱而纵横活跃，并且如前所述，在贪暴狼藉者甚多的北府军中，他的部队是最为军规整然的。民众叛乱的结果，是提高了这个贫民子弟的声誉。402年，事态急转直下，控制了首都的桓玄开始下手镇压北府军，进行反抗的北府军团长刘牢之也被杀死，这在前文我们也已经看到了。

然而，自古以来就居于京口、广陵的北府军人间的团结，并不是那么容易就能切断的。刘裕等苦苦忍耐，等待着时机来临。元兴二年（403）十二月，桓玄篡夺东晋王朝，建立楚国。这正给重整北府军人、趁机举起反旗提供了绝好的借口。"打倒篡位者桓玄！为刘牢之报仇！"京口、广陵，乃至首都和历阳（今安徽省和县）遍布的北府相关人等以此为口号，缜密联络，策划政变。

元兴三年（404）二月，京口、广陵发动的政变大获成功。桓玄派来的军司令被杀，旧北府兵尽入刘裕等手中。他们立刻进击首都建康，桓玄为追讨军所斩。刘裕遂成为光荣的北府军团的总司令官。东晋王朝在他的拥戴下复兴了。而追根溯源，这项任何人都否定不了的丰功伟绩，原是刘裕等身份低下的北府僚属武将、书记官之流所策划的政变的产物。

在创建东晋王朝之时，贵族王导扮演了最为重要的角色。事到如今，形势却大不相同。在时代走过4世纪、进入5世纪的这个时刻，主导权已落入了军人的手中。

南朝宋武帝刘裕像　出自《历代古人像赞》

与刘裕一同发动政变的盟友中，有豪杰刘毅。他对刘裕始终抱有竞争意识。刘毅薄有学问修养，与贵族们也志趣相通。二人曾在赌博时争胜，为了赌骰子掷出单还是双，刘毅眼都充血了，而骰子的结果最终却如刘裕所愿。[1]正如这段逸话所象征的那样，刘裕于412年攻灭了控制着旧西府势力的刘毅。在国内，再也没有敢与刘裕对抗的军事领袖了。

刘裕继而向北攻灭南燕国（409年），更进而远征，一度夺回了长安（417年）。凭借武力手握无上权力的刘裕，已经配得上皇帝的称号了。老一套的禅让戏码于是暗暗排演起来。420年，从一介贫民爬上来的这位武将头上，终于闪起了皇冠的璀璨

---

1 《晋书·刘毅传》："后于东府聚樗蒲大掷，一判应至数百万，余人并黑犊以还，唯刘裕及毅在后。毅次掷得雉，大喜，褰衣绕床，叫谓同坐曰：'非不能卢，不事此耳。'裕恶之，因接五木久之，曰：'老兄试为卿答。'既而四子俱黑，其一子转跃未定，裕厉声喝之，即成卢焉。毅殊不快，然素黑，其面如铁色焉，而乃和言曰：'亦知公不能以此见借！'"按樗蒲与后世的掷骰子赌博不同，以黑白而不以单双定胜负，作者此处始为读者易解起见，换成了较为通俗好懂的说法。

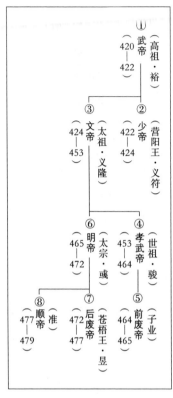

刘宋帝世系图

光辉。在晋王朝覆亡、刘宋王朝成立——一个新的军事政权诞生了，而这也给贵族社会带来了微妙的影响。

贵族丧失军权

首先是在政治上，军人掌握了主导权，而贵族被一步步逼到了防守的立场上。在4世纪，军队说到底不过是贵族政权的佣兵，然而5世纪时已发展到由军人来掌握政权了。这一历程，从一介贫民刘裕竟然身登宝座、头戴皇冠的情景，便可具体看得出来。刘裕即帝位后，仅仅两年便病死了。临终之时留下遗诏，其中有如下两条：

一、京口为军事要地，且临近首都建康，故除皇族或近亲以外，不得任其长官。

二、荆州为长江中游要冲，须以皇子依次担任长官。

终刘宋一代，这通遗诏都被凛遵不违。强有力的军府被掌握在皇族手中。这条原则，一直到479年取刘宋而代之的南齐王朝，也仍然大体延续不改。皇族以及久经历练的武将被委以兵权，贵族最终失去了直接支配军队的权力。这是与4世纪以前截然有异的一种状态。在这一意义上，5世纪的宋、齐二政权正不妨称为军事政权。

话虽如此，贵族当然不会就此被完全排除出军府。中央政府的要职仍然握在贵族手里，而在地方军府当中也一样，充当参谋的谘议参军等职位成为贵族子弟起家任官的位置，在那以后也长期为贵族占据。不过，与东晋时代相比，军府中的氛围已经不可避免地大为改变。因为军府长官原本是有教养的贵族，如今却被教养不高的武人皇族所取代；而在参军当中，从微贱身份开始锻炼上来的武人数量也日益增多了。

东晋末期，贵族殷仲堪被任命为位于荆州的西府长官。而那位著名的画圣顾恺之正在其属下担任参军。这时候发生的一段逸事，很能表现军府中的气氛。某日，上一章中提到过的桓玄来访，正事谈罢，众人都放松下来，于是共作"了语"——这是在诗句中表现"了结"之意的同时，又于句末叶"了"（liǎo）韵的游戏。所作的诗句依次如下：

> 顾恺之：火烧平原无遗燎。
> 桓玄：白布缠棺竖旒旐。
> 殷仲堪：投鱼深渊放飞鸟。

其次又作"危语"：

> 桓：矛头淅米剑头炊。
> 殷：百岁老翁攀枯枝。
> 顾：井上辘轳卧婴儿。

席中有一位殷仲堪幕下的参军道：

> 盲人骑瞎马，夜半临深池。

殷仲堪道："咄咄逼人！"因为他有一只眼睛是失明的。

在宴席余兴中嘲笑别人的残疾，固然是恶趣味；但遭受恶谑的长官只是发出"咄咄"的咋舌声，便当作余兴放过去了。在这一时期的军府中，仍然弥漫着宽松随和的气息，在教养贵族的清谈中也仍然开展着活泼的人物批评。然而，自那以来三十余年后，同样还是荆州军府，气氛却已经大不相同了。

432年，就任荆州长官的皇族刘义庆在其军府内召集有教养的文人。其中有个人物名为陆展——自三国孙吴时代以来，陆氏就是苏州的名门，东晋时代也一直占有贵族的地位。此外还有一位何长瑜，是当时最著名的诗人兼第一流贵族谢灵运的友人。陆展似乎对皇族长官颇为谄媚。何长瑜作诗讽刺他道：

> 陆展染鬓发，
> 欲以媚侧室。
> 青青不解久，
> 星星行复出。[1]

---

[1] 原文解作：陆展染黑了白发，想要取媚于贵人侧近的女子，黑发却不长久，闪闪地又泛起白光来。按作者于"侧室"一词似有误解。盖日语中有"御侧""侧近"等语，意指贵人之近侍，故作者以为诗意系讽刺陆展欲谄媚长官。

在军府的年轻人间，这类批评人物的诗句广泛流传。长官刘义庆大怒，对何长瑜处以流刑。自由批评人物的空间，进入刘宋以后便渐渐消失了。直到东晋为止还能在贵族身上看到的那种泼辣活力，也渐渐看不到了。这恐怕就是由于贵族无法再掌控军权，军中力量威压凌驾于贵族头上的缘故。

元嘉之治

然而，贵族统治体制有着自3世纪以来的悠久历史。他们拥有高度的自豪，为自己身上肩负着包括政治体制在内的整个文化而骄傲。他们有广大的庄园，有许多的崇拜者，他们的社会势力依然强韧。贵族谢混虽然因抵抗刘裕的武力专制而被杀，但他所拥有的大庄园不但未被没收，甚至在自晋入宋的王朝交替之际都岿然不动。

武帝刘裕去世两年后，刘义隆即帝位，号称文帝（424—453在位）。他治下以元嘉为年号的三十年间，国内安定繁荣，人民安居乐业。

文帝，如其名号所示，是尊重文化的。政治上由出身名门的王弘、王华、王昙首、殷景仁等来运作，维持贵族特权的体制渐渐得到整备。士族身份与平民身份间的森严界限，即使以皇帝之力也无法改变。当时文帝有个宠爱的秘书，文帝对他说道：

"你如果想要升到士族身份，就到贵族王球那儿去吧。只要他让你坐下，事情就算办成了。你去的时候，告诉他是我的旨意，入席就座好了。"

这人于是去拜访王球，打算按照文帝说的办。这时王球挥着扇子说：

"你，你，不准这样。"

这人回去向文帝报告，文帝道：

"既然如此，我也无可奈何了。"[1]

士族与平民的区别，处在与权力不同次元的习惯法世界中。文帝容许了这一点。这看起来真是文人贵族的全盛时代，世称"元嘉之治"。

然而，在433年，文帝在位的第十年，诗名震动一世的谢灵运却因涉嫌谋反，被处死在今广东的闹市中。事实上，如果从据说是自他被捕到处死期间所作的诗来看，他将当下的刘宋王朝比作负有暴政恶名的秦朝，将文帝比作王莽般的篡夺者，高唱对前朝晋的忠义。史书所载的他的行动，实在过于诡异，脱离常识，简直像是那追逐着日渐消逝的骑士道幻象的堂吉诃德之姿。这仿佛象征着在所谓"元嘉之治"的内部，晋朝流行的贵族之道正在日渐凋零。

谢灵运的生命在刑场上如朝露般无常消逝之后，不久便出现了一部名为《世说新语》的作品，记录了魏晋时代栩栩如生的贵族社交界氛围。在书中，谢灵运作为真正当得起贵族之名的最后一位人物出场。"元嘉之治"确然是给贵族政治以最后光荣的时期。然而与此同时，恐怕也是令贵族文人感受到暗暗迫近的衰运，对美好昔日心生追忆的时期吧。在如是追忆的时期，是常常会诞生

---

1 《宋书·蔡兴宗传》："中书舍人王弘为太祖所爱遇，上谓曰：'卿欲作士人，得就王球坐，乃当判耳。殷、刘并杂，无所知也。若往诣球，可称旨就席。'球举扇曰：'若不得尔。'弘还，依事启闻，帝曰：'我便无如此何。'"

出为前一时代写照的著作的。

寒门武人的发迹

即使是文帝，也并未将庞大的军府实权再次交还贵族手中，这是令贵族感受到衰运渐渐降临的表现之一；其二则是迄今被贵族视为寒门、不屑一顾的微贱之徒，也攀附着手握实权的皇族而暴发起来了。贵族之所以要执着于士族身份与平民身份之间界限森严的那套老规矩，无非也就是为了压制寒门发迹，阻止他们入侵自己的领地而已。

这些出身寒门的人物虽然在各个方面都大出风头，但发迹最快的毕竟还是军人。这一点如前所见，缔造宋朝的刘裕本人就是一个典型的象征。和这样的军事政权相联结，出身平民的人物通过加入军队而发迹晋升，不过是顺理成章的结果而已。

另一方面，从4世纪末开始，北魏已经进入中原。几乎与宋文帝即位同一时期，北魏太武帝登上帝位，积极用武，讨伐五胡诸国，最后于439年征服北凉，实现了华北的统一大业。与北魏势力正面对决的形势已经无可避免，这也推动了刘宋朝廷向着强化军队势力的方向发展。

450年，文帝获得贵族的支持，谋划讨伐北魏。武人沈庆之对此坚决反对。他所出身的沈氏，正是上一章中所述的吴兴武康大豪族，那是4世纪初以来就已声名卓著的家族，却作为乡野豪族而受到南渡贵族的压制。沈庆之手不知书、目不识丁，是个彻头彻尾的武夫。他以武将身份出席御前会议，痛斥在座的贵族，向文帝犯颜直谏：

治国譬如治家，耕当问奴○○○○○○。陛下今少做伐国，
而与白面书生辈谋之，事何由济？[1]

文帝哈哈大笑。

　　这是白面书生的公卿之流和不亲书籍的勇悍武夫之间的对
决。在一边看热闹看得不亦乐乎的，是流着武人血液却又爱好文
人的皇帝。这场御前会议的情景颇有象征意味，三种形象从中鲜
明地呈现出来：一方面是在脱离军事长达一个世代、已经白面书
生化了的当代贵族；另一方面是背靠军队、意气风发的武人；最
后还有处在二者之间、立场可能发生摇摆的刘宋皇帝。这样的情
景，在4世纪是见不到的。

　　正如沈庆之所预言，北伐惨遭败绩，北魏太武帝甚至一直入
侵到了首都建康对岸。幸而北魏军队最终退却，江南才得以度过
一劫。然而江北已经罹受战祸，邑里萧条，刘宋自此衰矣。

宋齐交替

　　宋文帝不顾武人沈庆之的反对，采纳了白面书生的北伐论，
由此可见终文帝一朝，仍是倾向于文治的时代。然而，刘氏一族
中潜流的武人血脉，或者说武人身上那股无法抑制的权力欲焰，
进入5世纪后半叶，便连锁性地爆发出来了。

　　453年，文帝被皇太子暗杀。手握亲卫军的皇太子对自己看不
顺眼的皇族人等接连开刀血祭。时任江州（江西省九江市[2]）军团长

---

1 《宋书》卷七七《沈庆之传》。
2 　江州为南朝大州，地域远远大于九江市，作者这里是仅就其治所而言。下同。

（刺史）的皇子刘骏率先起兵赴都，驱散皇太子的亲卫队，粉碎了其暴行。这正是以暴易暴，恶人还有恶人磨。刘骏登基为孝武帝（453—464年在位），将皇太子及其子四人，还有与其同伙的兄长及子三人处死，身首分离，先吊在狱门上，而后投入长江。

南朝齐高帝萧道成像　出自《历代古人像赞》

子杀其父，弟弟则将兄长满门抄斩。皇族之间纷纷猜忌，疑心生暗鬼的结果是兴兵叛乱，对叛乱的担忧又进一步令皇帝陷入不安，无意义的鲜血接连不断地流淌。一朝陷入猜忌之中的孝武帝，对皇族的叛乱不消说要加以镇压，而只要是他起了疑心的兄弟、亲戚，也都一个接一个地遭到诛杀。

血债缠身的权力人物并不只有孝武帝。接下来的前废帝（464—465年在位）也是一样。杀前废帝而登位的明帝（465—472年在位）更是屠杀死去的兄长孝武帝之子达十六人之多。孝武帝虽然还有另外十二个儿子，也都被接下来的后废帝（472—477年在位）逐一杀尽。顺帝（477—479年在位）以下得余残生的刘氏一族，则被代宋而兴的萧道成，也就是南齐王朝的创建者齐高帝彻底清洗一空。

"呜呼，希望再也不要出生在帝王之家！"[1]

---

1 《宋书》卷八〇《孝武十四王传》："帝素疾子鸾有宠，既诛群公，乃遣使赐死，时年十岁。子鸾临死，谓左右曰：'愿身不复生王家。'"

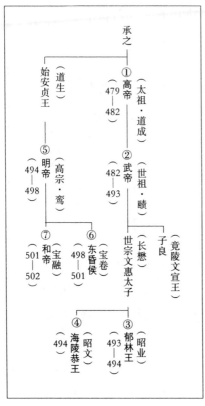

南齐朝萧氏谱系图

某位刘宋皇子发出的惨痛悲叹，正代表了生于权力之家者的心声。

刘宋之灭亡，肇端于这种皇族相互血洗的惨剧。而在此过程中，正在急速上升的寒门武将势力也就自然而然得到了扩张。前文所说的沈庆之，在孝武帝朝已占据了稳固的地位，至前废帝时期则位极人臣，在政治上拥有很大的发言权，不过也就因此而遭忌被杀。皇帝既然已经信不过同族，便只得信任异姓武将，异姓武将由此渐渐掌握实权也就是顺理成章的趋势了。获得明帝信任的萧道成，最终摘取了胜利的果实。

根除了刘氏一族的萧道成，训诫其子萧赜亦即武帝，不可重蹈刘氏一族的覆辙。然而这个警告只是对武帝还算起了些作用。一到萧道成的侄子萧鸾即后来的明帝继立之际，流血惨剧便又疯狂上演，其规模比刘氏有过之而无不及。萧道成的子孙一个接一个被带走，婴儿则令乳母随同。佛教信徒齐明帝烧香流泪，事先已经命人调制毒药，准备好数十口棺木。当天深夜，棺木便一个接一个地装满。但凡明帝烧香流泪之时，当夜必有某人将要被杀。

让5世纪后半叶浸透血迹的这些皇室惨剧，就算放在整个中国史上也是有些异常的。权力人物或多或少都会心怀忧惧，担心权力被夺走，猜忌可能夺权之人。然而，猜忌原本就是与权力的不安定成比例的。在宋齐军事政权中，手握强力军团的几乎都是皇族。和其他皇族比起来，皇帝也只不过相对握有较大的武力罢了。即使是兄弟之亲，一旦有机可乘，他们就会率领地方军团扑来。身处都城之中的皇族往往也与之相互勾结。在多个武力集团地方割据的封建时代，因这种对权力的执念与猜忌而导致的疯狂悲剧动辄就会上演。5世纪后半叶，可以说就是中国的麦克白时代。

权力人物被这种不安定状况所吞噬的背后，是时代的大潮涌动。企图摆脱微贱出身、平步青云的人们的力量，正在社会上的每一个角落蠢蠢欲动。中央政府的周边自不待言，地方军府也都开始受到这种自下而上力量的强烈影响。出仕地方军府的人们煽动长官进逼中央，指望着通过拥戴其登基为帝，来谋求自己进一步飞黄腾达的机会。

前文所述寒门出身的军人们，也就是这些人中的一类。除此之外还有一类，用当时的话来说叫作恩倖，也就是通过奉承巴结权力人物来获取宠信的人。这类人的出现，也是5世纪后半叶的一大特征。

恩倖与商人

恩倖的出现，虽然在宋文帝治下的5世纪前半叶就已经显露端倪了，不过其成为显著的现象，还是从5世纪后半叶的孝武帝时期开始的。比如说戴法兴，原是纻麻商人之子，他本人年轻时也是在会稽山阴（今浙江省绍兴市）市场上卖葛的小商人。但他爱好学问，凭自身能力供职于孝武帝刘骏当上皇帝之前的军府中。随着刘骏进入建康，当上皇帝，他也就成为皇帝的秘书，权势不断膨胀起来。

这些出身卑贱的秘书，为已经信不过同族、成了孤家寡人的皇帝奔走效劳，着意奉承，讨得主人的欢心。当然了，他们心里也在打着小算盘，要拿皇帝的权力当保护伞，进而占便宜分一杯羹。

权力欲缠身的皇帝，不乐意将大权交托给贵族盘踞的内阁。然而政务千头万绪，单凭个人是无法应付的。要找不像那些满口大道理的贵族一样顶撞自己、可以随心所欲使唤的人，那就莫过于那班曲意逢迎的跟班小人了。皇帝宠信他们，甚至委以国家大事。这些溜须拍马之徒于是狐假虎威，势倾天下。而这类恩倖的活跃期，正是始自5世纪后半杀人王层出不穷的时代。

如此一来，身份低下的恩倖有了靠山，中央政界遂化作他们与贵族争斗之地。但是，恩倖的势力与职能之所以能得到扩张，并非只是仗着有皇帝当靠山；同时还因为在当时的社会形势下，仗着权力狐假虎威确实能产生巨大的利益。在这个时代，商业活动正变得非常活跃，这种形势对货币所有者来说是利好的。事实上，恩倖本身就有许多是商人出身。

在5世纪中叶，御用商人已经频繁出入宫廷及政府机构。当时民间的优美恋歌和以商人为题材的歌谣悄然传入宫中，流行起来，也就是从这个时候开始的。例如这首女子思念离别商人的歌曲：

有客数寄书，无信心相忆。
莫作瓶落井，一去无消息。[1]

就是其中一首作品。

　　在首都建康的南面门户，有条运河叫秦淮河，连通长江和东面的三角洲地区。河上来来往往的商船启程靠岸，极尽喧嚣繁华。在后世，这里也是天下闻名的风月场；而成书于6世纪的《玉台新咏》中所载的这首恋歌，则暗示出这个时代已经有烟花柳巷存在了。

　　这些商人向手握实权的恩倖大行贿赂，由恩倖予取予夺的官职遂被授予这些商人，同时还发给他们文书，认可其在商业上的特权。作为条件，恩倖则贪得无厌地收受贿赂。恩倖们由皇帝直接派遣到长江下游三角洲地区，负责征收滞纳的税金及临时课税。这一职务当时被称为"台使"。以今苏州为中心的三角洲地区，乃是生产力最为丰饶之地。他们一旦被派遣为台使，自然不会放过这个中饱私囊的大好机会。他们大肆滥用征税权，收受贿赂，如果收到的馈赠不是现金，便与地方官勾结，立刻转手兜售，或者运到其他地区出手套现。台使如此恶劣的横征暴敛，使

---

1 《玉台新咏》（小宛堂覆宋本卷十）"近代西曲歌五首"之《估客乐》。

民众疲敝不堪。这在南齐时代尤其成为一个严重的社会问题。

像这样，恩倖们聚敛了庞大的财产，住在比王侯府第还要豪丽的宅邸中，宅内开凿蜿蜒连绵的运河，携带女乐泛舟游玩。每次新造的用具服饰，都带动当时的流行风气。其生活之豪奢，就算3世纪时闻名于洛阳的富豪贵族石崇、王恺也望尘莫及。

时至今日，比起逐渐贫困的贵族来，他们在经济能力上已日益占据上风。这是由于他们搭上了当时经济正在不断增长的顺风车。而反过来，贵族往往自命清高、以淡泊钱财为傲，这也使他们总是容易错过经济潮流、跟不上时代的变化。

货币经济的发展

上述各种现象的基础，在于江南的生产力提高，货币流通随着物资交换的发展而加剧。不管是商人开始大显身手，还是以商人阶层为后盾的恩倖在政界飞黄腾达，都是由于赶上了货币经济发展的大潮流。

事实上，通货问题从5世纪前半叶开始就已经成为刘宋政府的沉重议题。不论政府还是民间，货币都不充足。寻求对策已是迫在眉睫的问题。这一问题之所以发生，乃是由于物资贸易旺盛，货币需求增加，需要比社会上流通的货币量更多的货币。

刘宋政府采取了最省事的办法。货币的质量越来越差，法定价值却照旧不变，只有数量一味地增加。最后甚至允许民间随意铸造货币。这么一来，"劣币驱逐良币"的格雷欣法则理所当然就要起作用。良币被收藏起来，或者被剪凿劣化。货币内侧被剪削、开出鹅眼般大孔的货币渐渐出现在市面上。这种货币被称为

南朝货币

从左至右依次为：南朝宋"大明四铢"铜钱，南朝宋"景和"铜钱，南朝宋"永光"铜钱，南朝梁"太清丰乐"铜钱，南朝陈"太货六铢"铜钱。

"鹅眼钱"。这么一来，币制就陷入大混乱中，物价腾贵，到465年时甚至已无法进行交易了。

这下刘宋政府也没办法继续放任自流了，于是着手整理币制，出台法令，规定只有过去的优质货币有效，在缴税时也只接受优质货币。

不久以后，被藏匿起来的优质货币就再次流出，价值标准恢复，混乱得到平息。然而政府并未试图发行新的货币以缓和社会上越来越严重的货币不足状况。南齐政府甚至反而苛刻地吸纳货币，甚至大约40%的国家财政都是由货币来供给的。与465年之前松弛的财政政策正好相反，这种紧缩政策给作为生产者的农民造成了沉重打击。484年，南齐武帝的皇子竟陵王萧子良针对此弊害向政府提出警告：

近年来钱贵重而物价低下，东西几乎只值过去的半价。即使农民劳苦勉力生产，现金收入也很少。更何况到手的钱都是些剪凿之后的劣质货币。然而政府定期收税之时，很多情况下都要求缴纳货币。而且又不接受劣质货币，要求只能按规定缴纳优质货币。可是民间的优质货币已经极少。农民不得不四处求告，用自己的两枚劣质货币交换一枚优质货币来纳税。贫苦农民手上的劣质货币虽然面额相同，却只值半价，其困苦越发深重。反过来，坐拥优质货币的富人却越来越有钱。[1]

被政府所吸收的优质货币，当然是用于财政支出。接近政府的人物，包括皇族、官僚、恩倖、御用商人等便成为优质货币的所有者和使用者，越来越赚得盆满钵满。反过来，越是远离政府，便越是受到劣质货币的损害。这就好比金融紧缩时期，中小企业几乎从银行借不到钱，大企业却能获得巨额融资一样，和现代社会这种二元信贷构造相似的现象，在5世纪的江南已经从货币的二元构造上表现出来了。

在这种经济构造当中，人们不断通过商业交易追逐利润。这种时候，尽管都是政府周边的获利阶层，但像贵族之类自命清高的人物会在经济上被原本就出身微贱、眼光狠准的武将恩倖之流压制，本就是自然之理。世间的潮流，已经开始从古老的身份

---

1 《南齐书》卷二六《王敬则传》载子良启："伏寻三吴内地，国之关辅，百度所资。民庶凋流，日有困殆，蚕农罕获，饥寒尤甚，富者稍增其饶，贫者转钟其弊，可为痛心，难以辞尽。顷钱贵物贱，殆欲兼倍，凡在触类，莫不如兹。稼穑难勤，斛直数十，机杼勤苦，匹裁三百。所以然者，实亦有由。年常岁调，既有定期，僮恤所上，咸是见直。东闲钱多剪凿，鲜复完者，公家所受，必须员大，以两代一，困于所贸，鞭捶质系，益致无聊。"

汗青堂

后浪

开眼看世界

微博扫码关注
汗青堂官方微博

扫码进入
汗青堂丛书豆列

打造兼具学术性与流行性的全球范围历史佳作

成为沟通国内读者与全球历史研究的桥梁

01

《五四运动史：
现代中国的知识革命》

[美] 周策纵 | 著

陈永明 / 张静 | 译

110.00元

02 《丝绸之路新史》

[美] 芮乐伟·韩森 | 著　张湛 | 译　49.80元

03 《来自纳粹地狱的报告：奥斯维辛犹太法医纪述》

[匈] 米克洛斯·尼斯利 | 著　刘建波 | 译　68.00元

04 《东大爸爸写给我的日本史》

[日] 小岛毅 | 著　王筱玲 | 译　68.00元

05 《东大爸爸写给我的日本史2》

[日] 小岛毅 | 著　郭清华 | 译　60.00元

06

《十二幅地图中的世界史》

[英] 杰里·布罗顿 | 著

林盛 | 译

99.80元

07 《BBC世界史》

[英] 安德鲁·玛尔 | 著　邢科 / 汪辉 | 译　88.00元

08 《北京的城墙与城门》

[瑞典] 喜仁龙 | 著　邓可 | 译　99.80元

09 《海洋与文明》

[美] 林肯·佩恩 | 著　陈建军 / 罗燚英 | 译　128.00元

10 《命运攸关的抉择：1940—1941年间改变世界的十个决策》

[英] 伊恩·克肖 | 著　顾剑 | 译　88.00元

意识转向以利害打算为依归的个人利己主义，下克上¹的时代开始了。

5世纪的总决算

在这样的5世纪后半叶即将迎来尾声的498年，南齐东昏侯萧宝卷即帝位。他既是杀人王，又呈现出这个时代另一种典型的皇帝形象，那就是性情乖张脱轨的年轻天子。他纵情任性，行为冲动，毫不顾虑他人和社会，只是一味满足年轻的自己的欲望。

一方面是被恐怖与猜忌俘虏了的杀人王，另一方面是不断追求刹那欢愉的脱轨王，这两种表现实际上有着同一个根源，那就是不稳定的权力，以及立足于这种权力之人的精神不安状况。在作为身份社会的封建时代，下克上的气运开始发动之际，我们常常都可以从位居权力宝座的诸侯、武人中看到同样类型的人物。

然而，在下克上的气运之中，迄今一直为贵族所垄断的文化，却开始扩散到其下方的广大阶层中。此前作为武人之家受到轻蔑的阶层，开始出现身怀教养的人物。曾经将位列台阁的贵族叱为"白面书生辈"的沈庆之是个目不识丁的武人，其沈氏一族从4世纪到5世纪中叶都是以武家将门闻名的。然而到了接近5世纪后半叶，这个家族中出现了沈演之、沈约这样的文人。尤其沈约，乃是5世纪后半叶到6世纪初期划时代的大文豪。

1　下克上，为日本史中的常用术语，指社会中的低等阶级压倒原本的高等阶级，取而代之。尤其特指室町幕府中期开始，日本战国时代否定既有权威和价值体系、以武力夺权争霸的社会浪潮，由此诞生了诸多各霸一方的战国强人。

这种倾向，在原本是武家将门的萧氏亦即南齐皇族身上也可以看到。虽然萧齐和前王朝的刘宋皇室一样，依然出产杀人王和脱轨王；但与此同时，其中也开始出现堪称开明君主的人物。前文引用过的、曾对当时经济的危险动向提出警告的竟陵王萧子良，就是其中的典型。竟陵王自身是对佛教也有很深造诣的教养人，同时还在位于建康西郊鸡笼山的西邸别墅召集当时第一流的教养人，开展文化事业和社会事业。在他的这个集团中，除了贵族，还加入了刚刚提到的沈约这种新型文人。而最值得注意的是，皇室的远房亲戚萧衍也已经与第一流的教养人并驾齐驱，参与到这个集团中来。

这位萧衍并非别人，正是在6世纪前半叶的近五十年间，为南朝缔造了堪称黄金时代的梁武帝。进入6世纪后，竟陵王幕下的集团，以及其中所孕育的开明空气，就在梁武帝的治下开花结果了。

二 南朝的黄金时代

梁朝建国

500年，正是6世纪开头那一年，雍州（湖北襄阳）的军团长（刺史）萧衍举兵讨伐在首都建康极尽暴虐的南齐皇帝东昏侯。召集的全军规模，有武装兵力三万人、马五千匹、船三千艘。以如此区区的兵力攻打首都，并不是十分有胜算。而近在咫尺的荆州军府实力雄厚，位居军团长的东昏侯之弟萧宝融年仅十三岁，实权掌握在萧颖胄手中。如果能和萧颖胄进行交涉，将年幼的萧宝融当作傀儡，联合荆州军府，自然是最好不过的上策。而这一计划最终成功了。

中兴元年（501）二月，萧衍自襄阳进发，与荆州军团顺长江而下。东昏侯当然也有所抵抗，但就在该年岁暮，暴君已被臣下所杀，首都最终陷落。萧衍肃清了东昏侯的亲信，于次年（502）四月，又废黜作为傀儡登基的其弟，自己登基为帝。梁武帝近五十年的治世从此起步。在形式上，梁朝与上个世纪的萧齐相同，是在军团武力基础上建立起来的军事政权。然而其面貌却和5世纪的纯粹军事政权有所不同。在5世纪的政权更替之际，大量的杀戮反复上演；而这一次却从一开始就对此有所警戒。开明的动向照亮了人们的面容。

武帝当初还在南齐竟陵王萧子良幕中的时候，就深受这位开明主君以及这个教养人集团的影响。武帝自己身处这个集团当中，已经成为彻底的教养人。他不仅对学问、艺术有透彻的理解，还亲自讲学，多才多艺。同时对当代的各种政治、社会、经济问题，也已经在萧子良幕下形成了自成一家的见识。到如今三十九岁，风华正茂的壮年，萧衍登上皇帝宝座，将要实现抱负，建设理想的国家社会了。

首先第一步，他从昔日的队友中召来范云和沈约，以两人为中心组建了政府。范云、沈约虽是当时第一流的教养人，但从门地来说却并非第一流的贵族。如前节所示，5世纪后半的政界深受恩倖蠹害，流毒甚广，为了改革此弊，绝不能再将权力交到商人式的恩倖手中。而另一方面，贵族阵营也不堪重用。经过整个5世纪，贵族越来越白面书生化，这些柔弱文人失去进取精神，

梁武帝萧衍像 出自《历代古人像赞》

耽于安逸，有运作政务能力的人已经很少了。武帝能够信赖的，是和自己一样，在5世纪后半出身于武将之家或下级贵族家庭的坚实的教养人。以范云、沈约为核心的武帝新政府，意图将这个阶层作为基轴，集合一切阶层中有能力的人才，在此基础上建设一个安定的政权。这一方针，至少在武帝治世的前半段，是一以贯之的。

与此同时，武帝整备礼制、法制，以国家之手整顿5世纪时紊乱的贵族社会身份秩序，地方军团的财源也尽可能收归国有，致力于逐步创造统一国家形态。而这一建国方针的基调，则是弃武从文，实行文治主义。

竞相盛放的江南文化

武帝即位第四年，便在首都开设国立大学，分置五经博士，营造校舍，以教授学生。传授五经的学校称为五馆。国立大学在宋齐时代虽然也有设立，但都不长久，并且只允许贵族子弟入学。而武帝却在贵族入学的国子学之外，对一般的书生广泛开放五馆，也不设定员限制，还为许多学生提供费用。通过国家考试的学生即得任用为官。这一政策，不但使学问、教养浸透到更广泛的阶层中，而且成为后来隋代实施科举制的先声。

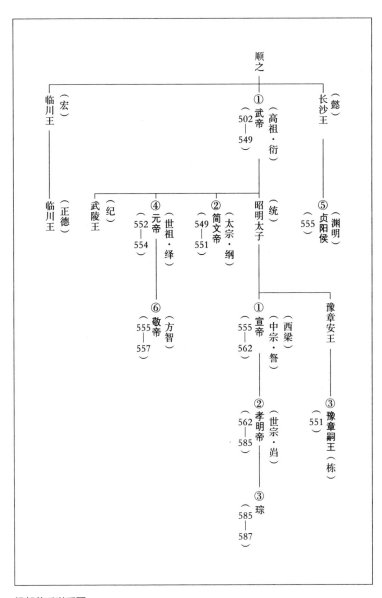

梁朝萧氏世系图

在这种学术奖励政策下，学问不言而喻会兴盛起来。再加上武帝本人就是位大学者，对儒学、形而上学、佛学都造诣深湛，自撰多种著述，这也刺激了学问的发展。普遍的学风也都尊崇这种渊博的教养，而且最为尊崇创作优美诗文的能力。以皇太子萧统（昭明太子）为中心编撰的《文选》，是撰集自古以来优秀作品的诗文集，曾对日本发生过深远的影响，这也是众所周知的了。

昭明太子死后，萧纲继位为太子。在他宫中，徐摛等文士竞相创作技巧精微的艳丽诗文，其文体就被称为"宫体"。这是将南齐竟陵王萧子良幕中文人集团所创造的体裁——因为是永明年间（483—493）的文体，所以被称为"永明体"——发展得更为华美的产物。此外如刘勰的《文心雕龙》，还有对古来诗作进行批评的钟嵘《诗品》等，文学理论、文学批评领域也在这个时代有了巨大的创获。

更为显著的现象是佛教的兴盛。当然，在道教方面也出现了陶弘景这样的巨匠，但最引人注目的，还得数佛教的空前兴隆。首都建康及其周边，自从孙吴时代以来就已开始建立佛教寺院，东晋以后，贵族们营造自家寺院，数量不断增加，结果到了梁初，已有五百余座寺院鳞次栉比。梁武帝也成为虔诚的佛教徒，在他的治下，更进一步建立了多达两百座宏大华丽的佛寺。

后世的唐代诗人杜牧曾经遥想建康此时此景，吟出了脍炙人口的诗作《江南春》：

千里莺啼绿映红，水村山郭酒旗风。
南朝四百八十寺，多少楼台烟雨中。

在这当中，要数同泰寺的堂塔伽蓝最为美轮美奂，它有九重佛塔、三层高阁矗立的般若台、六座大殿，还散布着各式堂宇。武帝曾在其本人所建的这座寺庙中多次舍身为"三宝奴"，脱去皇帝衣冠，改换僧袍法服；财物自不必言，武帝连自身都布施给了同泰寺，在寺中修行，从事杂役。为了迎回成了寺院奴隶的皇帝，政府不得不支付赎金回购。武帝每次舍身，政府就要实实在在支付一亿万钱。堂塔伽蓝会如此庄严华丽至极，也就是理所当然的了。最初对政治充满热情的武帝，在530年前后，到将近七十岁的年纪却迷失了自我，日益沉湎于佛教中。537年开始在都城南郊长干寺举行的大法会，以及对该寺的大规模营建，也是其中的表现之一。

　　这些都是巨额的花销，对被驱使参加营建的民众来说也是沉重的负担。然而，在如是造就的佛殿中，却拥有与东晋顾恺之齐名的大画家张僧繇等人所画的巨大壁画。不论是高达五十米的瓦官寺高层建筑，还是南齐以后所撰并流传至今的画论，都表明在这个时期，建筑、绘画领域创造出了高度发达的作品。

　　像这样，江南文化开出了烂漫的鲜花。从文化上来说，诚然堪称黄金时代。北朝治下的中国人从梁王朝的文化里发现了中国传统，都发自内心地倾倒赞叹。不过在这当中，也开始令人嗅到

瓦官寺遗址倒碑碑额拓片

一些过分烂熟和形式化的气味了。

大胆的经济政策

文化的成熟，说到底是其底部的社会在一定程度上获得安定，在此基础上发展繁荣的结果。武帝对背井离乡、流离失所的农民授予官有土地，减免租税，发布保护农事的敕令以保护农民。还在即位之初，他就强力发行新的优质法定货币。确实，这一通货对当时的经济发展、社会繁荣起到了相当积极的作用。

在上一节中，我们已经看到了5世纪尤其是后半叶货币经济引人注目的显著进展。

在刘宋时期，尽管放任自流的通货政策已使得优质货币剧减，但从刘宋末期到南齐时代，政府反而实行严厉的紧缩政策，结果就如竟陵王萧子良所批评的一样，优质货币的所有者日益盈利，而手里只有劣质货币的农民则日渐穷困。

梁武帝早在萧子良幕下时就已听到过这样的批评，对事态深有了解。正因如此，他才会在即位之初便发行新的优质货币，减轻农民疾苦，缓和社会上货币不足的情况，同时还计划以此新货币来统一币制。

这一政策无疑刺激了梁代的经济成长。商业贸易活跃兴盛，长江上号称二万斛船的大型货船输送物资往来。既然号称二万斛船，那应该是比江户时代的千石船还要巨大的了。

然而，随着商品量的增加，货币需求也逐步增大起来。作为货币原材料的铜已显匮乏，无法满足铸币需求了。523年，武帝抛出了极度大胆的政策，将通货全面替换成铁钱。接下来还完全用这种货币来支付官吏的俸禄。而这一点得以实现的前提，是官吏的生活已百分百建立在货币经济的基础上了。

铁钱在最初的时候，说不定只是作为辅助货币，对社会起点附加作用。然而，因为民间可以无穷无尽地伪造铁钱，到6世纪30年代，铁钱的价值就开始急速下落。铁钱政策完全失败了。这下武帝一筹莫展，只得顺其自然，再也没有其他办法了。

对5至6世纪发展中的江南交换经济而言，货币量不足这一弱点如同噩梦缠身。因此如前所述，5世纪期间政府通过发行劣质货币以增加货币数量，而一旦失败，又反过来采取紧缩政策，结果是有条件持有优质货币的富人越来越赚得盆满钵满，手中只有劣质货币的下层贫民则日益穷乏。进入6世纪以后，梁武帝采取了适当的措施，缓和了事态。然而这只是暂时性的缓和，问题并未真正解决。梁代文化就是在这种缓和状态上开花结果的。

然而，就在上层阶级沉醉于其文化之际，贫富差距已渐渐严重了。铁钱政策的失败更加剧了这一倾向。农民流亡频繁，失业者日增。已经束手无策的武帝，眼看着也只能一天天逃避到佛教信仰中去了。

流亡农民与军队组建

流亡的农民流入城镇，或者为了沾一点商人利益的残羹冷炙，聚集在其机构的末端。而失业者蠢动的地区，就是无赖恶棍的温床，黑帮组织陆续出现。与此同时，失业者响应军队的兵员募集去当兵、靠军府口粮求活路的也非常之多，因为当时各地军府是独断专行招兵买马的。当进行这种兵员招募时，连无赖恶棍们都整个帮会一起混进来。各地军队简直可以说已变成由数百人组成的黑道帮会。当时目睹了如此时势的史家何之元，后来曾回顾道：

> 梁国百姓大半都加入部队，抛弃农业，过着兵士生活。他们充当将领的爪牙，助纣为虐，收缚无罪的民众，压迫良民。因此导致百姓又去流亡，盗贼横行。这种状态持续多年，国家危如累卵。[1]

并不仅仅是出现了数不清的无赖恶棍或盗贼团伙而已，如果连梁朝的军队本身都已变成这种团伙啸聚寄生的渊薮，那么军队司令的命令也无法指望能贯彻下达了。这当中蕴含着组成军队的各军团实力人物为了自身利害而恣意妄动的可能性。流亡农民流向军队，而军队的暴行又进一步造成农民流亡，恶性循环已经形成了。

局面飞速崩溃：消费热与贵族

皇族及高级将官等上流社会对此麻木不仁，和贵族们一同日日穷奢极欲。当时有识之士指出："为了目前的欢愉，他们消耗了多如山积的财产。这已成为世间的潮流，并且日甚一日。"[2] 如前所述，5世纪恩倖的豪奢生活已经耸人听闻；然而时至今日，这种穷奢极欲已扩散到了更广泛的阶层中。

---

1 《文苑英华》卷七五四何元之（按当作之元）《梁典·高祖事论》："梁氏之有国，少汉之一郡。大半之人，并为部曲。不耕而食，不蚕而衣。或事王侯，或依将帅。携带妻累，随逐东西。与藩镇共侵渔，助守宰为蟊贼。收缚无罪，逼迫善人。民盖流离，邑皆荒毁。由是劫抄蜂起，盗窃群行。陵犯公私，经年累月。……且国有累卵之忧，俗有土崩之势。"
2 出处未详。

上流社会已经兴起了所谓的消费热。不断建立寺院，向其奉献巨额财富，也就是当时消费热的一种表现。武帝每次舍身寺院为"三宝奴"，政府就要为赎回成了奴隶的皇帝而向寺院支付亿万钱。这本来只是武帝个人的信仰问题，但从社会性、经济性的视角来看的话，这同样也起到了煽动消费热潮的作用。

贵族的衰落与走向败局之路

消费热促使贵族的经济力量弱化。这是由于他们的经济力量在事实上已经失去了足够承受消费的坚实地盘。之所以这么说，是因为5世纪后半叶以来交换经济的发展，已经逐步将贵族在经济上的地盘蚕食殆尽。然而自命清高的贵族，却有着轻蔑商业行为的倾向。

而且，贵族为了将实物收入兑换成货币，还要由商人经手代办。商人承接这一业务，作为条件则获许使用贵族的特权，这对他们自己的商业运营有着很大的利益。比如说，借着贵族的名义来运输商品，就可以免除运河各处要地所设关口的通关税，还有公营市场的使用税等。像这样，贵族们的生活越是需要货币，他们就越是要依赖商人。商人在这个过程中不断获利。不谙世务的贵族总是被蒙骗吃亏，收益也就渐渐减少了。

梁代末年，有个叫谢侨的人，原本出身于第一流的高贵门第。某日，家中已然无米下锅，其子说道：

父亲，把《汉书》典当了，借点钱来吧。

而谢侨的回答是：

就算饿死，我也绝不会用这个当饭票！ [1]

已经出现被逼到如此山穷水尽地步的贵族了。

在货币经济的发展与消费热当中，贵族的经济力量变得根基浅薄。就在同一个经济动向中，农民流亡，失业者增加，社会不安的气氛也一天天变得更加浓厚。再加上梁帝国的军队已变成了失业者群聚的乌合之众，国家蕴藏着内部分裂的危险。

时代的车轮已经开始走下坡路，朝着可怕的败局滚动。而车上的人们还沉醉在辉煌的梁代文化中。就在这个时刻，侯景之乱突如其来地爆发了。正是以这次叛乱为契机，黄金时代急转直下，坠入了地狱的深渊。

---

1 《南史》卷二十《谢弘微传》附《谢侨传》："侨素贵，尝一朝无食，其子启欲以班史质钱，答曰：'宁饿死，岂可以此充食乎？'"

第八章　贵族制社会的崩溃

—— 6 世纪后半叶的江南

一 侯景之乱

北朝降将侯景

　　侯景是547年从北朝前来归降梁帝国的一名将军。在北方，北魏帝国于534年分裂为东西两部：以邺为都城的东魏和以长安为都城的西魏。侯景出生于今山西省北部，原本是隶属于万里长城戍卫部队的士兵。在北魏末期的大混乱中，以勇武渐次攀升，终于在东魏事实上的统治者高欢麾下，被委以河南一带的兵权，成为统率十万兵士的大将。然而在547年年初，高欢死去，其子高澄成为统治者，开始了为确立君权而加强对功臣的独裁压制。身为功臣的侯景，在东魏的立场变得颇为尴尬。在知道自己已被中央盯上之后，侯景脱离东魏，以自己势力下的十三州为筹码请求内属于梁。

　　梁朝从十年前开始，已和东魏订立了和平条约，相互遣使；然而如今竟能不费一兵一卒便将黄河以南之地收入掌中，这种好事简直就是天上掉下来的大馅饼。武帝接受了侯景的请求，封其为河南王，在形式上编入为梁国的一部分。东魏随即兴兵讨伐侯景。梁朝也任命武帝的侄子萧渊明为司令，出兵支援侯景。然而战况在东魏的压倒性优势下推进。军纪涣散的梁朝军队到处溃不成军，连萧渊明都惨遭俘虏。侯景也丧失了麾下兵力，仅能纠集残兵败将八百人逃往寿春（今安徽省寿县）。对梁朝来说，侯景带来的大实惠，还不到一年便成了泡影。

冬去春来，548年，被俘至北的萧渊明向叔父武帝派来信使，传达东魏希望与梁议和的消息。实际上萧渊明派遣信使就是出于东魏的授意。梁朝对此讨论的结果，是在六月份向东魏派出了和平使节。部下仅余八百余人的侯景，这下陷入极度的不安当中。自己是背叛了东魏来投奔梁的，倘若梁和自己的敌人东魏缔结了友好关系，自己的立场该如何是好？萧渊明的信使一旦来到梁朝，东魏说不定就会提议用自己的性命来换萧渊明。何况梁还向东魏派出使节，事情越发可疑，岂可等闲视之？——这就是侯景当时的心情。

首都建康陷落

侯景于是秘密备战。与此同时，他还拉拢对梁武帝心怀不满的侄子临贺王萧正德。

太清二年（548）八月，侯景终于举起"诛君侧之恶臣"[1]的旗号，在寿春起兵。所谓"兵贵神速"，他于九月仅率千人从寿春出发，来势汹汹，进军首都建康。

---

1 《梁书》卷五六《侯景传》。

萧梁朝廷最初对此毫不放在心上。然而，侯景军在临贺王的带路下轻易渡过长江，时方十月便已迫近都城。仓皇守备的首都防卫队，被一鼓作气的侯景军打得落花流水逃进宫城。宫城之外的建康城落入了侯景军的手中。接下来是直到次年三月为止，持续了将近五个月的惨烈宫城攻防战。

困守宫城的十余万都民和两万士兵，在将军羊侃的指挥下奋勇作战。侯景眼看宫城一时半刻难以攻下，于是下令解放奴隶，允许他们在建康城内掠夺，大加赏赐以纠集兵力。无数的人在得到赏赐后，加入侯景军作战。这是因为如前所述，当时的都市中到处都是失业者。他们平日里处身于严重的贫富差距当中，对富人早已恨之入骨。侯景军侵入首都，正点燃了其不满的怒火。他们遂和侯景军的士兵一同，欢呼踊跃，大肆袭击贵族和富人的宅邸。

以秦淮河一带的繁华街市为首，建康市内及周边顿时变成了破坏掠夺暴行的修罗场，这可以说已经呈现出和暴力社会革命相似的景象。仅仅率领千余人的军队渡过长江、进击首都的侯景，如今兵力暴涨，已拥有将近十万人的大军了。

宫城中粮食不足的问题日渐严重。人们的身体开始浮肿，一个接一个因营养不良而倒下。横尸满路，连埋葬都做不到，惨况至于"烂汁满沟洫"[1]。太清三年（549）三月，宫城最终陷落。如今已八十六岁高龄的武帝，虽然威势仍然足以令上前来见的侯景冷汗直流，但还是遭到幽禁，于当年五月忧愤而死。皇太子萧纲

---

1 《南史》卷八〇《贼臣侯景传》。

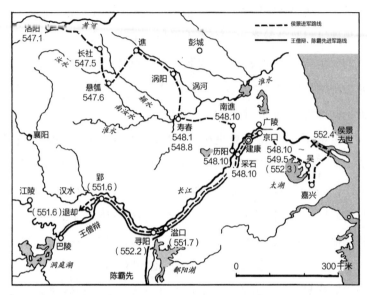

侯景之乱概要图

继位，称为简文帝，但最终也在两年多以后，遭遇了被侯景杀害的命运。

统一的崩溃

从北方逃来的败军之将侯景只带着千人左右的兵卒，便奇袭攻下南朝最为繁荣的梁帝国的首都，在四个多月的包围战后将其征服，这真是令人惊异的成功。成功的理由，首先就在于他煽动了首都及周边的失业者群体。不过当然，原因并不仅此而已。

原因之二，在于梁帝国军队自身已经濒临内部分裂。实际上，在将近五个月的宫城攻防战期间，各地梁军都已陆续奔赴首都勤王，然而尽管其军力达到数十万之多，却出现了世间罕见的奇异现象：他们只是远远包围着首都，却不对数量远不如自己的瓮中之鳖一同发动进攻。攻击只是零散的小部队分别行动，而有统一指挥的行动却一次都未出现，救援军司令等于是拱手旁观宫城陷落。而侯景占领宫城之后，诏命"征镇牧守可各复本任"[1]，他们便称幸引军而归。无怪乎简文帝要感叹"已无勤王之军"[2]了。

梁帝国的军队已完全涣散，不过是一群乌合之众而已。首都陷落与武帝之死，使梁帝国的中枢崩溃。失去首脑的梁军从此以后彻底四分五裂。诸部队中的实权人物各怀鬼胎，一盘散沙各自为战，社会彻底陷入了不可收拾的大混乱。

原因之三，则在于面对紧急事态，应当站在领导位置进行指挥的官僚、贵族之流，柔弱无能得令人吃惊。梁代的贵族子弟和高级官僚已经完全女性化了，熏衣剃面，傅粉施朱，着高齿屐，出城则乘车舆，在家则需扶持，这些都是很寻常的事情。而骑马之类的举动，则是他们根本无法想象的。首都建康的市长（建康令），听到马的嘶叫声，看见马扬蹄腾跃，就吓得浑身颤抖——

"正是虎，何故名为马乎！"[3]

侯景攻进都城之际，负责守御首都南郊朱雀门的著名文士庾信，一看见头戴铁盔的敌兵就落荒而逃。这从当时的潮流来看，也就是无可奈何的事情了。

---

1 《梁书》卷五六《侯景传》："于是援兵并散。景矫诏曰：'日者，奸臣擅命，几危社稷，赖丞相英发，入辅朕躬，征镇牧守可各复本任。'"

2 出处未详。

3 《颜氏家训·涉务篇》记建康令王复事。

以上仅试举出三点侯景能够获得异常成功的原因。不管其中的哪一点，都无非是梁代社会根底里已在激化的种种矛盾与弱点经由侯景的一击，而暴露在光天化日之下罢了。

事实上，自从548年侯景之乱爆发以后，惨淡的大动乱完全取代了此前的黄金时代，无休无止地延续下去。侯景于552年被打倒。557年，乡野武士陈霸先乘时得势，建立了陈朝。即使如此，社会上的混乱依然未能收拾。从今江西省中部到今浙江省南部，乃至横跨今福建省的广阔地域中，以周迪、留异、陈宝应为首脑的三个无赖集团，相互勾结呼应，分别独占一方。一直要等到侯景之乱爆发近二十年后的6世纪60年代中期，陈王朝才好不容易将其剿灭，江南全境于是重新恢复了和平。

总而言之，这将近二十年的大混乱，和6世纪前半叶50年间的黄金时代形成了鲜明的对比，在此期间究竟发生了怎样的社会现象呢？首先，就是贵族阶层因此而彻底没落了。

二 贵族的没落

贵族的惨状

不难想象，柔弱化了的贵族在战争时期的大混乱中会是何等脆弱。侯景侵入首都后持续将近半年的攻防战与掠夺暴行，令极度繁荣的建康城及周边彻底荒废了。551年，在武昌之战中被侯景军俘获的颜之推被带到了建康，目睹了如此惨状的他咏下长歌：

我如今身为俘虏，返回故土建康。此处已成蛮族肆意践踏之地。瞻仰先祖宗庙，不禁忆起追悼化为废墟之都城的古《黍离》

诗；再看荒废了的市街，又悲思于咏叹殷都灭亡的《麦秀》之歌。军鼓卧倒无人使用，为纪念昔日丰功伟绩所铸之钟也毁坏坠地。野地里万物萧条，人骨纵横；街中同样冷落无人，不见炊烟。昔日的百家名族，如今亲族全灭，了无踪迹。不知何处传来幽幽乐音，奏出王昭君的悲愁。身受玷辱的贵妇人，拨动叹息的琴弦。途经父祖当日所居的长干里，胸中郁结难解；参拜历代先祖墓地所在的白下，忧思缠心，不忍离去……[1]

荒废后的建康，已经生气索然。劫后余生的人们，陷入了极度的生活困境。《玉台新咏》的编者、著名文人徐陵当时被派往东魏出使，滞留不得归国；其弟徐孝克却已沦落到了不得不将妻子嫁给侯景部将、自己剃发为僧沿家乞食，才能勉强维持生活的田地。

西魏攻略江陵

在当时的地方军团中，位于长江上游江陵的萧绎军团实力最强。萧绎为简文帝之弟，此时首都既已落入侯景之手，忠于梁朝的人士都将希望寄托在萧绎身上，梁朝官吏纷纷奔赴江陵。

萧绎以部下王僧辩为大将，出兵讨伐侯景。恰在此时，陈霸先军从今广东北上。于是两军结盟，得以于552年顺利讨平侯景。简文帝被侯景杀害后，萧绎于江陵继位为帝，史称元帝。不言而喻，梁朝官僚更加日益汇聚于江陵了。

---

1 《北齐书·文苑颜之推传》载之推《观我生赋》："就狄俘于旧壤，陷戎俗于来旋，慨黍离于清庙，怆麦秀于空廛，藜鼓卧而不考，景钟毁而莫悬，野萧条以横骨，邑阒寂而无烟。畴百家之或在，覆五宗而翦焉。独昭君之哀奏，唯翁主之悲弦。经长干以掩抑，展白下以流连。"

然而，今湖北省襄阳的军团长萧詧与叔父元帝不和，为了与之相抗，便与北朝的西魏联手。西魏眼见梁朝陷入大乱，正在窥伺入侵南方的时机，这时萧詧前来要求结盟，简直就是天降良机。554年，西魏大军抓住这个大好机会，向江陵大举攻来。

江陵军团的主力这时正在王僧辩率领下前往建康讨伐侯景，尚未来得及返回。江陵不堪一击，被迅速包围占领。元帝被杀，聚集于此的梁朝百官与一般庶民无异，都如犬羊般被追捕掳掠，押解到西魏的根据地今陕西省，据说人数多达十万以上，得以幸免的仅有二百余家。前面提到的颜之推也正是被俘的其中一人。这一事件是继建康荒废以后，南朝贵族中枢惨遭摧毁的第二次浩劫。

之所以如此，也是因为贵族们在地方上缺乏经济上、社会上的地盘，不足以在大乱时期自主求生。他们早就失去了对庄园的掌控能力，也没有了政治能力，成了些连学问教养都很浅薄的人物。"那些贵游子弟，如同无根之草般彷徨在戎马之间，潦倒落魄，死在沟渠边上。"[1]这是颜之推日后反省，发出的痛切批判之语。

残存贵族的地位与作用

当然，东晋以来的名门琅邪王氏、陈郡谢氏等，在这场大乱中并未被全部消灭。幸存的若干人物出仕陈王朝，毕竟也还是占据了高官高位。然而，如果详细考察他们的行动，却没有任何痕迹表明他们曾对陈朝的定策施政有所影响。换言之，政治权力已

---

1 《颜氏家训·勉学篇》："贵游子弟，……兀若枯木，泊若穷流，鹿独戎马之间，转死沟壑之际。"

经再也回不到贵族手中了。现实政治已由远比他们低等的阶层来运转——如下一节将要说明的，陈王朝的成员不过是些乡野武士的乌合之众罢了。

这一班乡野武士之所以要待残存的若干贵族以高位，不过是想他们给政府添上些壁花龛炉般的文化装饰罢了。因为在荒凉的战乱之后，还能传留昔日黄金时代所凝炼的文化气息的人物，毕竟还有一些陈朝稀缺的价值。对距离文化遥远的乡野武士来说，这种气息令人轻蔑，有其弊端，然而另一方面，这毕竟又象征着令人心折的美的价值。

尽管已成壁花龛炉般的摆设，但毕竟保留了高贵地位的若干贵族，还算是幸运的了。未能得到这种幸运的贵族则悲惨至极。那位江南贵族的典范谢安的九世嫡孙谢贞，临死前给远房亲戚之子留下了这样的遗言：

我少年失父，十四岁由母家亲戚抚养，十六岁遭遇侯景之乱所引致的大动乱，被俘虏到北方远国二十余年。期间对天号泣，控诉这惨淡时世，自念无处容身，至于感触深痛。幸而还能归国侍奉母亲，守先祖坟墓，于我本分已足。然而不料贫弱如我，竟得朝廷提拔，给予清美之官（此为谦辞），我虽粉身碎骨也难报大恩。近日身经丧母之痛，命在旦夕。只须清静入土，不烦多所思虑。若气绝之后，立刻将尸骸抛于原野，遵照佛教尸陀林法（风葬）处置，是我本心所愿。只是担心这种做法会否过于特异。故你们以薄板制作仅足容身的棺材，载以白木车，裹以草席，在山中掘坑埋之可也。此外，我终生少有兄弟，也无其他子孙。儿子谢靖年纪还小，未经世事。因此只要在三个月期间布置香烛灵位，供奉香水，以尽你们兄弟之情，也就足够了。完毕之后，立即除去这些布置，勿为无益之事。[1]

在东晋以来的贵族社会中，谢氏曾经是何等辉煌夺目的存在，而如今家底却已消磨殆尽。自谢贞于585年在孤独贫困中寂寞死去以后，谢氏便在正史中销声匿迹了。上面的遗言，真可以说是反映了南朝贵族之没落的一篇象征性文字。

然则，取走向没落的贵族而代之的，又是怎样的人物呢？代表人物就是缔造了陈王朝的陈霸先，以及和他类似的乡野武士。

三 陈王朝的兴亡

陈霸先发迹

陈霸先（503—559），出生于太湖南岸吴兴郡长城县（今浙江省长兴县）的微贱人家。他最初只是当个村官，之后来到都城，又当了个管官府油库的小吏，最后给一位名叫萧映的侯爷办事，为其通传命令，效奔走之劳。他年轻的时候，不得不如此劳劳碌碌地转任这类职位，这足以表示，以贵族的眼光来看的话，陈霸先不过是个身份卑贱的下等人罢了。

---

1 《陈书》卷三二《孝行谢贞传》："吾少罹酷罚，十四倾外荫，十六钟太清之祸，流离绝国，二十余载。号天踊地，遂同有感，得还侍奉，守先人坟墓，于吾之分足矣。不悟朝廷采拾空薄，累致清阶，纵其殒绝，无所酬报。今在忧棘，晷漏将尽，敛手而归，何所多念。气绝之后，若直弃之草野，依僧家尸陀林法，是吾所愿，正恐过为独异耳。可用薄板周身，载以灵车，覆以苇席，坎山而埋之。又吾终尠兄弟，无他子孙，靖年幼少，未闲人事，但可三月施小床，设香水，尽卿兄弟相厚之情，即除之，无益之事勿为也。"

他勤勤恳恳办事，渐渐得到了萧映的看重。萧映从吴兴郡长官升任广州（今广东）军团长兼州长官（刺史），陈霸先的地位也就随之攀升。在广州，他当上了萧映的中直兵参军。这是军团长身边的参谋兼队长职位，他于是受命募集千人左右的部队，作为队长指挥自己的直属兵士，在广州和越南北部接连立下军功。

陈霸先麾下的部队日渐壮大，不久后便兼任了高要县（今广东省肇庆市）的长官。至549年，向暗杀萧映并夺其军团长地位的元景仲[1]发起进攻，迫使其自杀后，迎入新的军团长萧勃，这显示了他的实力。

549年，正是侯景成功控制了中央的那一年。如前所述，奔赴首都勤王的梁帝国军队，不过是群龙无首的乌合之众。司令官的命令无法彻底下达，率领各部队的实权人物也各怀鬼胎，一盘散沙。侯景之所以能仅以少数兵力就使得梁帝国土崩瓦解，可以说一大原因就在于此。

帝国军队的内部情况导致了这种离心作用，这一点，就连距离中央山长水远的广州也是一样。军队司令官元景仲和萧勃都已经受制于身为部下的陈霸先了。

掌控了广州军府实权的陈霸先，最终平定了今广东北部大庾岭南麓始兴地区的动乱，获得了当地土豪的拥戴，同时成功将流窜到此的盗伙招抚进自己的军队。550年，他为了讨伐盘踞首都

---

1 《梁书》卷三九《元景仲传》："侯景作乱，以景仲元氏之族，遣信诱之，许奉为主。景仲乃举兵，将下应景。会西江督护陈霸先与成州刺史王怀明等起兵攻之，霸先徇其众曰：'朝廷以元景仲与贼连从，谋危社稷，今使曲江公勃为刺史，镇抚此州。'众闻之，皆弃甲而散，景仲乃自缢而死。"《南史》卷五二《梁宗室传》亦仅言萧映为广州刺史，卒官，未见景仲暗杀萧映事，作者所言未知何据，似误。

陈武帝陈霸先像　出自《历代古人像赞》

建康的侯景而从始兴发兵，此时组成其军队核心的，就是这些始兴土豪和盗伙。

陈霸先军推进到今广东省与江西省接壤的大庾岭附近，却遭到周边各种势力的扰乱，行军受阻。这是由于梁帝国的统一局面崩溃以后，和陈霸先同性质的势力在各地纷纷兴起，基于各自的利害打算而行动。陈霸先打倒这些势力，沿赣江而下，经过今南昌到达到连接着鄱阳湖和长江的九江。这已经是552年的事情了。

正在这时，手握当时最强大军团的萧绎，也命其部将王僧辩为主帅，率军沿长江而下讨伐侯景。陈霸先在九江和王僧辩军结盟，于552年携手讨平侯景，夺回了建康。这一年，萧绎在江陵即帝位，为元帝，但西魏趁其军队主力尚在王僧辩指挥下滞留于建康之机，于554年起大军进攻江陵，元帝在绝望中死去，聚集在江陵的梁朝贵族也几乎都被俘到北方。这些情况，前文已经叙述过了。

陈朝成立

自552年夺回建康以后，陈霸先等就和王僧辩军一同驻留在建康。王僧辩是元帝直属的部将，其军团又是元帝麾下最强大的主力，因此建康的主角不管怎么说也只能是王僧辩，陈霸先不得不甘当配角。然而，554年江陵失陷、元帝被西魏军所杀之后，建康就面临了以帝位继承为焦点的棘手问题。这是北朝势力大规模向江南施压的结果。

以侯景之乱为开端的江南大混乱，成为北朝诸势力向南方扩张的绝好时机。554年西魏大军攻陷江陵就是典型的表现。在此之后，西魏——不久之后就于557年被宇文氏的北周取代——势力就推进到了长江中游北岸。元帝的侄子萧詧与西魏结交，这已见前述，而在西魏攻陷江陵之后，萧詧就作为梁朝的继承人，在此建立了傀儡政权，史称西梁，到587年被隋文帝攻灭为止，延续了三十余年的命脉。但实际上西魏—北周军制压着江陵，西梁

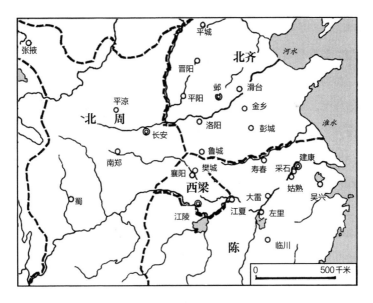

南北朝末年形势（6世纪70年代）

不过就是个牵线木偶而已。而长江下游的情形也是一样，北齐的压力正在重重袭来。

江陵陷落，元帝被杀之后，王僧辩与陈霸先一同拥立元帝第九子萧方智。555年，年仅十三岁的萧方智在建康即位，史称敬帝。然而就在此时，北齐对王僧辩施加军事压力，要求将其俘获的梁朝宗室萧渊明迎立为梁帝。如前文所述，萧渊明是梁武帝的侄子，最初侯景从东魏叛逃至梁时，他是武帝为支援侯景、征伐东魏而派出的梁朝北伐军总司令。然而北伐失败，他被东魏俘获，550年北齐取代东魏，他也就留在了北齐。

王僧辩拒绝了这一要求。北齐军遂拥萧渊明南下，击溃王僧辩麾下的兵力，抵达长江北岸。王僧辩最终被压力屈服，迎立萧渊明为梁朝皇帝，但提出条件，要求仅能放千名兵卒护卫萧渊明南渡长江，其余北齐军都须驻扎在江北，并以目前已立的敬帝萧方智为新皇帝萧渊明的皇太子。

然而，屯驻在首都建康东面京口的陈霸先反对王僧辩这种软弱的外交。这时恰逢收到北齐军大举南下的情报，陈霸先受命筹备防御，遂与麾下军队一同奔赴建康，果断发动夜袭，诛杀王僧辩。他随即转而采取强硬路线，废黜萧渊明，再次拥立敬帝萧方智，就此统合全军，手握总指挥权。

陈霸先的这一举措，理所当然诱发了北齐军强烈的敌对行动。此外，与王僧辩关系深厚的诸将军也都陆续叛离，有些与北齐军互通消息，有些则在太湖南岸或建康上游举起反旗。陈霸先的统治势力所及，只是以建康为中心的极其有限的地域而已。

在这种艰难的状况中，陈霸先及其部属真是施展出了三头六臂的功夫，不但多次击退入侵的北齐军，还最终成功镇压了长江三角洲的叛乱。于是到557年，陈霸先终于接受敬帝禅让，自己登上了帝位，国号为陈，世称为陈武帝。

新兴的实力者们

陈武帝在位仅仅两年，便于559年死去。其后，武帝兄长之子，与他一同筚路蓝缕艰苦创业、缔造了陈国的陈蒨继位，即文帝（559—566年在位）。文帝在位期间，江南总算恢复了安定的气运。

这时，在江南林立的无数军事首脑当中，今湖南省的实力军阀王琳原本是梁元帝的家僮。王琳拥戴劫后余生的梁宗室萧庄，与篡夺梁室的陈军对峙，而其军队中多有群盗。这充分反映出在梁代社会矛盾中产生的强盗团伙，占据了这一时期军队中的主流。我们上一章中引用过的史家何之元，就曾经是王琳属下的文官。

王琳为了抵抗陈军，遂向北齐求援。被派到北齐出使的就是何之元。然而就在第二年，也就是560年，王琳与陈军交战，大败亏输，与萧庄一同亡命至北齐寻求保护。已将年登六十的何之元，自此亡命北齐十余年。其间他进行了深刻的反省：为何如此辉煌的萧梁黄金时代，竟不可避免地陷入这般无止境的混乱之中？于是，他开始撰写记录有梁一代历史的《梁典》，前文所引用过的段落，就是这部著作残存内容中的一部分。

事实上正如何之元所批评的，梁末已经"国有累卵之忧"，因为在江南各地蜂起的无数盗贼团伙，以及穷乡僻壤的无名土豪势力成为军队的主要构成元素，各怀私利，一盘散沙。梁帝国崩溃后那无止境的混乱期，正是这些集团的首脑从下等人跃升为新强人的下克上时代。以陈霸先为首，支撑着陈朝建设的诸将军都是这类人。而与他们对抗的包括今湖南的王琳、江西东部的周迪、浙江南部的留异、福建的陈宝应等，也无不是同类的人物。

并且，有必要注意到的是，支撑着陈霸先军团的人物，以远离都城的今广东省始兴地区的土豪，以及流窜到当地的盗贼团伙为核心。不但始兴地区是遥远的穷乡僻壤，连上述周迪等人所割据的今江西省东部、浙江省南部和福建省等，也都无非是江南的落后地区。这是因为在梁末陈初二十年间的大混乱中，长江流域先进地带的货币经济圈遭受了严重的创伤，以此地为根基的王侯贵族们丧失了实力。而与之相对，腹地的实力就相对高涨起来了。

以周迪为首的各种腹地势力，在漫长的乱世中，也逐渐开始努力重建自己的地盘。和相互争斗的时候比起来，安定的气运正在孕育之中。这是因为，势压长江北岸的北朝两大势力——北齐、北周两国相互牵制，已无余力向南发展。这诚然是江南之幸。

在这种情形底下，陈朝控制着长江三角洲，讨平了湖南的王琳，其后逐次整合江南各地势力，击破周迪、留异，564年又剿灭了福建的陈宝应。自此以后，陈朝总算成功统一江南全境，恢复了安定。

南朝文化的余晖

如上所见，陈朝政权乃是一班乡野武士的乌合之众，以出身广东省北部地盘的实力人物为核心，合并各地的实力人物而形成。在行政运作上，虽然也有徐陵这样经历过梁代的文臣参与；但时到如今，以往被蔑称为"寒人"的下等人已经耀武扬威起来了。他们担任中书舍人这一低品官职，却负责起草诏敕，也就是制定当时的法律，手握国政大柄。徐陵等所据有的尚书省，也就是当时的内阁，却只能依照中书舍人的制诏而行动，日渐成为单纯的执行机关。

如是，就连徐陵这样的中坚文臣阶层，都被占据舍人省的寒人阶层所压制，更何况劫后余生的少数贵族呢？他们能扮演的角色，就像日本武家时代的京都公卿一样，只不过是插着文化之花的装饰品而已。从梁末到陈初，6世纪中叶十数年的大动乱，已深刻改变了江南的社会构造。

大动乱以及兵临长江北岸的北方势力，迫使江南的商业活动大为收缩。不过在陈朝治下的短暂和平中，江南三角洲的生产力和商业活动仍在逐步恢复。宣帝（569—582年在位）时期的6世纪70年代，陈国进攻北齐，一时间夺回了江北淮南之地，显示出其国力，可惜这只是刹那光辉。577年北周就攻灭北齐，统一华北。581年，隋取北周而代之，大军已势压长江北岸，陈国的命运已如同风中之烛，任谁都能一眼看出。后主陈叔宝时那种追求刹那欢愉的宫廷文化，就在这危亡之秋，为南朝文化抹上了最后的绚烂余晖。

陈后主于582年即位，不久便在宫中兴建了临春阁、结绮阁、望仙阁三座壮丽的宫殿，据称阁高数丈，并广数十间，其窗牖、壁带、悬楣、栏槛之类，都截断旃檀香木为材，大量使用金银珠玉及翡翠等为装饰，其香气随微风弥漫至一千米之外，每当朝日初照便光辉灿烂无比。连接宫殿的回廊之下，佳泉、珍树、奇花绕庭绵延。后主自居临春阁，与宠妃张贵妃所居的结绮阁，孔贵嫔、龚贵嫔所居的望仙阁相互往来。

在欢饮达旦的酒宴上，这些宠姬自不待言，以大臣江总为首的文士也被招请预宴，诗赋赠答。其中最为婉丽之诗则配以乐曲，由美丽的侍女合唱，以助酒兴。《玉树后庭花》就是其中赞美张贵妃容色的一曲。

后主沉溺于这样的酒宴，荒怠政务。据说百官有所上奏、申请裁断之际，唯有通过宦官之手，而后主抱张贵妃于膝上听宦官转达。纲纪紊乱、政治被阿谀奉承之徒操控，贿赂公行，陈朝已经陷入不可收拾的境况。

南朝灭亡

这时长江中游北岸，西魏以来作为北朝的傀儡政权而延续下来的西梁国主萧琮，于587年被召至隋朝首都长安安置，其国最终被隋朝吞并。长江北岸已经完全落入隋帝国手中，下游的陈朝首都建康对岸自不必说，连远至今四川省的上游，都已处在隋朝讨伐陈国的大军布阵之下。被任命为讨伐军总司令的，就是后来的隋炀帝，当时的晋王杨广。隋朝入侵的架势已经如此一目了然，而有识之士也已经进谏应对此采取必要的应对措施，然而陈后主和他那些亲佞小人却已堕落到无能力采取适宜对策的颓废状态当中。

以开皇九年（589）元旦为期，隋军同时开始渡江作战。群龙无首的陈军转眼间就被击溃，仅仅过了二十天，宫城便告陷落，后主和贵妃们被捕时正躲在宫中的井底下。正月二十二日，总司令晋王杨广进入建康，以陈朝旧宫为司令部，江南各地的旧陈军也都陆续降伏或溃败在压倒性的隋军兵势下。于是当年三月，晋王杨广押送着后主以下的陈朝王公百官离开建康，凯旋首都长安。南朝的结局，是柔弱的江南罂粟花被采送北方而去。

陈朝在6世纪中叶长达十余年之久的江南大混乱之后，才总算建成了国家，不问可知，它已经无法拥有昔日的南朝国家尤其是全盛期的梁朝那样的国力。尽管如此，陈朝如此轻而易举就被隋帝国所灭，仍然是由于其未能充分集结江南社会的各方势力——也许更应该说，是由于它所处的形势本身就难以集结各方力量。而这又是怎么一回事呢？

如前所见，6世纪中叶的大混乱，本质上就是巨大的下克上现象，而其主要原因之一就在于货币经济的发展。贵族势力因此消亡殆尽，好不容易才从混乱中劫后余生的贵族，在陈朝唯一的生存价值就是充当壁花氅炉般的摆设而已。就连徐陵、江总等中坚文臣阶层，也在动乱中变得薄弱了。新社会的实力人物，是成功地把各地的恶棍盗贼团伙纠合起来的人物，以及草根乡野的土豪们。和六朝初期3世纪时的江南也就是三国吴时代一样，陈朝军队中不乏父传子、兄传弟的世袭之例。实力人物的自主小集团林立，是很普遍的情形。

陈朝大体上还算是成功收拾了这种分裂局面。然而，它是否真的有能力控制住这林林总总的社会集团呢？这仍然是个问题。像曾经的东吴那样，人格性的主从关系强有力地约束着人们观念的时代，早已成为遥远的过去。经历过货币经济发展之后，人们已经惯于逐利而动。在陈朝治下，江南三角洲地区的商业活动迅速复兴，这无疑再次带动了这种潮流。要整合动不动就七零八落各自为政的社会，并不是容易的事情。

从大的方面来看，陈朝在这一点上可以说最终没能成功。拿日本史来说的话，这就好比是应仁之乱后，下克上风潮依然延续不绝的织丰时代。不妨认为，对国内势力的整合不充分，就是造成陈朝脆弱性的最大原因。

江南的财富与文化

不管是江南的财富也好文化也好，与大动乱之前的梁朝鼎盛时期相比，局促于长江以南的陈朝应该都要贫弱得多。然而尽管如此，以江南文化传统和仅有的财富为背景而纤柔绽放的陈代宫廷文化，已经足以魅惑从北方而来的征服者——后来的隋炀帝了。众所周知，他在即帝位后，开凿了从洛阳通到扬州、再到杭州的大运河，于扬州兴建离宫，最后还死于此地。遗臭万年的隋炀帝，到头来是一个沉溺在江南赤罂粟的魅惑中无法自拔的男人。

开凿大运河这一伟大事业，恐怕绝非如流俗所传，只是为了满足炀帝的游兴。他并不是这样的蠢材。大运河在中国日后的经济中扮演了重要的角色，成为吸取江南财富的巨大水泵——这是在接下来的唐代以后被反复提起的问题了。

不过，水泵的功能并不是到唐代才开始见效的。可以这样认为，大运河从一开始就是将水泵效果计算在内而建设的。魅惑了炀帝的并不仅仅是赤罂粟般的江南文化，毫无疑问还有它的富饶。

本书从第五章开始就一直在阐述，3世纪以来的江南开发及其社会发展进度是惊人显著的。这所带来的货币经济的繁盛，以梁朝的鼎盛期为顶点，达到了比一般印象还要高得多的经济水平。在当时，甚至已经可以看到使封建性中世社会崩溃的现象出现。假定说没有来自北方的武力压迫，仅由江南自身的历史纯粹发展的话，甚至可以想象有着跳过隋唐三百年历史，早早跃进到10世纪阶段的可能性。

然而现实中，隋唐帝国的分量却沉重地压到了江南的肩上。江南的剩余生产力总是通过大运河这一渠道而遭到压榨，江南自身的发展因而受损。尽管如此，它仍然扛住了身上的沉重负担，在唐代中叶以后再度开始发展；我们绝不应当忘记，它的这种潜力正是从4世纪以来的江南开发中孕育出来的。

接下来，我们应该要把目光投向北朝各国了——是它们给经历过这样独立发展过程的江南施加了巨大的压力。在那里，有着从4世纪的五胡十六国大动乱时期开始就踏上苦难的道路，时常吸收着南朝繁荣的华夏文明，逐步形成的胡汉混合文明的历史。从中诞生出来的隋帝国，以及紧随其后的唐朝，担当了下一个时代的主角。将历史朝这一巨大的隋唐帝国推动的能量是如何形成的呢？这就是接下来的课题了。现在首先来看一看各异族国家在4世纪的建国历程。

第九章　异民族各国的形成

——4 世纪的华北

一 匈奴系统各国

匈奴族自立及其原因

我们在第二章中已经看到，原本雄飞于漠北干草原地带的匈奴族之一部迁徙至长城一线内侧，更进而南下至今山西省各地的历史过程。如彼所见，这批所谓的南匈奴，最初拥戴出自统治部族屠各种之挛鞮氏的单于为首领，从东汉帝国的统治中脱离出来，形成了半独立的部族联盟。但单于的权威日渐失坠，部族联盟从内部崩溃。在东汉末的大乱中，於扶罗单于之所以要滞留在今山西省南部的平阳，实际上也是由于构成匈奴核心的各部族不接受他进入原来的单于大本营（今山西省离石），才不得已而为之。

其后曹操控制了今山西省，将已内部崩溃的匈奴诸部落按地域分割为左、右、南、北、中五部来进行统治。各部分别由数千至万许"落"组成，从中选出"帅"（晋代改称"都尉"）来统率。然而这并不等于认可了匈奴人的自治。在"帅"的侧近还要置汉人"司马"来监视，并且今山西省的长官（并州刺史）还兼着"使匈奴中郎将"一职，负有监督五部全体的职能。在自魏至西晋的3世纪中，匈奴诸部落都被置于这种五部分割统治的体制之下。

匈奴关系略年表

前318年	韩、魏、赵等引匈奴攻秦
约前280年	匈奴始活跃
前215年	秦蒙恬伐匈奴，始筑长城
前209—174年	冒顿单于时期
前201—128年	屡侵汉朝山西北部以下
前200年	平城之战（汉高祖败于匈奴）
前139—126年	汉张骞出使西域
前127年	武帝始击匈奴
前121年	霍去病伐匈奴
前58—31年	呼韩邪单于时期，与汉朝和平相处
前57年	匈奴五单于分立相争
前33年	王昭君和婚匈奴呼韩邪单于
10年	乘中国内乱，夺其属国车师，入侵中国
48年	南北分裂
50年	南匈奴为北匈奴所击，内徙西河郡
52年	北匈奴与东汉和约
73年	东汉窦固逐北匈奴至天山
91年	北匈奴败于汉朝，徙往乌孙之地，自此鲜卑入北匈奴故地
158年	北匈奴西徙（据说4世纪末见于欧洲之匈族与其有关）
166年	鲜卑首领檀石槐悉收北匈奴故地，统一蒙古高原
216年	南匈奴呼厨泉单于朝魏，被留于邺都
290年	刘渊为匈奴五部大都督
304年	刘渊称大单于，复称汉王。自此进入五胡十六国时代，匈奴扮演重要角色
310年	刘渊死，子刘聪继位
318年	刘聪死，统治权分裂，刘曜建立前赵，称赵皇帝
319年	石勒（为南匈奴别部之羯族）建立后赵，称赵王
397年	沮渠蒙逊（出于匈奴）夺北凉国位
407年	赫连勃勃（出于匈奴）建立夏国

这种形态不外乎是单于的权威失落，最终变得徒有虚名的表现。伴随着这一过程，匈奴族的部族联盟体制，和这种体制所保障的匈奴人固有的部落生活，都在汉人的统治强化下开始急速解体。过去在部落联合中享受着自由身份的匈奴人，随着与汉人的经济关系深化，大量沦落为奴隶或佃农。典型的例子，可以从号称"匈奴别种"[1]的羯族人石勒身上看到。

石勒出身于今山西省的羯室，诞生在当地羯族族长的家中，据说青年时期就经常代替父亲处理族长事务，是深受人们信赖的人物。然而，即使是族长之家，生计也绝说不上宽裕。他在十四岁时就随同乡——想必是汉人——前往洛阳经商，这表明其与汉人之间有着密切的经济关系。但是，他也受到汉人的侮蔑轻视，其中只有郭敬、宁驱二人日常给予他经济上的慷慨援助，所以石勒也感恩图报，为其耕种土地。无论是否出于恩义，这种经济上的保护、效劳关系，会逐渐产生固定化的农业雇佣关系，是不言而喻的。

后来到302—303年前后，今山西省发生了饥荒。石勒与同族的胡人从乡里逃了出来，但不久就依附宁驱返回。当时北部都尉刘监正在追捕贩卖流亡的胡人，石勒因宁驱的掩护而得以幸免，但最终还是成为今山西省长官强制性人身买卖政策的对象，与许多胡人一同，两人一枷，卖给了今山东省人师欢为奴。

4世纪初的饥荒，就这样普遍摧毁了包含羯族人在内的匈奴

---

1 原文如此。《晋书》卷一〇四《石勒载记》："石勒字世龙，初名㔨，上党武乡羯人也。其先匈奴别部羌渠之胄。"唐长孺《魏晋杂胡考》（三）"羯胡"条认为"当时称为别部，本来表示其非一族"。

部落生活，将其中的许多人都推入奴隶生涯当中。事实上这时太原建立了奴隶市场，其供给来源无疑就是以太原为中心居于今山西省的匈奴人。然而，这不过是3世纪——不，应该是从那之前就开始了的匈奴族丧失自主性，以及随之出现的生活贫困化现象的终点罢了。

五胡十六国开幕：刘汉建国

面对着匈奴族的这种苦境，以及现如今作为弱小民族受到汉人歧视的状况，匈奴人会有所行动，努力恢复独立自主，也就是理所当然的了。尽管他们被分割成五部来统治，但汉人政府之所以要设立"五部"这种有别于普通郡县的特别行政区，本身就证明匈奴族固有的部落生活并没有被彻底否定。在他们当中，还残存着再度团结的潜力。

於扶罗单于之子刘豹，在五部分割后任左部帅。单于家族之所以称为刘氏，是因为其曾在汉代与帝室刘氏通婚，故取母系之姓为其中国式的称呼。刘豹之子刘渊，在父亲死后继位为左部帅，进而于3世纪80年代末被任命为北部都尉。《晋书》称其"明刑法，禁奸邪，轻财好施，推诚接物，五部俊杰无不至者"[1]，威望已超越左部、北部之类的边界而扩及于五部全体。在他之后继任北部都尉的刘监，大约是为了私欲自肥而追捕贩卖流亡中的同族，这种匈奴族内部的分裂现象，反过来无疑又进一步强化了刘渊这样的人物备受瞩目的氛围。

---

1 《晋书》卷一〇一《刘元海载记》。

这时候，晋朝处在昏庸的惠帝统治下，已经开始发生帝室之间纷乱争斗的事态。这就是所谓的"八王之乱"。八王之一的成都王颖，将刘渊署为属下的将军，带到自己的根据地邺城，企图引匈奴的军事力量为助力。另一方面，在今山西省的匈奴五部中，刘渊的从祖刘宣断定，迄今一直被汉人歧视为弱小族群的匈奴如今总算等到了恢复匈奴独立自主的良机，

山西太原周边地图

于是秘密奉刘渊为大单于，图谋策划匈奴族独立。刘宣将单于家族的姻亲，匈奴贵族呼延攸送往邺城，告知刘渊他的计划。

刘渊假称要参加葬礼，向成都王提出归国请求，但未被允许。他于是命呼延攸先返回，让刘宣等以响应成都王为名，召集匈奴五部。正好在304年，今河北省北部的王浚得到鲜卑族支援，南下击破成都王，成都王不得不拥惠帝败退至洛阳。为了对抗王浚的鲜卑兵及其他敌对势力，刘渊这时总算获得成都王许可，归国统率匈奴五部兵。

于是刘渊在刘宣等匈奴贵族拥戴之下，首先称大单于号，掌握了集结于今山西省离石的匈奴兵五万之众。接下来，就在同年（304）十月，他便按照刘宣等的计划，即汉王位，宣布独立（永

安元年）。国号称汉，是标榜作为汉王朝的姻亲，继承了刘汉的血脉，要打倒当今的晋王朝，复兴汉帝国。自丞相刘宣以下，模仿汉朝的百官形式设置了中央政府。

304年，匈奴族刘氏的汉国成立；同一年，氐族李氏也在今四川省建立了成国，两者互相映照，成为宣告各异族在中国内地建国，亦即所谓五胡十六国时代开幕的重大事件。这是迁入中国内地的异族独立运动的开端，然而已不是那些塞外异族国家的翻版重现。就像匈奴族的刘氏以复兴汉帝国为标榜一样，他们既然在中原建国，就必然肩负着建设包括胡族、汉族两个世界在内的普遍性国家的命运。然而这条道路并不轻松。那之后的华北，为此展开了漫长艰苦的摸索过程。

汉至前赵

展开了民族独立行动的刘渊，随即将今山西省南部一带都纳入势力范围，于308年在平阳（今山西省临汾市）即帝位。在此期间，石勒也从奴隶身份中解放出来，趁着八王相争的大乱之机当了马贼，与十八骑党羽一同逐步扩充实力，辗转投靠成都王颖周边的各种势力，但最终失败，归属于刘渊。

刘渊命石勒及同样从今山东省举兵归降的汉人王弥经略东方，其势力以今山西省南部为中心，扩展到了今河北省、河南省。然而在310年，刘渊创业未半而中道病死了。

刘渊死后，其子刘和继承了帝位，但却发生兄弟相争，位居大司马、大单于之位的弟弟刘聪弑兄登上帝位，将大单于的位置任命给刘聪之弟刘乂，并且封其为皇太弟，成为刘聪的继承人。

刘聪以其子刘粲、族人刘曜，以及王弥、石勒等为将，攻略今河南省各地，兵指晋都洛阳。而晋朝方面，虽然危机已经迫在眉睫，怀帝和东海王越之间却又生了嫌隙。于是司马越离开洛阳，跟随他的晋朝高官及将士在他死后由贵族王衍率领，在来到今河南省鹿邑县西南的宁平城时，被石勒军包围，全军覆没，王公以下被杀者十余万人。这是永嘉五年（311）四月的事情。

另一方面，首都洛阳于当年六月，被刘曜、王弥联军攻陷，宫殿民宅化为灰烬，王公以下死者三万余人，怀帝被俘至平阳，于313年被杀。这就是史称的"永嘉之乱"。

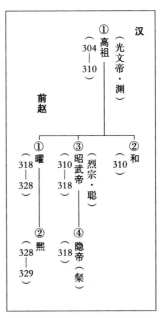

汉（前赵、刘氏）世系图

刘曜等复于311年攻陷长安，不过两年后就被晋军夺回，秦王邺一时继承了西晋帝位，是为愍帝。然而到316年，刘曜再次攻下长安，愍帝以下晋朝文武百官被俘，西晋至此彻底灭亡。

刘氏的汉国自此控制了洛阳至关中一带，并且石勒等还在东方扩大势力范围。不过石勒等人虽然在名义上归附汉国，但如下文所见，他本质上是一股独立势力，因此汉国的势力范围只是以今山西南部为中心，又新扩展到河南省的一部分，以及陕西省的关中地区而已。

这个时候，平阳的刘聪朝廷已开始出现政治混乱。刘聪大兴土木，强行营建远超国力所及的宫殿，扩张后宫规模，外戚、宦官的权力随之不断膨胀，不肯与之同流合污的朝臣纷纷遭到压迫杀害。外戚、宦官还唆使刘聪之子刘粲，于317年诛灭皇太弟刘乂一派，刘粲当上了皇太子。

前赵光初元年（318）七月，刘聪死去，刘粲即位。于是外戚靳氏和宦官完全掌控了权力，帝室刘氏纷纷被诛，最后连皇帝刘粲都被杀死，外戚靳准篡夺了政权。靳氏和刘氏一样，都是属于屠各种的匈奴贵族。

虽然长安的刘曜和东方的石勒都迅速对这场政变做出反应，分头举兵进逼首都平阳，不过汉国群臣则选择了投奔刘曜，推戴他为皇帝。

当年十月，刘曜在长安即位，次年改国号为赵。"汉"这一国号本是考虑到汉民族的意向，标榜打倒晋朝的口号；而现在西晋既已灭亡，这层含义就已淡化，刘曜的赵国转而清晰表明其乃北族之国了。事实上接下来，在东方形成独立势力的石勒也于319年即赵王位，因此我们一般将刘曜之国称为前赵，而石勒一方则称为后赵，以示区别。

石氏后赵称霸河北

石勒在归附刘汉之后，将乌丸族张氏所率兵力统合到自己麾下，在汉国的名义下，以今河北省南部为中心扩张版图。不过其兵力早在309年便已多达十余万，他将今河北省南部一带残存的汉族知识人集合起来，设置"君子营"，从中提拔张宾为参谋。

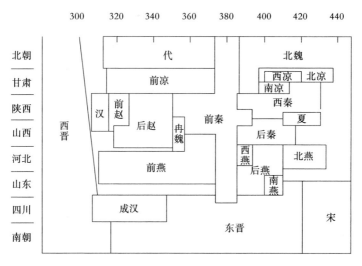

五胡十六国兴亡表

中国学者范文澜对此的评价是："石勒的善战加上张宾这群人的智谋，在当时成为一股无敌的力量。"[1]

如前所见，石勒于311年相继摧毁了东海王越、王衍等西晋中枢，又杀死其强敌、东方的汉人独立势力王弥，兼并了他的军队。在当时的华北，还有今河北省北部的王浚、山西省中部的刘琨等晋朝遗臣的势力，但石勒先后于314年、318年粉碎了王浚和刘琨的势力，华北残存的西晋势力一扫而空。接下来就在同一年，汉国爆发了政变，石勒遂率兵进逼首都平阳。

这个时候，虽然汉国的朝臣多数投奔了同为刘氏一族的刘曜，但羯族当然归属石勒，被徙至平阳的氐族、羌族等民众基本

1　见范文澜、蔡美彪主编《中国通史》，第二编第四章第四节。

上也都降伏于石勒。石勒将他们强制迁移到其根据地襄国（今河北省邢台市），占领了平阳，于是今山西省南部的旧汉国中枢地带都被石勒纳入了版图。石勒于翌年（319）自称赵王，建立后赵。以这次汉国政变的善后处理为焦点，华北自此进入刘曜前赵与石勒后赵相对抗的局面，不过石勒在实力上已遥遥领先。

如是到322年前后，石勒已大致平定今河北省、河南省、山东省、山西省，以及辽西一带。328年，刘曜以夺回洛阳为目标出击，却兵败身死。329年，石勒灭前赵，将今陕西省收入囊中；330年首称"天王"，随后即皇帝位。后赵的统治疆域，除了以河西走廊地区为中心的汉人独立政权前凉之外，基本上覆盖了华北全境；而与之相对，长江流域则包括今四川省的氐族成汉国和淮水以南的东晋。南北大对峙的形势，至此初步形成了。

在石勒的华北平定事业中，最为活跃的左臂右膀，就是石勒的从子石虎，其所率军队所向无敌。石勒即赵王、大单于位，石虎也随即被任命为单于元辅，委以重任。

建立单于制度的一个目的，在于将各地的羯人统合为国家军队的中坚分子，由石虎为首的石勒子弟分别统属，谋求重建以石氏为核心的部族联盟／战士共同体。而以羯族为中心的异族，毫无疑问是后赵国倚为后盾的军事基础所在。

后赵严禁汉人将这些异民族蔑称为"胡"，对羯人必须称为"国人"。这不外乎是曾亲身遭受汉人侮蔑的石勒等人现如今手握实权、君临华北以后，为抬升自己这些异族的地位而实施的政策。在这种风潮之下，这回反过来出现了大量羯人对汉人施暴的事件。

不过，既然是以华北为中心建国，石勒深知仅凭自己一族是统治不了中原的。证据就是前面已经说过的，他早就设置了君子营，将汉族读书人吸收到自己帐下。在以张宾为首的汉人士大夫协助下，石勒制定律令，照搬九品官人法设置了官僚的擢用、监察制度，又于首都襄国立太学，郡各置学官，整顿了学校制度，并且严禁胡族侮辱汉人士大夫，保障士人权威。如是，他将汉人置于政治中枢，利用其力量，这也进一步成为后赵得以称霸华北的重要原因。

宗室性军事封建制

石勒即帝位后仅仅三年，便于333年死去。继承帝位的是石勒的皇太子石弘。但实权人物石虎随即压制石弘一派，夺取丞相、大单于之位，于次年杀死石弘，完全掌握了大权。

石虎登上"天王"之位。虽然在349年临死前即皇帝位，但他的统治几乎都是以"天王"名义进行的。所谓天王，原本是在实行封建制度的上古时期，用于表述周王地位的用语。石虎自拟周王而称天王，这可以解释为承认当时的君主乃是在某种军事性封建制的前提下成立的。

下面，我们就来说明这种军事性封建制的内容。如前所述，后赵国的军事基础在于以羯族为中心的胡族部族联盟／战士共同体。这一点在刘氏的汉—前赵国也是一样的。在刘汉全盛期的314年，皇帝刘聪整备国家体制，以下面两条系统的行政方式来统治今山西南部的中枢地带：

（1）置左右司隶，各领二十余万户。每一万户置一内史，合置四十三名[1]内史。

（2）置单于左右辅，各统领六夷（五胡再加巴蛮）十万落，每一万落置一都尉。

上面的（1）是领户制，以汉人为对象；（2）是统辖六夷也就是非汉族的部落制，也就是以所谓胡汉二重体制来分别进行统治。而统治系统（2）的最高领导是大单于，以左右辅为直接的执政官，统率六夷亦即胡族多达二十万落。这些部落的非汉族人就是国家军队的主要成员。

前赵刘曜亦以太子刘胤为大单于，左右贤王以下的诸王皆以"胡羯、鲜卑、氐、羌豪杰"[2]为之。后赵也是一样，在大单于石勒之下，最初大约是由单于元辅石虎负责实际统辖胡族；当权力被移交到皇太子石弘手中时，石虎心怀怨忿，遂于石勒死后杀皇太子，称天王，掌握了实权。

由单于以及左右贤王以下诸王统治的这种部落统领制，乃是将过去塞外游牧民族建立的匈奴国家体制引入中国内地的产物，这正显示出了汉、前赵、后赵诸国复兴匈奴国家的姿态。

然而，要原封不动地照搬塞外时代的体制，已经是行不通的了。在过去的匈奴世界，诸王各自统率他们的部族，单于也在直辖其自身部族的同时掌握整个匈奴世界的最高统领权。诸王多半出于单于同族，或者是缔结姻亲关系的异姓。单于和诸王相互联结的纽带完全以血缘关系为基础。而如今的情形却不见得仍然如

1　文库本误印作"十三人"，此据1974年版校正。
2　原书标点如此。中华书局点校本《晋书》卷一〇三《刘曜载记》："置左右贤王已下，皆以胡、羯、鲜卑、氐、羌豪桀为之。""胡、羯"分断。

此了。

首先，在中国内地重建的匈奴国家，最高首长已经不再是大单于，而是中国式的皇帝。大单于虽然是仅次于皇帝的实权人物，但对皇帝而言毕竟是臣子。其次，如刘曜的情形可见，他虽然以"胡羯、鲜卑、氐、羌豪杰"为左贤王以下诸王，但这些诸王却已经并非匈奴族属各种的同族或姻亲，而无非就是其他族群中的实力人物而已。诸王的地位及其性质都已改变，开始带有某种所谓封建性称号的意味。

不过，刘氏、石氏的宗室亦即王族，是在皇帝麾下，作为皇太子或诸王而带有中国式的将军号，各自手握军队。他们这些军队主要是由非汉族出身的人组成的。在以皇帝为中心的中国式官制下，就算大单于也只是作为这些行星般的宗室军队统帅当中最有力的一人而被编入其中而已。这种军事组织就被称为"宗室性军事封建制"。塞外匈奴国家那种以血缘纽带为基础的构造，与其说是通过大单于的行政体制，倒不如说是在套上了这种中国式官制外衣的军事组织当中获得了再生。

当匈奴族、羯族各自以部族性的结合为核心在中原建立国家时，以皇帝为中心、宗室诸王各自拥有强大军队的这种宗室性军事封建制是不可或缺的支柱。如果这种体制能够运作良好，一族便能齐心协力打倒强敌，发挥出足以让石勒平定华北那样的军事力量；然而只要一步走错，就会转化成同族间冷酷无情的权力斗争。如汉国皇帝刘和与大单于刘聪间的兄弟之争、刘聪之子刘粲和刘聪之弟大单于刘乂之间的争斗，还有后赵皇太子石弘与权臣石虎之间的争斗，原因都在于此。

像这样，宗室性军事封建制制约着皇帝权力，孕育着破坏稳定的隐患。并且，正是由于这种体制的不可或缺，才导致了必然会出现"天王"这种封建制性质的称呼。而在后赵国，这一体制的优势与弊端，都以极端的形态爆发了出来。

后赵灭亡

335年之后的十五年间，在大赵天王石虎的统治下，后赵称霸河北，进入了国运最为强盛的时代，威震四方；然而这同时也是后赵开始走向下坡路的时代。石虎一即位，就封儿子石邃为太子，委以国政，只有征伐、刑狱之事由自己全权负责。但他自恃国家繁荣强盛，便醉心游猎，大兴土木，更扩充后宫规模，征发民间妇女数万人，导致自缢而死者、杀其夫而夺之者、亡命流离者，所在多有。

大兴土木、扩充后宫的现象，在汉国刘聪身上也可以看到。这是君主为了夸示权威之举，而其背后则隐含着君权受宗室性军事封建制制约的事实。

实际上，太子石邃尽管已被委以国政，但其兄弟石宣、石韬却分别手握军队，父亲对他们也颇垂青眼，因此太子的地位并不是那么稳定。心怀不满的太子最终图谋弑父篡位，却尚未动手就事泄被杀。这是发生在337年的事情。从石虎即位定太子至此，不过两年而已。兄弟相争甚至会发展到对父亲心生杀意的地步，这就是宗室性军事封建制的弊端所在。

在这之后，石宣成为太子，石韬被任命为太尉（最高军事司令），二人隔日轮流处理国事。然而，他们却也像父亲一样耽于游猎，如一个小皇帝般怀抱女官，豢养宦官，日夜淫乐。如此一来，

政务实际上就落到了宦官手里。另
一方面，石宣、石韬兄弟间又互生
嫌隙，结果是太子石宣于348年杀
死了弟弟石韬，而其罪迹暴露之后，
宠爱石韬的石虎又诛杀了太子。

　　石虎重新以年仅十岁的石世为
太子，并于翌年（349）即皇帝位，
以此强化威权。但他就在这一年病
死了。石虎死后，后赵的宗室联盟
完全瓦解，在相互残杀当中，身为
石虎养子[1]的汉人石闵开始掌握兵
权。石闵心知在首都邺城胡族、汉

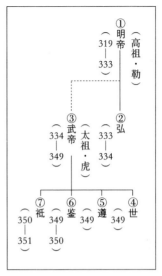

后赵石氏谱系图

族错综混杂的情形中，胡族最终是不会站在自己一边的，于是断
然对羯族实行了清洗式的大屠杀。如第二章中所述，这时的死亡
人数据说高达二十万以上。

冉闵的魏国

　　石闵于翌年（350）即皇帝位，国号魏，恢复其旧姓冉氏。
冉闵的胡族大屠杀理所当然引起了胡族的激烈抵抗。石虎的庶子
石祗占据襄国，称皇帝。羯族自不必说，下节将要谈到的鲜卑族
慕容部和羌族等非汉族也都与之联合。胡族与汉族的争乱无休无
止，被强制迁徙到以邺城为中心的冀州一带的数百万胡汉各族百

1　据《晋书》卷一〇七《石季龙载记下》，冉闵为石虎养孙。

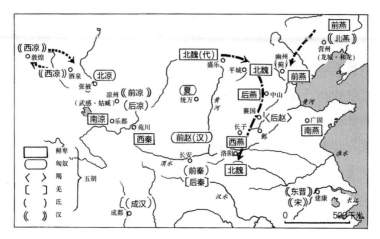

五胡十六国概要图

姓为了逃避战乱，开始回归故土，途中却又相互劫掠杀戮，饥饿病倒，能够回到故乡的，十停之中不过二三，死尸累累，田野荒废无人耕种。

冉闵力战杀死石祗，于352年攻下襄国，但不久便被进军而来的鲜卑慕容部军队所杀，魏国仅维持了三年便告灭亡。不过，魏国灭亡之际，其国的汉人大臣有自杀者，这是秦汉魏晋所未见的现象。范文澜氏已注意到，亡国之际自杀之举始于此时，正反映出当时汉族与非汉族间斗争的极度尖锐化。

如上所述，冉闵灭亡了石氏的后赵国，而其自身也在大乱当中灭亡。然而，灭亡后赵、招致大乱的真正原因并不在于冉闵，而在于后赵自身的体制，亦即宗室性军事封建制完全只是被当成了榨取中国财富的机关来运作，宗室诸王丧失了族群团结，各谋私利，彻底践踏政治伦理，无底线地堕落下去。他们导致了国家的解体，辜负了汉人的期待，结果才招来这场大乱。

中原的匈奴系统各国，于4世纪中叶就此消亡。匈奴族沮渠氏在河西走廊地区建立的北凉国，在第二章中已经稍有提及。同样是匈奴族的赫连勃勃也于5世纪在今陕西省建立了夏国，关于这个国家我们下面再谈。接下来，让我们看看继后赵灭亡之后称霸中原的，鲜卑慕容部的燕国。

二 鲜卑慕容部、氐、羌等各国

前燕国的成长

如前所言，奠定了燕国根基的人物，乃是慕容部的族长慕容廆。在西晋末期匈奴系民族的独立过程中，随着中原陷入大乱，汉人士大夫纷纷逃离避难。慕容廆接纳了他们，中国文化因而得以在辽河流域延续。这一点也已经谈到过了。不过，那时候他还未正式将自己的国家称为燕国。

慕容廆虽然于307年就已自称"鲜卑大单于"，但直到317—318年间东晋王朝成立之际，慕容廆与之结好，才被东晋授予大单于、昌黎公的封号。接着，他又于325年讨伐交结石勒的鲜卑同族宇文部，攻陷其大本营，随后屡次游说东晋，希望获授燕王之位。不过这一愿望尚未实现，慕容廆便于333年病死了。

继位的是其第三子慕容皝。当此世代更替之际，同样如上节所见匈奴系统各国一样，发生了兄弟相争的事件。慕容皝讨平反抗的弟兄，压制了支持他们的宇文氏等鲜卑各部，于337年即燕王位。燕国就此成立，不过东晋王朝对其加以承认则要到341年。

如下文所见，其后还出现了多个燕国，为了表示区别，我们通常将其称为前燕。

338年，慕容皝联合后赵石虎，夹攻粉碎了与之敌对的鲜卑段部，随即与后赵展开对决，其军势甚至进袭到了今河北省东北边界。他进而于342年讨伐高句丽，344年歼灭宿敌宇文部。前燕在这一系列的征服战争中开疆拓土，融合涌入的流民，人口增加了十倍之多。慕容皝迁都龙城（今辽宁省朝阳市），将国有土地开放给流民屯田，整顿学校制度，施行善政。于是前燕作为东北方的新兴国家，积蓄起了强大的力量。

348年，慕容皝去世，子慕容儁继位。而上一节中所述石虎死后，后赵国陷入大乱之事，就是发生在这之后的第二年。面对华北中原汉族、胡族混战相争，氐族、羌族等也各有异动的局势，在东北方养精蓄锐的燕国国力一举喷薄而出。350年，燕军二十万攻陷蓟（今北京市）后，立即将首都迁至此处，不久之后，便于352年斩杀冉闵，占领了自后赵以来的首都邺城。慕容儁于蓟即大燕皇帝位，前燕帝国就此诞生。

前燕一边击破后赵残存的各种势力，一边从今河南省入侵今山东省，于357年从蓟迁都至邺，大体上将华北东半部纳入疆域，更进而侵入了今山西省。

然而这时候，桓温指挥的东晋势力自南而至，已经夺回洛阳，拓展至黄河沿岸（参照第六章）。而西方则有氐族的前秦国勃兴，以今陕西省为中心，势力拓展到了今山西省。可以说，4世纪50年代到60年代的黄河流域，就处在从后赵国灭亡后的动乱中产生出来的各种势力被吸纳汇流进前燕、前秦、东晋三大势力中去的过程里。

前燕灭亡

　　前燕慕容儁首先计划进攻东晋，实施了大规模的征兵，但还未来得及落实，便于360年病死。其后由年方幼弱的第三子慕容暐继位，慕容儁之弟慕容恪辅之，担任国家军队最高指挥官。在慕容恪辅政的七年间，前燕发展到了鼎盛时期，压制东晋，收取洛阳以下的河南地带，未许前秦染指分毫。然而在慕容恪死后，慕容儁的叔父慕容评代而辅政。他与皇太后狼狈为奸，贿赂风行，朝政由此大乱。前燕的前程开始蒙上一层阴影。

　　369年，东晋桓温再度北伐，屡破燕军，直抵黄河渡口枋头（今河南省浚县西南）。前燕朝廷仓皇失措，一面向前秦求援，一面打算逃回旧都龙城。幸而勇将慕容垂（慕容恪之弟）阻止此举，与晋军对阵，大败桓温，挽救了前燕的危机。

　　慕容垂在兄长慕容恪去世后，已是前燕最倚重的中流砥柱。然而，随着其威名日盛，首辅慕容评的猜忌之心也日益加深，终于图谋将其诛杀。慕

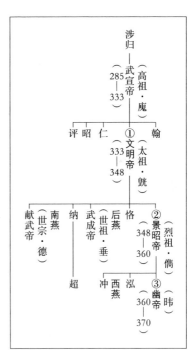

前燕慕容氏谱系图

容垂逃亡到前秦，受到前秦的热烈欢迎。因为这对前燕来说等于是自毁长城，而反过来，前燕的国政紊乱，对一直伺机攻略前燕的前秦来说，正是求之不得的天赐良机。

370年，前秦终于展开对前燕的攻略，从今山西省出发进军。慕容评率兵三十万于潞州（今山西省长治市潞城北）迎战，却被一举歼灭，逃归邺城。前秦军衔尾急追，攻陷前燕首都邺城，俘获慕容暐及王公以下，与鲜卑四万余户一同迁至长安。前燕帝国就此走到了凄惨的末路。

前燕灭亡的直接原因，如慕容垂逃亡事件所示，是负责指挥国家军队的宗室之间丧失了族群团结，皇太后和慕容评等实权人物为了追求私利，使国家军队整体陷入机能麻痹当中。这种现象，反映出与上一节中所言匈奴系统各国相通的方面。换言之，也就是所谓"宗室性军事封建制"的解体。

在前燕，同样是由宗室诸王各自掌握军队，其各自的军营中领有数量庞大的特殊户口，称为"营户"，构成了与郡县制有别的"军封"。营户的实际情形还不甚明了，似乎是由为了支援慕容部族战士的战斗活动而从事军需生产的农业劳动者、工商业者组成的。前面已经提到，早在前燕国还位于今辽宁省的王国时代，国内就已有很多流民涌入。他们当中必定也有许多被编入了这种军营制中。将这种体制称为宗室性军事封建制，是很合适的。

推进汉化

不过，前燕并非只有这样的军营制，同时也有中国式的郡县制。这是早在慕容廆时代就已经可以见到的现象。如第二章中所见，他依据流入汉人的籍贯分别设郡，从这些人当中选拔有名望的知识人担任郡长官。像这样，郡县制早就得到引进，而在军营制中也有许多汉人营户，这恐怕就是前燕国家体制比匈奴族政权更为中国化的原因所在。

匈奴族的刘氏汉国，对六夷实行部落统领制，对汉人则实行领户制，是一种二元政体。并且，作为统领前者的最高负责人，大单于这一称号一直延续到后赵国结束。而在前燕，慕容儁在即皇帝位的同时就已废止了大单于称号，完全统一为中国式的官制，政府中大臣[1]等级的官职也多任命汉人，汉化得到更进一步的推进。然而，就算到了前燕统治华北东半部的帝国时代，这种封建性的军营制还是被原封不动地带进了中原，依然充当着维持国家军队的基础。大单于称号虽然已经废除，但中国式的官职"大司马"作为国家军队最高指挥官，统辖的仍然是以军营亦即"军封"为基础的诸军。前文所见的首辅慕容恪和慕容评就身居大司马之职，统率诸军的将军则几乎都是宗室以下的慕容氏族人。不妨说，在中国式官制之下，持续着的仍然是宗室性军事封建制。

这一掌握了军封的将军—大司马系统，存在着把军封当作掠夺机构的核心而沉迷于追逐私利的危险性，这一点与匈奴系统各国是相同的。早在慕容恪执政时代就已经出现了这种倾向，到了慕容评时代更显著发展起来，结果导致宗室团结瓦解、国家军队机能麻痹，更进而造成国家解体。这些情形我们在前面已经见到了。

在国家体制的形式上，鲜卑族慕容部的前燕虽然比匈奴系统

1　此处的大臣相当于今日所谓部长级官员。参见第三章注。

政权更进一步发展了胡汉合作，但在军事性封建制上，仍然未能跨越其血缘主义的局限。接下来，就让我们来看看灭亡了前燕的氐族前秦国。

前秦统一华北

在后赵时代，今陕西省的氐族、羌族被石虎征服，数量庞大的氐人、羌人被强制迁徙到以首都邺城为中心的今河南省北部。349年，后赵国开始崩溃，他们也一起开始西归。氐族集结在酋长苻洪麾下，羌族则集结在酋长姚弋仲麾下，在相互斗争中走向关中。苻洪在途中死于非命，其子苻健率众进入长安，于351年即天王、大单于位，国号大秦。次年即皇帝位。

354年，东晋桓温一度攻入关中，但不久便即退却，秦国控制了关中全境。次年，皇帝苻健去世，苻生继位，他是个恐怖的暴君。357年，苻健弟弟之子苻坚自觉身处险境，发动政变，诛杀苻生，即大秦天王位。天王的含义，在上一节中我们也已说明过了。

苻坚是五胡之中最伟大的名君，史书给予他极高的评价。他得到汉人名相王猛的悉力辅佐，整修内政，充实国力。如前文所述，他一举打倒强敌前燕，统一了华北全境。其鼎盛时期，如《晋书》所载：

> 自永嘉之乱，庠序无闻，及坚之僭，颇留心儒学，王猛整齐风俗。政理称举，学校渐兴。关、陇清晏，百姓丰乐。自长安至于诸州，皆夹路树槐柳，二十里（约十千米）一亭，四十里一驿，旅行者取给于途，工商贸贩于道。百姓歌之曰：

"长安大街，夹树杨槐。下走朱轮，上有鸾栖。英彦云集，诲我萌黎。"[1]

名君苻坚的理想主义

事实上，苻坚由王猛以下的百官辅佐，实行了极度中国化的德治主义政治。即使在375年王猛去世后，这一政治理念仍然一以贯之地延续了下来。举一个例子。他于373年从东晋夺得今四川省，376年吞并了独立于今甘肃省至西域一带的前凉国，缔造了君临广大华北全境的大帝国。当此之际，西域各国纷纷前来朝贡，其中甚至有汉武帝曾经必得之而后快的著名珍品——大宛国的汗血马。然而，苻坚效法汉文帝故事，将连同汗血马在内的五百余种珍品悉数退还，并命群臣作《止马诗》以示无欲。到382年，还能阻碍前秦统一天下的只剩下僻居东南一隅的东晋了。苻坚下定决心亲自领军远征江南。名僧道安预想到这一行动的危险性，对其加以忠告，苻坚答道：

"这次远征并非以扩张领土、掠夺人口为目的，只是为了统一天下，拯救黎民疾苦罢了。……因此，这次远征乃是正义之师。将永嘉之乱以来，流寓江南的士大夫带回故乡，是为了救其苦难，拔擢人才，并无意于穷兵黩武。"[2]

---

1 《晋书》卷一一三《苻坚载记上》。
2 《晋书》卷一一四《苻坚载记下》载苻坚答道安语："非为地不广、人不足也，但思混一六合，以济苍生。天生蒸庶，树之君者，所以除烦去乱，安得惮劳！朕既大运所钟，将简天心以行天罚。高辛有熊泉之役，唐尧有丹水之师，此皆著之前典，昭之后王。诚如公言，帝王无省方之文乎？且朕此行也，以义举耳，使流度衣冠之胄，还其墟坟，复其桑梓，止为济难铨才，不欲穷兵极武。"

正如谷川道雄所指出的，苻坚怀有一种理想主义，将江南远征理解为"为了正义、和平与文明之战"。只是，这种理想主义在残酷冰冷的现实面前被无情地打碎了。

前秦的崩溃

苻坚罔顾周围的反对，于383年起先锋军团二十五万，此外又自率号称步兵六十万，骑兵二十七万的大军进袭江南。然而这次远征，如第六章第二节中所述，以淝水一战的惨淡败北收场。在土崩瓦解的大军中，能够保全军团不失的，唯有从前燕亡命而来、受到苻坚重用的慕容垂麾下三万人的兵团。苻坚虎落平阳，仅能带着随从千骑，投奔到了慕容垂兵团当中。

当此之际，慕容垂与苻坚之间的应对令人动容。慕容垂的子弟幕僚都劝说慕容垂应借此良机杀死苻坚，复兴燕国。慕容垂却拒绝道：

"你们所说的我都明白。可是，他毫无猜疑之心，前来投奔于我，我又怎能忍心杀害？想当初我亡命至此，他以国士之礼接纳，给我最高待遇。后来我几乎被王猛所杀之际，又承他为我洗清嫌疑。面对如此恩情，我尚未能有分毫相报。若秦国气数已尽，我随时都有杀他的机会。然而就算到了那个时候，我们对函谷关以西仍然鞭长莫及，关东才是我燕国复兴之地。"[1]

---

1 《晋书》卷一二三《慕容垂载记》载垂答慕容宝言："汝言是也。然彼以赤心投命，若何害之！苟天所弃，图之多便。且纵令北还，更待其衅，既不负宿心，可以义取天下。"又载垂答慕容德言："吾昔为太傅所不容，投身于秦主，又为王猛所潜，复见昭亮，国士之礼每深，报德之分未一。如使秦运必穷，历数归我者，授首之便，何虑无之。关西之地，会非吾有，自当有扰之者，吾可端拱而定关东。君子不怙乱，不为祸先，且可观之。"作者系综合二语叙述。

于是慕容垂拥戴残兵败将的皇帝苻坚，集结兵力西进。在途中，他内心期待着独立的机会，以战败之后民心骚动为理由，请求出镇邺城（前燕旧都）一带。苻坚虽然明知这可能是鲜卑族慕容部谋求重新独立的行动，但仍然选择信赖慕容垂，准许其请求，于是在途中分别，自己率领着仅能凑够十来万人的兵士回到了首都长安。

这份恩义与信赖的关系，在如今巨大的前秦帝国业已土崩瓦解的背景下，越发令人感动。然而，如果用苻坚从臣的忠告之言来说的话，这份信赖关系在严酷冰冷的现实中，只不过是"小信"而已，只会带来"轻国家"[1]的后果。以次年（384）慕容垂独立为肇端，各地鲜卑族、羌族首领相继独立，苻坚最终于385年被从关中发动独立运动的羌族姚苌（族长姚弋仲之子）俘虏杀害。然而苻坚直到最后，都仍然坚持着强烈的理想主义与道义精神，这是在以往五胡君长身上见不到的特质。并且在他死后，苻氏一族供奉其牌位，一直顽强地抵抗各方势力，直到394年为止。与以往五胡各国由于宗室堕落而自身内部崩溃的情形相比，这一方面的表现也截然有异。

前秦灭亡的原因

在氐族的前秦国，同样有着与以往五胡各国一样的宗室性军事封建制。如开头所言，原本苻坚自己就是率兵发动政变，打倒从兄暴君苻生，才登上了天王之位的。而在前秦，这一体制同样包含着引诱帝室及其一族走向扩大各自利益的因素，这一点与五

---

1 《晋书》卷一二三《慕容垂载记》载石越谏苻丕不纳，"越退而告人曰：'公父子好存小仁，不顾天下大计，吾属终当为鲜卑虏矣。'"。似即作者所本。

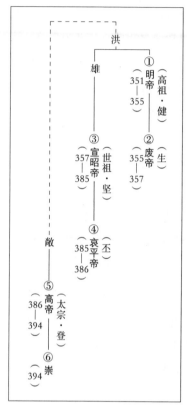

前秦苻氏谱系图

胡各国也并无差异。然而，苻坚为了防止这种情形，抑制宗室，抬高君权，而高唱以德治主义为基础统一天下的理想。宰相王猛等官僚推行并成功地贯彻了这一方针，从而成功地统一了华北，也防止了宗室的堕落。

然而，这种德治主义并不仅仅有志于建设以同族为核心的统一帝国，而是进一步理想化到了要对其他族群也都平等对待、一视同仁的地步。王猛已感知了这种理想化的危险。如前引慕容垂之言所见，他曾经建议及早除去慕容垂，还遗言劝苻坚不要对东晋出手，应当首先压服国内的其他族群。

然而苻坚却罔顾其言，只是一味地朝着理想主义高歌猛进。被吞并的前燕国旧王公，自旧主慕容暐以下，都被重新任命为前秦国的高官，慕容垂甚至担任京畿长官这种要职。不但如此，前秦还从东方强制迁徙了大量鲜卑族人进入以首都长安为中心的关中。

这种鲜卑优待政策，理所当然引起了氐族的前秦领导集团的不安。然而苻坚心中却有着"将异族视同赤子，天下混同有如一家，只要修德，便不必惧怕外敌"[1]的理想化了的德治主义信念。于是在380年，他平定了一部分宗室在今河北省北部发动的叛乱后，更进一步将关中氏族十五万户分散迁至东方若干要地，用于维持治安。

换言之，是各族融合的理想主义，在现实中促使苻坚实行了将会削弱前秦大本营的政策。而且，也正是同一种理想主义，使得苻坚坚决远征江南，以此一役的大败为导火索，大帝国旦夕之间便告瓦解。苻坚以中国传统的德治主义来融合胡汉各族，谋求建立普遍性的统一国家。然而他的这种理想主义，不能不说遭到了在现实中根深蒂固的种族主义的迎头痛击。

前秦帝国如是解体之后，各族纷纷独立，此起彼伏兴亡相继，华北再度陷入大乱当中。这些纤芥小国，被雄起于今山西省北部的鲜卑族拓跋部北魏帝国，和自晋至宋相传的江南王朝这两大势力夹在中间，到5世纪前半叶为止，便一个接一个地消失了。关于这些国家，我们下面来简单地叙述一下。

华北东半部的兴亡

首先，前文已经提到，慕容垂于384年在华北东半部的前燕

---

1 《晋书》卷一一三《苻坚载记上》：苻融闻之，上疏于坚曰："臣闻东胡在燕，历数弥久，逮于石乱，遂据华夏，跨有六州，南面称帝。陛下爱命六师，大举征讨，劳卒频年，勤而后获，非慕义怀德归化。而今父子兄弟列官满朝，执权履职，势倾劳旧，陛下亲而幸之。臣愚以为猛兽不可养，狼子野心。往年星异，灾起于燕，愿少留意，以思天戒。臣据可言之地，不容默已。《诗》曰：'兄弟急难'，'朋友好合'。昔刘向以肺腑之亲，尚能极言，况于臣乎！"坚报之曰："汝为德未充而怀是非，立善未称而名过其实。《诗》云：'德輶如毛，人鲜克举。'君子处高，戒惧倾败，可不务乎！今四海事旷，兆庶未宁，黎元应抚，夷狄应和，方将混六合以一家，同有形于赤子，汝其息之，勿怀耿介。夫天道助顺，修德则禳灾。苟求诸己，何惧外患焉。"

故土境内复兴燕国，不久便定都中山（今河北省定州市），即皇帝位。为了与前燕相区别，称为后燕。

此外，以慕容垂独立为契机，旧前燕皇帝慕容暐诸弟于长安之东及今陕西省南部起兵，慕容暐欲为内应，被苻坚所杀，其弟慕容冲遂称帝号，其势力被称为西燕。西燕从苻坚手中夺取了首都长安，但其势力主体是由被强制迁徙至关中的鲜卑族构成的，这些人期盼着回归东方，于是西燕放弃了长安，而以今山西省东南部的长子县为根据地。但是，他们和已经独立于东方的慕容垂之间未能互通声气，于394年被后燕讨灭吞并。

后燕随即南渡黄河，从东晋手中夺回今山东省各地，大体上恢复了旧前燕的疆土，与西北方的北魏相对峙。然而，慕容垂于396年去世后，宗室间的不和立即便表面化了。北魏于是南进，从今山西省杀入今河北省、河南省。397年，后燕皇帝慕容宝逃离首都中山，迁往北方的故都龙城。在那里，后燕还算苟延残喘了一小段时期，不过最终在409年被汉人冯宝篡国。汉人冯氏的这一国家，就是在第二章中已叙述过的北燕。

397年，在北魏的大举进攻下，后燕诸军团被分隔各地。其中，镇守南方邺城的慕容德迫于北魏军的压力，转移到了黄河南岸的滑台（今河南省滑县），于398年即燕王位于此地，是为南燕。南燕控制了今山东省方面，定都广固（今山东省青州市西北）。慕容德于400年即帝位，然而仅仅到了其继位者慕容超在位的410年时，南燕就已被东晋权臣刘裕（参照第七章）领军攻灭。于是在5世纪初期，华北东半部的旧前燕疆域大致上都落入北魏统治之下；而另一方面，实质上已经由刘裕统领的东晋势力，也大幅向北扩张到了黄河南岸。

那么，在前秦帝国解体以后，作为其大本营的关中一带又是怎样的情形呢？

华北西半部的兴亡

如前所见，曾一度夺取长安的慕容冲西燕势力，已往东转移到了今山西省南部。于是乎控制关中一带的核心势力，便只剩下杀害前秦皇帝苻坚的羌族姚苌所建立的后秦国了。

姚苌原本与鲜卑族慕容垂一样，都是苻坚属下的将军。383年前秦大军进攻东晋之际，他被苻坚重用为今四川省方面军的总司令，身居要职。在战败导致前秦帝国瓦解的时期，他果断掀起了羌族独立运动。在这一点上，他与有志于鲜卑独立的慕容垂是一样的。

姚苌杀害苻坚后，于386年进入被慕容冲等放弃了的长安，即皇帝位。然而，面对公然弑逆名君苻坚的姚苌，以苻氏为中

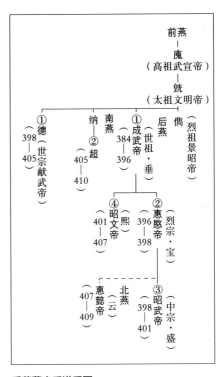

后燕慕容氏谱系图

心的氐族势力进行了极为顽强的抵抗。姚苌屡经死战，才渐渐将他们压制下去，但终其在世期间，始终未能彻底根除。

直到其子姚兴于394年继位，才总算歼灭了前秦的残余势力，为安定关中而努力整修内政。如是充实国力之后，后秦国向西伸张国势，于400年降服立国于今甘肃省东南部的鲜卑族乞伏氏西秦国，403年又灭亡河西走廊的氐族后凉国，成为华北西部的强国。结果促成了鸠摩罗什前来长安，佛教兴隆，气运蒸蒸日上，这已见于第二章的叙述了。

然而，后秦国的权威与和平也并没能长久维持下去。在西方的今甘肃省方面，以独立于最西陲的汉人李氏西凉国为首，鲜卑秃发氏的南凉国、匈奴沮渠氏的北凉国、409年再度脱离后秦独立的鲜卑乞伏氏西秦国，甚至连游牧民族的吐谷浑国也加入进来，各方混战相争。而后秦为了控制最近处的西秦，就已经疲于奔命了。

更何况，在北方的鄂尔多斯，有匈奴族赫连勃勃的夏国兴起，施加压力；在东方，有称霸华北中原的北魏；在南方，则有已经成为东晋事实统治者的刘裕。这些庞大的势力都是后秦不得不应付的。

416年，姚兴去世，后秦国随即又走上了五胡各国的老路，爆发内部动乱。周边各国如同袭击濒死之兽的秃鹰一般，瞄准后秦国发动进攻。其中于417年率先攻入长安，灭亡后秦的，则是东晋的刘裕。不过他仅留下少量驻军，便撤回江南，赫连勃勃随即率领大军南下，将东晋的留守驻军一举扫清，于次年（418）在长安登上了帝位。

如此一来，华北西半部就只剩下了三个国家：控制关中地区的夏国、414年攻灭南凉的西秦，以及420年攻灭西凉的北凉。不过，这三个国家也没过多久，就在北魏的巨大压力之下消亡了。本书也到了打开新的篇章，将目光投向北魏帝国的时候了。

第十章　北魏帝国与贵族制

——5世纪的华北

一 北魏帝国的形成

鲜卑拓跋部建国

　　鲜卑族内的慕容部早就接受华夏文明，在东方的辽河流域建立燕国，而且进入了华北中原。与之相比，拓跋部建立国家、接触华夏文明却要迟缓得多。他们从其故地大兴安岭东麓的西拉木伦河流域出发，经历了多年艰苦的民族迁徙之后，才终于抵达今内蒙古的长城地带。于是在3世纪中叶，族长力微以拓跋部为核心缔造了部族联合国家，定都盛乐（今内蒙古自治区和林格尔附近）。他也被奉为北魏的始祖。不过，这时的国家还十分脆弱，在他死后，部族联合便分崩离析了。

　　其后到4世纪初，力微之孙猗卢再度统合各部。他在中原的大动乱中，对孤悬于今山西省中部的晋朝地方长官刘琨施以援手，因功获封代王爵位，被认可领有句注山（在今山西省代县西）以北的地域。这是拓跋国家在华北踏出的第一步。这时的代国，已经有若干汉族知识人参与其中，致力于强化王权，但部族首领们的不满情绪爆发，国家也就土崩瓦解了。

瓦解后的拓跋各部，似乎多半服属于已经称霸华北的后赵国。到338年，作为人质羁留在首都邺城的什翼犍于兄长死后，获准归国，继位为代王，拓跋国家随之开始了新一轮的建国。什翼犍长期居于邺城，受到华夏文明影响，他一方面任用汉人，整备中国式的官僚制度与法律；另一方面则任命部族首领子弟为侍从，努力将各部族势力与王权结合起来。然而，他努力缔造出来的国家在不久后也遭到统一了华北的前秦皇帝苻坚的进攻，于376年悲惨地破灭了。什翼犍在混乱中死去，苻坚遂将其国分割为河东、河西二部。

什翼犍之孙拓跋珪，得到主宰河东部的姻戚刘库仁及其部族匈奴族独孤部的大力保护，在困境中等待转机。没过多久，前秦国终于在383年的淝水之战中大败瓦解，这一轩然大波导致独孤部、贺兰部等围绕在拓跋珪身边的各部族间也发生了一些动荡，不过他毕竟在各部族的推戴下，于386年即代王位，同年定都盛乐，改称代王为魏王。这就是魏王国的起步。为了与汉帝国崩溃以后曹操于3世纪初所建立的三国时代的魏国相区别，这个魏国又称为后魏或者北魏。

拓跋珪随后进攻与之敌对的鲜卑部族，以及突厥族的高车、柔然等其他族群，又平定今鄂尔多斯一带的匈奴系部族，虏获了大量的劳动人口和家畜。不过，他并非只进行这种游牧民族特有的征服战争，同时也致力于首都周边的农耕，从而充实了国力，并且窥伺着入主中原的机会。

接下来到396年，后燕慕容垂死去，号称四十万人马的北魏

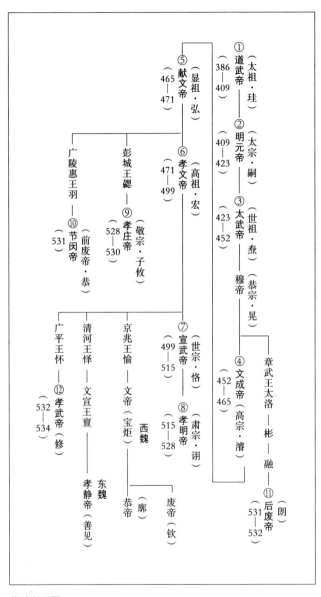

北魏世系图

大军乘其国中大乱，潮水般涌入中原，第二年（397）就征服了黄河以北的华北平原。这在上一章中已经看到过了。

再过一年（398），拓跋珪巡行占领地域，于后燕旧都中山及邺城等要地设置了可以说是都督府的"行台"，作为占领地域的中枢；又将当地旧官吏及胡汉民众十万余人强制迁徙至首都周边，粉碎其旧有势力，同时分配给这些移民一定的田地，令其耕作。通过以上安置政策，国家财政的基础得到了巩固。

巡行归来后，拓跋珪迁都平城（今山西省大同市），营造皇宫，即皇帝位。拓跋珪谥号道武帝，是为北魏开国之君。北魏帝国从此伸展开了巨大的身躯。

北魏统一华北

在4世纪即将告终的时刻，北魏帝国成立了。接下来5世纪的一百年间，可以说就是北魏平定残存诸小国家，统一华北全境，与江南的宋、齐王朝对峙并向西拓边远至西域的时代。在统合胡族与汉族、建设普遍性国家社会的道路上，北魏并不像那位前秦皇帝符坚般企图一蹴而就，而是一步一步地，更为沉着地向前迈进。下面我们就首先来看一看北魏帝国统一华北的过程。

道武帝于409年被其诸子之一所弑，国内一度动荡。不过北魏帝国的创业功臣们拥立已指定的皇位继承人、年仅十八岁的拓跋嗣，辅佐他成功度过了危机。这位青年皇帝被称为明元帝（409—423年在位）。其后，他采纳有才能的汉人官僚崔浩的建议，对当时在塞外大力扩张的柔然加强戒备，留心于安定首都周边的畿内，充实国力。

在周边各国相当激烈的动荡中，明元帝为治十数年，始终坚持守成先帝时代急速扩张而得的国土。只是在最后的晚年，他乘南朝刘宋武帝亦即刘裕死去之机，果断渡过黄河作战，夺取了包括洛阳在内的今河南省一带。这是值得注目的事件。

如是积蓄起来的国力，到了接下来的太武帝拓跋焘时代（423—452年在位），遂向四方喷涌而出。依靠着崔浩的智略和北魏兵的勇猛，北魏如下逐步展开了统一华北的大业，以及向西方、北方的远征：

424—425年，大举讨伐柔然，追击远至漠北。

426年，进攻夏国，占领长安。

427年，占领夏国首都统万（今陕西省榆林市横山区西）。

431年，夏国灭亡西秦，但最终亦被吐谷浑所灭，北魏随即占有关中全境。

436年，灭北燕国，占领辽河流域。

439年，灭北凉国，完成统一华北大业，五胡十六国于此落幕。

445年，占领西域的鄯善。

448年，击破西域的焉耆、龟兹两国，占领焉耆。

449年，大胜柔然，柔然自此衰落。

450年，最后，太武帝亲率大军南征，蹂躏江北，势逼长江北岸，震慑南朝首都建康。不过最终却颇受损伤，不得不退回北方。

尽管如此，北魏帝国毕竟自道武帝以来历经三代，如此坚实地达成了顺利而迅速的发展，这与上一章所见的五胡诸国相比，呈现出了略有差异的状态。此前诸国，在雄才大略的建国之君死后，各拥兵力的宗室便开始相互纷争，要么导致国家瓦解，要么是出身支系的有力宗室凭借实力当上国君，结局大抵无非如是。像道武帝死后，大臣拥立年仅十八岁的皇位继承人，度过北魏帝国瓦解危机这样的事情，在那之前是几乎从来没有过的。

给北魏帝国带来这种安定，换言之，确立了皇权的原因在于，早在从中原驱逐后燕、创建帝国的398年之际，道武帝便解散了麾下诸部落。他将此前统率部落的"大人"从部落中切割出去，剥夺了他们的统率权，命诸部落居住在一定的地区，禁止再做游牧民式的迁徙。部落民自此处在了国家的直接统治之下。

不过，解散后的旧部落民亦即北族，并不能立刻就置于与汉人完全相同的统治方式下。他们定居于设置在首都平城畿外、被称为八国或八部的特别行政区。对这些地区奖励农耕，同时按照与一般州郡居民不同的标准，征发军需物资；此外，又和一般州郡同样，实行与汉族的九品官人法相似的任官制度。不过对于旧大人的家族，为了减轻部落解散带给他们的打击，则采取了特别的优待政策。这种特别行政区后来逐渐缩小，最终似乎是在太武帝当政时期完全消失了。无论如何，部落解散这一果断举措，使北魏避免了重蹈五胡诸国因宗室纷争而瓦解的覆辙，可以说就是北魏帝国得以持续的最大原因。

北族军团与州镇制

如上所述，基于部落解散，以鲜卑族为首的北族旧部落民在首都平城畿外的八国（八部）被重新编制，而这些特别行政区最终也都归于缩小消灭。但尽管如此，北族的旧部族民仍然未能立刻同化于汉人社会。为什么呢？因为支撑着北魏帝国发展的柱石，正是来自旧部落民的北族兵士，以及他们的统率者——同样出身北族的将军们。而且，随着帝国版图的扩大，这些北族兵士驻军于华北各地，已经有了在当地定居的倾向。

从道武帝讨灭后燕到太武帝统一华北，推动着北魏帝国开疆拓土的，实际上就是这些北族军团。道武帝为了粉碎后燕的旧势力，将该国的旧官吏和胡汉民众十万余人强制迁徙到首都周边，这已见于前述；其后则置行台，更进而落实州郡制度，采用了文官统治体制。然而，以后燕旧都中山为首的今河北省要地，仍然常驻有以鲜卑兵为核心的一部分政府军，军队对占领地区有着相当强大的威慑力。太武帝在征服夏国之际，也是将敌对性最强的一部分旧夏国官民强制迁往首都周边，随后于其旧都统万设"镇"，以统万镇将作为司令官，实行军事统治。平定北燕、北凉二国时，也采用了和征服夏国完全相同的统治方式。

像这样，作为对占领地区的军事统治机构，北魏首先在旧敌国的要地置"镇"，在"镇"辖下的军事管理区内各地，又设置下级单位"戍"。在"镇"和"戍"内屯驻政府军，由镇将统辖。这种军事统治最终转变为文官统治，镇改为州，戍改为郡，由民政长官"刺史"统辖。但是，从军事统治转变到文官统治，其权力移交并非一蹴而就，州和镇在一定的时期内是并存的。例如，统万镇在经历长达六十年左右的军事统治后，终于在487年改称夏州，转变为文官统治，但即使在那之后，夏州刺史仍然兼任统万镇将。换言之，北魏对华北的统治带有相当浓厚的军事统治色彩。所以不能不说，驻留在各地的北族系军团的军事力量才是支撑着这个巨大帝国的根基所在。

作为帝国根基的北族系政府军，其核心是首都的近卫军团。其兵士称为羽林、虎贲，而羽林军作为国家柱石，是最光荣的存在。这支强力的近卫军控卫首都周边，威慑压制着那些被强制迁来、编入郡县体制中的旧敌国民。

羽林兵士组成的近卫军在中央既然承担着这样的功能，那么相对地，驻留州、镇的北族兵团就是其在地方上的分支了。前秦皇帝苻坚曾将关中氐族十五万户分散配置在东方各处要地以维持治安，发挥的也是相同的作用；不过北魏以近卫军为核心，对畿内畿外的压制力量则要强大得多了。

统率这些北族军团的，主要是北魏皇室一族，是北族系的贵族。他们被授予中国式的将军号，开府置属。营户隶属于这些军团之中，这和前燕国的情形也是一样的。所谓军事性封建制的形态，就此而言依然存在。

但是有必要注意到，在经历过部落解散之后的北魏，作为军团统率者的宗室、贵族与组成军团的北族兵士之间，关系却远远没有那么紧密了。这些统率者正在变质为所谓的军方官僚。作为部族联合国家的遗制，宗室性军事封建制在北魏虽然还残存着北族式战斗共同体的性质，但比起五胡各国来，已经进一步向更加一般性的官僚体制靠拢了。

汉族知识人（士大夫）的协力

从4世纪末到5世纪前半叶，北魏帝国的惊人膨胀，极大地得益于上述北族战士的勤劳。不过，还有一点是不应当忘记的，那就是汉族知识人的协力。早在仍以代国之名局蹐于今山西省北部的时期，北魏就已得到当地汉族知识人的协力。而随着华北中原从后燕国转移到北魏的统治之下，残留于中原的一流知识人群体也开始正式参与北魏政权。当中最值得注目的，就是今河北省南部清河县的名门——自魏晋以来终五胡十六国时代绵延不绝的崔氏一族。

族中人物崔宏出仕道武帝，参与创设了官制律令，甚至还跻身拥立明元帝的八名元勋之一。不过其子崔浩的存在感却比他还要耀眼得多。崔浩早在道武帝朝已深受宠信，而前文也已提到，在明元帝至太武帝朝，北魏的重要政策更几乎都是遵照他的意见来决定的，并且大获成功。尤其是太武帝的华北统一大业，哪怕说是在他的作战指导下成功的也不为过。

事实上，在庆祝凯旋的宴会上，太武帝就曾指着体态奢华有如美人的崔浩，对众人说道：

"你们都仔细看看这个人吧。纤纤细细的，多么羸弱。弓也拉不开，矛也拿不动。可是，在他胸中三寸之地，却藏着能战胜任何大兵团的秘密。我之所以能自始至终打胜仗，都是因为有这个人在指导我啊。"[1]

431年，太武帝下敕辟召今河北省各地名士数百人，皆任命为官吏。其中位列榜首的，是出自范阳（今河北省涿州市）名门的卢玄，他正是崔浩的内弟。其后，在攻灭北燕、北凉时，出仕这两国的著名汉人士大夫有不少都因崔浩等的助力而得以在北魏任官。在太武帝时期，以崔浩等为突破口，汉族知识人大量加入了北魏政府。

---

1 《魏书》卷三五《崔浩传》："又召新降高车渠帅数百人，赐酒食于前。世祖指浩以示之，曰：'汝曹视此人，尫纤懦弱，手不能弯弓持矛，其胸中所怀，乃逾于甲兵。朕始时虽有征讨之意，而虑不自决，前后克捷，皆此人导吾至此也。'"

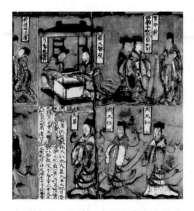

木板漆画　北魏　大同石家寨北魏太和八年司马金龙墓　山西博物院藏

这种情势，提示出北魏帝国从胡族王朝转型为华夏式贵族制国家的可能性。出自汉族名门的崔浩早就以江南所维持的传统华夏文明国家形态为理想，在心中画出了蓝图。事实上，大量汉人士大夫能够参与到政权中，无疑就是崔浩这一努力方向最早结出的果实。

早在417年东晋权臣刘裕灭后秦国之际，东晋皇室司马氏一族和一部分江南贵族就已经为躲避刘裕的迫害而亡命后秦，后秦灭亡后，又继续亡命北魏。其中有号称东晋第一流贵族的人物王慧龙。崔浩之弟闻其名而将女儿嫁给他，崔浩自身也在见到王慧龙时说道：

"据说太原王氏代代都是酒糟鼻子，江南称之为齄鼻王氏。王慧龙鼻大，真是贵种啊。"[1]

崔浩常常称赞此人，招致了北族的反感，被认为是在侮蔑魏国。最终崔浩不免在太武帝面前谢罪。这段逸话反映出崔浩等是何其憧憬江南贵族社会及其文明，也反映出在太武帝朝初期，向中国式国家体制的转型仍然面临着巨大的阻力。

---

1 《魏书》卷三八《王慧龙传》："初，崔浩弟恬闻慧龙王氏子，以女妻之。浩既婚姻，及见慧龙，曰：'信王家儿也。'王氏世齄鼻，江东谓之齄王。慧龙鼻大，浩曰：'真贵种矣。'数向诸公称其美。司徒长孙嵩闻之，不悦，言于世祖，以其叹服南人，则有讪鄙国化之意。世祖怒，召浩责之。浩免冠陈谢得释。"

插图是山西省大同市亦即当时首都平城东面司马金龙夫妇墓出土的北魏屏风漆画。其人为与王慧龙同时期从东晋亡命而来的宗室司马楚之之子，仕北魏为大臣，死于484年。这幅画作，与同时代著名的云冈石窟那种粗放风格相比，应该说更多地传承了江南精致洗练的绘画艺术，近于顾恺之《女史箴图》之类。不妨说，这件作品散发出来的，正是崔浩等所憧憬的江南文化气息。

国史事件与北魏朝廷的混乱

随着汉族知识人陆续进入北魏政府，崔浩一步步展开了将这个国家改造为华夏式贵族制国家的工作。用当时的话来说，就是"分明姓族"[1]，也就是企图对应着社会声望的高低，明确规定其家门的身份等级，从而建立江南运行的那种贵族制社会的等级秩序。他的内弟卢玄提出反对，认为当前几乎无人希望如此，时机尚未成熟。但崔浩充耳不闻，强行推进这一工作。北族刚刚才被王慧龙事件惹起了反感情绪，这一下简直就是火上浇油。

这个时候，崔浩等人正好在奉敕编纂北魏国史。据说其所编的国史遵照中国史学传统，即使有对国家不利之处，也秉笔直书事实。编纂官中还有人提议，要将如此编成的国史刻成石碑，立在首都城内。

这被认为是在希图谄媚身为当代第一流学者的主编崔浩，希望能令其名垂千古。崔浩果然上钩，皇太子也赞成此议。于是耗

---

1 《魏书》卷四七《卢玄传》："浩大欲齐整人伦，分明姓族。玄劝之曰：'夫创制立事，各有其时，乐为此者，讵几人也？宜其三思。'浩当时虽无异言，竟不纳，浩败颇亦由此。"

费三百万工钱，将国史勒石立碑。

路上的行人都驻足而读。其中客观地描写着当今皇室祖先拓跋部族从北方蛮荒之地迁出的经历。对出身北族的人来说，这是令人难堪的侮辱，是崔浩等宣扬国家之耻的证物，一时非难之声甚嚣尘上。太武帝闻讯大怒，将崔浩为首的编纂官们处死，仍未消心头之恨，崔浩一家自不必说，连其姻戚范阳卢氏、太原郭氏、河东柳氏等家族都被牵连处刑。这是发生在太平真君十一年（450）六月的事，被称为"国史事件"。

受崔浩之累而大受株连的人物，都是华北第一流名士、学富五车的文化人。崔浩此前凭着太武帝对他的无上宠信，辛苦经营的建设华夏式贵族制国家之梦，就此一朝烟消云散。北魏帝国作为异族王朝的本质，重新化为冷酷严峻的现实，摆在了汉族知识人面前。

紧随这一事件之后，太武帝断然踏上了对江南汉族国家刘宋的征服战争之途。不过如前所述，结局却未能实现征服的目的，只是将江北蹂躏一番便撤退了。

此时的北魏宫廷之内，宦官宗爱大权在握。他排挤皇太子，令其忧愤而死，最终甚至在452年暗杀了太武帝。此后，他将与自己沆瀣一气的太武帝幼子、南安王拓跋余扶上了帝位，旋又将其杀死。宗爱如此暴行累累，最后终于失势倒台。

如此一来，太武帝嫡孙拓跋濬年仅十三岁便即位，号为文成帝（452—465年在位）。文成帝死后，其子拓跋弘继位，号为献文帝，也是年仅十二岁即位的幼帝。在手握实权的皇太后冯氏逼迫下，他最终于在位六年之后的471年，让位给了年仅五岁的拓跋宏，也就是孝文帝。而献文帝的结局则是为冯太后所杀。

国史事件以来二十余年间，是宫廷之内如此惨案频发、血泪纷飞的时期，而史书所留下的记载却实在太贫乏了。这可以理解为正是由于国史事件爆发，而使得持续记录国家重要事件的工作遭受了挫折。不过，宫廷里的这些动乱，恐怕也和除了前秦之外的五胡各国一样，与北族固有的宗室性军事封建制的腐败化现象脱不了关系。在这一时期的北魏，同样出现了手握兵权的宗室、贵族以武力为后盾，各谋私利的倾向。以国史事件为契机，大量的汉族知识人遭到了弹压，由此导致的结果是官僚一方对这种腐化现象的压制能力变弱。而宫廷内的混乱，不过是这一结果呈现出来的冰山一角而已。

二 通往贵族制国家之道

汉族士大夫的潜力

如上一节所见，因国史事件而遭到弹压以来，从文成、献文二帝到冯太后摄政时代，汉族士大夫在官僚界的力量，表面上大为减退了，已不复前朝崔浩时期那样煊赫夺目。曾与崔浩一同从事国史编纂的高允，侥幸逃过一劫，未被弹压，却在长达二十七年之间官位未能晋升一步，但他只是默然任职，并无怨恨之色，当时被奉为汉族士大夫的指导者。他们在胡族政权底下，尽管前途黯淡无光，却为了支撑华北农村社会的秩序，一直朴实不懈地努力着。

例如，在国史事件后，太武帝已出发远征江南，皇太子拓跋晃留守监国。他宠信身边鄙俗无文的谄佞小人，在其唆使下侵占大片农地，将其中出产的物资贩卖盈利，获得了巨大的利润。这堪比现代的大企业压迫中小企业，无视社会责任，因而受到普通民众非议的情形，对皇太子敛财的非难之声于是远近传闻，无日或止。《魏书》记载，高允曾忠告皇太子贬黜左右佞邪，将农地分配给贫民，但其建议未能得到采纳。

国史事件之后所见的北魏宫廷动乱，如上节文末所述，与北族固有的宗室性军事封建制腐败堕落为牟取私利的工具，是脱不了关系的。拓跋晃宠信左右，沉溺于谋利行为，左右佞邪从而趁机得势的情形，正具体而微地表现出这一点。这样的营利行为会压迫普通农民，导致社会不安，更进而降低华北农耕社会整体的农业生产力，削弱建立于其上的国家基础。

以高允为首的汉族知识人努力阻止这一倾向的发展，然而拓跋晃对高允的忠告充耳不闻。从这一点也就可以看出，在文成、献文二帝时期，高允等人的压制力是收不到什么明显效果的。

但是，他们的影响力逐步浸透进了北族当中。如宫崎市定所言，身为北魏累世功臣的鲜卑族陆氏，就渐渐习得中国式的教养，与河东柳氏、范阳卢氏乃至博陵崔氏等汉族社会的名门缔结了婚姻关系。在北族权势人物中间，对华夏文明的理解在加深；而汉人名门一方，对于已成为中国式教养人的北族人物，也开始愿意接纳为同道。这样的机运正在持续酝酿当中。

当初崔浩试图强行打造华夏式贵族制国家之际，在北族中激起过的那种过敏情绪，在接下来的二十余年之间已经渐渐消散了。

恰在此时，南朝进入了5世纪后半——如第七章所见，那是一个杀人魔王层出不穷的动荡时代。465年，遭到迫害的刘宋宗室刘昶，携随从二十余人出奔北魏。以此为开端，在南朝屡屡爆发的内乱当中，还有不少国境周边地区的土豪，也携同其势力下的民众一起前来归顺北魏。

虽然刘昶并没有多高的文化教养，但北魏朝廷还是对他十分尊重，评价甚高。在此后的制度改革中，他也扮演了重要的角色。北魏帝国从江南汉族的贵族制社会及其先进文明中接受刺激的机会增加起来，这大大促进了北魏向适应华北农耕社会的方向发展。

像这样，汉族知识人的影响力在北魏逐渐增强，使农耕社会维持安定的必要性也获得了自觉的认识。居于摄政地位的冯太后推进农业奖励政策，同时为了禁止大土地所有者兼并过多的农民家庭而加强监察。于是，著名的均田法和三长制便先后得到了实行。

三长制（邻组制度）

均田法是在485年以赵郡（今河北省内）出身的汉人官僚李安世的上疏为契机，颁布的一道法令。三长制同样是采纳了陇西郡（在今甘肃省）出身的李冲的建议，于486年施行。虽然均田法的颁布比施行三长制要早一年，但均田法理应在三长制实行之后才能实施，而且均田法规似乎也是在492年制定的律令中才最终整顿完善的，所以我们先来看一看三长制的情况。

所谓三长制，就是为了清算户籍而建立的一种邻组制度[1]，以

---

1 邻组制度，是"二战"中日本为了便于统制民众，于1940年设立的地区居民组织制度。邻组以5—10户为一个单元，置于部落会、町内会之下，作为行政机构的基层组织，负责配给、动员等任务。

五家为一"邻"，五邻为一"里"，五里为一"党"组织起来，各置邻长、里长、党长，"长"取乡人强谨者为之。邻长本人免除徭役，里长本人及其家中一人，党长本人及其家中两人，均可免除徭役。作为代价，他们须负起责任，监管辖下的村落及邻组中的各家依法纳税、出徭役人夫。

这一制度的出台，是为了纠正当时户籍制度混乱，多达三十户乃至五十户处于号为"宗主"的豪族保护之下，共为一家的现状。处于保护伞下、形态接近于佃农的农户不负担国家的徭役义务，而宗主则取代国家对其压榨高额地租，额度高达国家应纳税率的两倍。通过国家手段，这种不合理状况得到消解，豪族之家中所包含的农户重新恢复为自耕农，国家财政基础也就随之巩固了。

当然，这一制度会激起豪族的反对，也可以想见会出现由豪族来担任三长，换汤不换药地驱使辖内农民为自己服私役的情况，但三长制总算实施了下去，似乎也取得了相当的效果。于是，在三长制之下，各农民家庭所拥有的土地被登录进新造户籍，北魏以此为基础施行了均田法。

均田法及其实施

今天《魏书·食货志》中所留下的均田法规，似乎是492年制定的，不过我们还是来看看其主要内容：

十五岁以上的成年男子授"露田"四十亩，妻二十亩。奴婢所授面积与良人相同。有耕牛者，每一头授田三十亩，以四头为限。所谓"露田"，意谓不种树木的裸露田地，即用于种植谷物的耕地。在当时的农业技术下，收获作物后的田地一般需要休耕一年，因此

实际授田大致上是规定面积的
两倍，也就是成年男子八十亩，
妻子四十亩。对于三年一耕的
土地，则按规定面积的三倍授
田。其人至七十岁或死后，露
田必须归还国家。奴婢与耕牛
如果不在了，相应的所授露田
自然也必须归还。这是因为，
人民负有纳田租、服徭役义务
的年龄段是十五岁到七十岁。
后来唐代制度中称为口分田的，
就是这里所说的露田。

百衲本《魏书·食货志》中关于均田法的记载

露田之外，又授予男子二十亩"桑田"。这部分不须归还国家，可以传之子孙。这相当于唐代制度中的永业田，是国家认可其世代拥有的。不过，桑田上必须种桑树五十株，用于养蚕，此外还要种枣树五株、榆树三株。由此生产的绢类有一部分必须作为"调"缴纳给国家。

对不适宜种植桑树的地方，则在用于种枣、榆的一亩地外，授予男子十亩、妻子五亩"麻田"，令其织造麻布。麻田不同于桑田，是和露田一样必须归还国家的。

此外，授予一般庶民三人一亩、奴婢五人一亩的房宅地。

对于地方官，则支给"公田"，规定刺史（州长官）给十五顷，太守（郡长官）给十顷以下，县令（县长官）和郡丞（郡太守副手）则给六顷。

含有以上内容的均田制，尽管日后在具体规定上多少有所变迁，但从北朝到隋唐一直延续下来，更进而影响到了古代日本的班田收授制，这已是众所周知的了。不过，北魏均田法的特征，在于对奴婢、耕牛也给田，而这些田不言而喻属于奴婢、耕牛的主人。

这一点，无疑是与当时势力庞大、抵抗三长制施行的"宗主"，亦即大土地所有者之间妥协的产物。然而，三长制和均田法的施行，正是为了抑制这种大土地所有的发展及由此出现的小农无产化，确保个别农家拥有足以自立维生的最低限度的农地，扶持自耕农的成长。北魏希望通过这些措施促进农业生产，以此为基础充实国家财政。

建议、推进这些政策的汉族知识人，就是在五胡十六国时代以来的动乱中及异族统治下，尽管处境艰难，却仍竭尽所能维持华北农村社会秩序的那些名门望族。他们深知，如果肆意扩大自己拥有的土地，使周边农民无产化并纳入自己隶属之下的话，会降低农业生产力，招来农民的怨恨而失去名望，而这也就意味着失去了对农村共同体的指导力量。在我看来，他们之所以会推进三长制和均田法，就是为了借助北魏的统治力量，建立华北农村社会的安定秩序。

孝文帝的汉化政策

在冯太后摄政时期，北魏实施了三长制和均田制，并进一步对百官设定俸禄制度，禁止肆意从民间敛财。如前所述，这毫无疑问是汉族知识人影响力逐渐增大的结果。不过另一方面恐怕也是因为，前文所言太武帝皇太子拓跋晃的那种逐利行为以及腐化现象正在发展起来，这在胡族统治者内部尤其严重。为了纠正其弊害，即使是胡族统治者，也开始痛感有必要听从汉族知识人的意见了。事实上，在以首都平城为中心的畿内，一方面出现了大批的无产者，另一方面却是沉溺于锦衣玉食的贵族，贫富差距日益严重起来。

三长制、均田制就是为了纠正这一形势而实施的政策。冯太后于490年去世以后，拓跋宏亦即孝文帝（471—499年在位）终于开始亲政，势不可挡地着手推进所谓汉化政策。其原因之一，在我看来就是为了改善这种胡族国家的体质。

孝文帝乃是完全习得了中国教养的文化人。经书、史书自不必言，从老庄之学到佛教义理也都有深有会心，而且文笔优长，据说自486年施行三长制以降的诏敕均出于其本人之手。如此有教养的人物，会希望模仿南朝所维持的先进华夏文明国家体制，是理所当然的。不过，他改造国家的热情，恐怕也并非单纯出于其个人的好尚。只要考虑到以平城为中心的畿内贵族之腐败，以及鲜卑族来自边鄙、人数稀少，却要统治辽阔华北之难度，无疑便能感受到孝文帝孤注一掷打开局面的必要性了。

在这种形势下，孝文帝于493年强行从平城迁都到了洛阳。

强行迁都洛阳

对于在首都平城生活长达一个世纪、早已习惯了的鲜卑人来说，迁都实在是令人震惊之举。孝文帝虽已决意迁都，却秘而不宣，仅以大举亲征南齐为名，动员了号称三十万的大军，于当年七月从平城出发。九月，到达洛阳后的第一周，孝文帝就亲自身着戎服，跨马执鞭而出，在淫淫霖雨中下达了各军团出动的命令。以大臣李冲为首，群臣皆伏于马前进谏道：

"这回的远征，并非任何人的愿望。只有陛卜执意如此。这么下去就只有您自己独自前进了。请千万别再一意孤行了！"

皇帝大怒，叱之曰：

"朕正想一统天下，你们这些儒生竟敢有所疑心？难道朕就不能处死你们吗？不要再说了！"

于是策马欲出。孝文帝叔祖、担任军队司令官的安定王拓跋休等流泪累谏。终于，孝文帝对群臣道：

"看来还是太冲动了。没有成功希望地胡乱做事，怎能给后人做好榜样呢？朕虽然世世代代居于北方，但时常考虑要迁入中原。眼下如不南征的话，打算就此迁都。自王以下，心意如何？赞成迁都者列于左侧，不赞成者列于右侧！"[1]

群臣想想，迁都洛阳毕竟胜过远征江南，也就谁都不再反对了。如此一来，迁都一事总算尘埃落定。

北魏于是立刻开始营造洛阳宫城。皇帝巡幸中原州郡，在邺城过年，以示并无北归之意。对平城方面，则派遣自己信赖的叔父任城王拓跋澄前去传达迁都旨意，同时镇抚旧都，以免陷入

---

1 《魏书》卷五三《李冲传》："自发都至于洛阳，霖雨不霁，仍诏六军发轸。高祖戎服执鞭，御马而出，群臣启颡于马首之前。……冲又进曰：'今者之举，天下所不愿，唯陛下欲之。汉文言：吾ώ乘千里马，竟何至也？臣有意而无其辞，敢以死请。'高祖大怒曰：'方欲经营宇宙，一同区域，而卿等儒生，屡疑大计，斧钺有常，卿勿复言！'策马将出。于是大司马、安定王休，兼左仆射、任城王澄等并殷勤泣谏。高祖乃谕群臣曰：'今者兴动不小，动而无成，何以示后？苟欲班师，无以垂之千载。朕仰惟远祖，世居幽漠，违众南迁，以享无穷之美，岂其无心，轻遗陵壤？今之君子，宁独有怀？当由天工人代、王业须成故也。若不南蛮，即当移都于此，光宅土中，机亦时矣，王公等以为何如？议之所决，不得旋踵。欲迁者左，不欲者右。'"按作者于"兴动不小"数句似有误解，此处"兴动"实为"动静"之意。

恐慌。孝文帝于翌年春天才回到平城，下令百官及其家人迁居新都。当年秋天，便奉祖先历代皇帝的牌位，一并前往洛阳去也。

三 贵族制国家的成立

从胡族国家到华夏式国家

即使不从遥远古老的东周时代算起，东汉至魏晋时代的洛阳，不言而喻也是天下的中心。定都于这一源远流长之地，也就象征着北魏帝国从胡族国家蜕变出来，飞跃成为继承魏晋传统的华夏式的天下国家。

因长期战乱而荒芜的洛阳城中，响起了充满活力的营建新都的锤声。这时候，在邺城离宫过年的孝文帝正在接见从南朝齐国亡命而来的王肃。这是南朝第一流的贵族，出身于天下闻名的琅邪王氏。孝文帝与王肃的对话，首先从如何讨灭陷入混乱的齐国、一统天下的方策开始，接下来则顺理成章地转入探讨南朝发达的贵族制社会现状及其问题。少年皇帝被这些最新的情报照亮了双眼，沉浸在对话中，忘记了时间流逝。最新的、理想中的贵族制国家形态被构想出来了，王肃自此以后辅佐孝文帝，为创设文物制度贡献了重要的力量。

493年开始的迁都与改造国家的大事业，诚然是头绪纷繁至极。一方面，为确保作为国家权力根基的军事力量，在今河南省卫辉市附近开设了大牧场，日常饲养十万匹军马，采取特殊措施，让从西北干燥寒冷地区移送过来的马匹习惯更高湿高温的新牧场。又遴选鲜卑族武士十五万人，编成前述的羽林、虎贲近卫

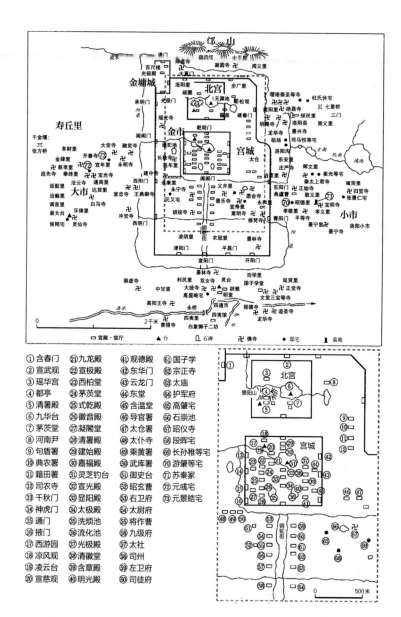

北魏洛阳城复原图

军团。其间，文武百官及其家人也都从平城迁居到了洛阳。

另一方面，则下令移风易俗。禁止穿着胡服，朝廷上废止北族语言而改用汉语。不过当然，实际的情形是"年三十以上，习性已久，容或不可卒革；三十以下，见在朝廷之人，语音不听仍旧。若有故为，当降爵黜官"[1]。

习俗的华夏化

在北族人物的风习被改易为华夏式的各种事项当中，胡姓也被改成了汉姓。例如皇室拓跋氏改为元氏，功臣一族达奚氏则改为奚氏之类，由两个字以上合成的胡姓，被改成了中国式的单姓。前文已经提到，鲜卑族的陆氏习得了中国式的教养，开始与汉族高门通婚，而这个陆氏，就是步六孤氏改成汉姓后的产物。

在如是将风俗习惯改成华夏式的基础上，孝文帝更奖励胡汉通婚。所谓婚姻关系，直到今天也仍然往往是计算了家与家的社会关系才缔结起来的。在魏晋至南朝的贵族制社会中，有一个突出的倾向，那就是家门的社会等级与官僚体系中所占地位的贵贱，两者以对应的形式固化下来，人们的通婚范围则限定在各自的阶层内部。而华北的汉族社会同样有类似的社会等级固化表现，有第一流的名门望族，也有较为一般的地方名门，婚姻关系也倾向于在相应的门户之间缔结。

但是，在胡族的统治之下，华北贵族在官僚体系中的地位并不是那么安定的。这从国史事件中汉族名门崔氏及其姻戚卢氏的

---

1 《魏书》卷二一《献文六王咸阳王禧传》载孝文帝语。

命运就可以看得出来。换言之，在华北的汉族社会中，名门望族的社会地位与官僚体系中的政治地位之间，还未能确立起对应关系。在这个意义上，不能不说贵族制社会是尚未成熟的。

另一方面，在胡族社会当中，从部族制时代以来，部族首领 / 统治阶层和其余成员间就存在着身份差异；进入帝国时代以后，又有所立功勋及与北魏帝室通婚等因素的影响，身份固化的倾向进一步增强起来。

如前述步六孤氏亦即陆氏的情形所见，在他们当中，已习得与贵族阶级相应的中国式教养的人物正在陆续出现；但同时又依然残留着旧日风气，对于迎娶贱民或者全族担任低等官职之类的事情毫不在意。从胡族社会之中逐渐诞生出来的贵族制，同样仍是不够成熟的。

详定姓族

以如上的实际情形为背景，孝文帝努力追步南朝先进的贵族制社会。贵族制社会成立的原理，建立在以下思考方式的基础上：价值评判的标准在于个人资质，并且这种资质是在世世代代传承学问教养、维持优越家风的家族中才能生成的，虽然庶民层中也可能偶然出现卓越人物，但一般来说，这种资质并非一朝一夕便能造就的。而正是这种超越族群差异的人格主义贵族制原理，才足以克服当时的胡族国家体质，充当更为普遍性的原理。

因此，奖励胡族与汉族间的通婚，也并不是无原则地实施的，而是必须按照贵族制原理，在双方各自的相应阶层中进行。为了做到这一点，首先就必须以国家手段，对当时汉胡双方社会中都尚未成熟的贵族制等级秩序进行整顿。这一工作正是被称为"详定姓族"的政策。

迁都洛阳后，孝文帝于496年实施了这一政策。首先在汉族方面，范阳卢氏、清河崔氏、荥阳（今河南省荥阳市）郑氏、太原王氏等"四姓"，再加上陇西李氏、赵郡李氏而为"五姓"，被认定为可与北魏帝室通婚的汉族第一流贵族。对除此之外的家门，似乎也通过调查其祖先三代的居官高低，区分为甲姓、乙姓、丙姓、丁姓四个阶层。这一门第认证举措同时也是为了确定选人授官的标准。

另一方面，对胡族的"详定姓族"，也以如是整顿后的汉族社会贵族制等级秩序为准则来进行。首先，穆氏（丘穆陵）、陆氏（步六孤）、贺氏（贺赖）、刘氏（独孤）、楼氏（贺楼）、于氏（勿忸于）、嵇氏（纥奚）、尉氏（尉迟）等"八姓"，自道武帝以来功勋尤其卓著，受封官爵也最高，因而被认定为和汉族"四姓"一样，可与帝室通婚而无愧色的第一流贵族。

对于除此之外的北族各氏，则根据是否部落大人的后裔，或北魏建国以来担任何种等级的官爵，将高者定为"姓"，低者则定为"族"。换言之，北族方面划分成（1）八姓、（2）姓、（3）族、（4）从姓或族分出的旁支之家。

胡族、汉族门第等级秩序

	I ①	II	III	IV	V
汉族	四姓（五姓）	甲姓	乙姓	丙姓	丁姓
胡族	八姓	姓	族	姓、族旁支 ②	

①"四姓"为"甲姓"中的别格，"八姓"亦为"姓"中的别格。因此从广义上来说的话，"甲姓"中包括"四姓"，"姓"中也包括了"八姓"。

②根据从姓、族中分出时的世代远近，旁支也还可以分为IV和V，但规定过于细碎，兹从省略。

如果将胡汉门第的等级秩序对照起来的话，便如上面的表格所示了。

帝室拓跋氏改称元氏，不消说高居于这一胡汉双方共通的贵族制等级秩序的顶点。如此一来，贵族制国家的建设因着孝文帝自上而下的强硬政策，总算整顿出大致的规模来了。他在如是强行改造国家的同时，屡次南征，意图讨灭南齐，却在499年三十三岁便病死了。

不过，尽管他如此殚精竭虑地推动国家改造事业，使北魏成功地蜕去胡族本性，摇身变成堂堂正正的华夏帝国；然而在自上而下的改革中，国家内部还是潜藏着种种问题，因此才迫不得已如此强行蛮干。接下来进入到6世纪，这些矛盾便日渐扩大，最终导致了严重的后果。在下一章中，就让我们转而观察矛盾的爆发，以及摸索新的解决之道的过程。

第十一章　从贵族制国家走向府兵制国家

——6 世纪的华北

一　北魏帝国解体

洛阳的繁荣

　　孝文帝的继承人是其子宣武帝（499—515年在位）。他于501年动员了畿内人夫五万五千人，大规模修建首都洛阳。在向来以宫殿和贵族宅邸为中心的都城外侧，筑起广达东西二十里、南北十五里的外城。其内部利用东西南北四通八达的道路，分为三百二十三坊，除十一万户左右的民居外，还足以容纳大量佛教寺院。一座大都市就此诞生了。

　　早在5世纪前半叶，太武帝在统一华北的过程中，就曾于攻灭北凉时俘获当地僧侣三千人，与大批北凉国人一同押送到首都平城居住。从那时开始，佛教就广泛分布于北魏境内。不久，在太武帝的宰相崔浩及当时道教界领袖寇谦之的引导下，皇帝成为道教的信徒，并在446年对佛教实施了大规模的镇压。不过，从接下来的文成帝时期开始，佛教又再度大兴。平城时代佛教兴隆的遗迹，尚可见于上文已经提到过的云冈巨大石窟群，这已是众所周知的了。

迁都洛阳后，在宣武帝及其后的孝明帝（515—528年在位）时期，佛教受到以皇帝为首的贵族的信奉和庇护，在北魏展现出空前的盛况。518年，洛阳城中的佛教寺院已经有五百所，至北魏末年更多达一千三百六十七所，据说都城的三分之一都为寺院所占。当时的佛教之盛况与洛阳之繁荣，今天尚见于杨衒之《洛阳伽蓝记》所载，也通过洛阳郊外现存的龙门石窟反映出来。

洛阳不仅是遍布北魏全境的佛教的一大中心和巨大的佛教都市，同时也是一座国际都市。宣武帝所建永明寺中据称有西域诸国僧人三千，在南郊还设置了用于接纳各国逃亡者、归化人的设施和居住区域。住在洛阳的归化人高达一万户以上，不消说还有频繁往来的外国使节和商人。种种奇珍异宝汇聚于此，西域特色的幻术、马戏等杂耍，又给聚会参加佛教节庆的人山人海增添了耀眼的光彩。

在设置于洛阳城内东西两侧的小市、大市，尤其是被称为大市的宽广市场区域中，每天都可以见到生机盎然的人潮。市场周边以职业为别，居住着许多手工业者和商人，持续活跃的经济活动支撑着这座巨大的消费都市。孝文帝时开始铸造、发行的"太和五铢钱"等货币，极大地刺激促进了交换经济的发展。富裕的有产阶级所居住的货栈街道也是屋宇相连、鳞次栉比。

贵族制国家的废弛

首都的生活日益走向奢华，宫廷中与贵族们的生活更是奢华中的奢华。不，应该说首先是宫廷生活走向了奢华，这才刺激首都整体的生活往相同方向发展。两者互为因果，整个社会于是都走向了追求奢华的方向。从而生出的问题，便是贵族制国家内部阶层间的等级落差、京畿地区与各地方尤其是边境间的落差都在增大，对此心怀不满的人群也在增多。这样的问题，将以怎样的形式表现出来呢？

如上一章中末尾列出的表格所见，孝文帝缔造的贵族制等级秩序企图将胡汉二者完全对等且公平地混合起来。然而值得注意的是，尽管在形式上做到了，但实际的官职与政治实权不可能如此公平地分配。换言之，在北魏贵族制中，帝室、王族总是最高等的贵族，陆氏、穆氏以下的北族八姓为其辅翼。结果造成高位官职被宗室及这些北族贵族所垄断，汉人进入中下层级的官职中发展，而大量未能被认定为上等贵族的北族，则被排挤在现实的官职和特权之外。

这种情形首先造成的事态，便是手握实权的宗室把持政治，皇帝政令不行。诸王为了掌握实权而斗争，皇帝则为了压倒他们而借助宦官之力，宦官势力于是膨胀起来。在这种不安定的政治形势中，宣武帝去世，年仅五岁的孝明帝即位，胡太后摄政，诸王与宦官之间的斗争更是没完没了。

不但如此，与权力相连共生的这些王侯贵族还以洛阳的繁华为背景，竞相夸耀豪奢的生活，收受贿赂自不必说，连卖官也泛滥风行。一方面，有权有势的诸王宅邸堪与皇宫匹敌，内列伎女数百人，长夜荒宴，极尽奢华；另一方面则驱使奴婢数千人，从经营大土地到贩卖产品、放高利贷等等，经手种种营利事业，牟取巨利。前文所见洛阳之繁华、佛教寺院之壮观林立，与包括皇帝在内的这些宫廷贵族的经济活动及消费热潮，是紧密联系在一起的。

我们眼见从宣武帝到孝明帝治下，6世纪初二十余年中的这般景象，不能不感受到其与北族固有的那种宗室性军事封建制的堕落形态有相通之处。当然，北魏早已断然解散了部落，尤其是经过孝文帝之手后，军事封建制的残余已经被转换为基于教养主义、人格主义的华夏式贵族制国体了。然而，在文治主义面纱的遮掩下，围绕着宗室、后宫与宦官的宫廷政治动荡，可以说仍然暴露出了胡族特点。而他们的这种逐利主义，无疑会使均田制也变得有名无实。

中央军人的不满爆发：羽林之变

贵族制等级秩序的顶端阶层，以及与之共生相连的人物，既然已是上文所见的这么一副光景，对于阶层落差扩大的不满情绪也就在身处等级秩序下层的北族军人之间郁积起来了。他们原本与位居顶端的北族贵族一同，以身为北朝军事力量柱石、缔造了华北统一大业的功臣子孙而充满自豪。然而当迁都之际，他们从平城移居到了洛阳，却依旧被编入羽林、虎贲近卫军团，从此投闲置散，几乎没能分享到任何特权好处。

当然，在人格主义式的贵族制等级秩序中，即便是对于他们而言，作为文官而晋升的道路也并不是完全封闭的。可是他们大都粗野无文，"不解书计"[1]，缺乏担任官吏的素质，这也是事实。

---

1 《魏书》卷六六《崔亮传》载亮曰："今勋人甚多，又羽林入选，武夫崛起，不解书计，唯可彍弩前驱，指踪捕噬而已。"

而贵族制原理除了门第高下之外，还以人格主义、教养主义为基础。根据这一原理，"贤愚"[1]与否便成为官吏铨选时的问题。在这种时候，他们要吃亏是注定了的。

并且，中下级的官职是被汉族知识人占据着的，如果这些军人也插手进来，对他们而言便如同自己的禁脔遭到侵犯一般。故而他们极力阻止军人们染指中下级官职，双方的关系变得紧张起来。结局是在519年，出身汉人高门的张仲瑀提议禁止选用武人担任清流官职，近卫军人的不满终于爆发出来。羽林、虎贲兵士近千人涌至尚书省（亦即当时的内阁）聚众示威，鼓噪诟骂，纷纷投石，随后火烧张仲瑀宅。张仲瑀身负重伤，侥幸逃脱一命，而其父却被投入火中烧成重伤，两天后便去世了[2]。这一事件，就是史称的"羽林之变"。

胡太后摄政下的政府对此采取姑息政策，只求搪塞一时。仅处死了羽林贲军人中最为凶暴的八人，便发布大赦令，一切付之不问。为了消解北族军人的不满情绪，还认可了武官根据等级平调为文官的权利。

然而官职的数量是有限的。不仅如此，尽管有资格任官者的数量因此而激增，却无法再对其资质贤愚进行考核判定了。因此在选官时，只能仅以候选人卸任以来经过的时间长短为准，从卸任最久者开始排队，按先后顺序轮流得官。这一任官方式被称为

---

1 《魏书》卷六六《崔亮传》："时羽林新害张彝之后，灵太后令武官得依资入选。官员既少，应选者多，前尚书李韶循常擢人，百姓大为嗟怨。亮乃奏为格制，不问士之贤愚，专以停解日月为断。"

2 据《魏书》卷六四《张彝传》，被生入火烧死者为仲瑀之兄始均，其父张彝系被殴击重伤致死，并非烧伤。作者于此似稍有误读。

"停年格"。

地方军人的不满加剧

有了停年格，羽林、虎贲军士已达爆发点的不满情绪暂时得到了消解。可是这样的人事废弛，当然会使官场的氛围变得死气沉沉。况且中央北族军人的不满虽然由此得到消解，更为严重的问题却是地方上，尤其是配置于边境的军人的不满。

如前章第一节"州镇制"条中所述，北魏对华北的统治基础在于配置在各要冲的"镇"，以及"镇"被撤换为"州"后仍然驻屯在当地的北族军士的军事力量。他们尽管比不上中央的羽林、虎贲军士，但作为军人，毕竟同样有着身为北魏柱石的强烈自豪。

可是，孝文帝以后向贵族制国家转型的北魏，却将这些军士弃如敝屣，朝着文治主义路线高歌猛进。对他们来说，仕官之途

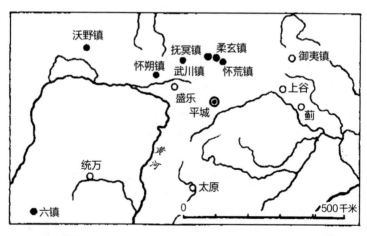

北魏六镇配置图

已被彻底封闭，身份一天天跌落。担任镇兵、身在军籍，甚至成了通婚的障碍。他们被遗弃在比羽林、虎贲军士还要悲惨得多的处境中，与那些身处中央、沉醉在贵族式生活的同族之间呈现出了巨大的差距。

矛盾激化得最为严重的，是远离首都的北方长城地带，配置于国防第一线的所谓北镇。于是，以其中的沃野、怀朔、武川、抚冥、柔玄、怀荒六镇为中心，导致北魏帝国崩溃的一场大叛乱最终在 523 年拉开了序幕。这就是世称的"六镇之乱"。这场叛乱，是六镇兵士处在过于严重的歧视与屈辱之下，悲愤最终爆发出来的产物。

六镇、城民大乱

北镇军士原本出身于胡汉良家，仕官前途有望，还被赋予了免除徭役的特权，然而如前所述，形势从孝文帝时开始发生了变化。一方面是汉族系统的军人逐步免除军籍，恢复了士大夫的生活，另一方面却是新的流放刑徒被陆续送来充当镇兵，一向光荣的胡族军士也渐渐被视为流放刑徒的同类，被当作贱民来看待了。

他们于是被称为"府户"，也就是隶属于镇将所开将军府的军户，像贱民一样受到镇将的奴役驱使。

而且，最初被任命为镇将的都是帝室中的杰出人物，然而到迁都洛阳之后，北方防卫遭到轻视，就尽是任命一些凡庸人物来当镇将了。他们热衷于聚敛财富，还与从中央贬谪来此的官吏相互勾结，使镇内贿赂风行，不拿钱就办不成事。镇将与镇兵之间光荣的北魏国家军队的兵将结合关系，已转化成了剥削与隶属的关系。

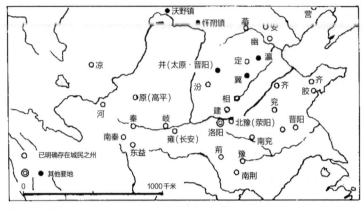

城民所在地

　　523年春天，沃野镇有镇民姓破六汗名拔陵者，杀死镇将，改元"真王元年"，高举旗帜反对北魏王朝。这场叛乱旋即从整个六镇扩展开去，东至辽西，西至今甘肃省，波及长城地带全境。雪上加霜的是，从今甘肃省东南部到今陕西省，也爆发了以氐族、羌族为中心的叛乱。号称二十万的破六汗拔陵叛军，被北魏讨伐军及与之协力的柔然族军队击破，一度向北魏降伏，被迁徙到今河北省一带。然而，在同为北镇民的杜洛周、葛荣等的率领下，他们再度将今河北省一带卷入叛乱漩涡，逐步南下。

　　像这样，从北方边境地带爆发的叛乱，迅速地波及长城地带全境乃至华北内部。这不外乎是因为华北各地残留的镇，或者由镇改州时残留的州军兵士也已陷入了与北方六镇镇民相同的困境，对叛乱感同身受。镇民被编入军籍，区分于一般的州郡民。在镇城所属之民这一意义上，他们也被称为"城民"。这些虽然居住在州、却属于军籍的城民，在各地都有分布。谷川道雄从史书记载中爬梳出有城民存在的州，制成上面的地图，清楚地说明了这一点。

以这种城民叛乱的形态，六镇叛乱扩大到了全国性的规模。面对着本应是北魏帝国柱石的地方军队掀起的这场总叛乱，洛阳政府已经彻底无能为力。不仅如此，就在动乱当中，宫廷内部依然争斗不休，胡太后一党与孝明帝一党之间刀光剑影，斗争已到了白热化的程度。

当此之时，稽胡族的尔朱荣，是拥有部落民八千户以上、牧场中养马数万匹的一族之长，在秀容（今山西省忻州市）一带发展起了强大的势力。北魏帝国自身的鲜卑族部落虽然早就解散了，却并未强制解散其他系统的北人部族，而是令部落首领在"领民酋长"的名义下世袭统领部落民。这些部族被置于与北魏的朝贡关系之下，必要时则随北魏军出征。在近卫军之外的地方军队已悉数动摇之际，北魏政府一边提防着尔朱荣的势力，一边也不得不向他请求支援了。

二 东西二重政权的出现

北魏灭亡

尔朱荣疏散家财，从混战不休的周边诸军中招揽有才能的武将，纳入己方阵营，其中就有怀朔镇民高欢。那位原本与高欢共同进退、后来却归降南朝萧梁，还给梁帝国制造了大动乱的侯景（参照第八章），这时也加入到了他的阵营中。尔朱荣的军团如是不断招揽旧镇民，成长为强大的新兴势力。

528年，陷入宫廷内部斗争的孝明帝一党，命尔朱荣军进驻洛阳，企图与其合作打倒胡太后一党。尔朱荣以高欢为先锋，进军洛阳，但太后一党却抢在其进驻之前毒杀了皇帝，而这正给尔朱荣提供了干涉政权的借口。他拥立先帝亦即宣武帝的从弟元子攸为孝庄帝（528—530年在位），进驻洛阳，逮捕昏乱至极的胡太后及其一党，问罪之后投入黄河；更进而锐意清洗洛阳的腐败政界，将皇族及朝士二千人虐杀于河阴。

这种暴行激起了朝野对尔朱荣的反抗，连尔朱荣拥立的孝庄帝本人都坐不住了，甚至策划寻求机会将其诛杀。然而手握大军的尔朱荣，在东方粉碎葛荣的势力，在南方击退一度侵入洛阳的南朝萧梁军队，在西方则平定关中，已经展现出了逼迫孝庄帝禅让的势头。

530年，皇帝终于抓住尔朱荣入朝之机，将其诛杀，同时派遣使者敦促河北各地豪族起事。与此相对，尔朱荣之侄尔朱兆则兴兵报复，进入洛阳，同年杀死皇帝，拥立其他宗室为帝。针对这一动向，以渤海郡高乾兄弟为首，同郡的封氏、范阳卢氏、赵郡李氏等河北各地名门大族分别于乡里结集兵力，相互响应，掀起了反抗尔朱氏的运动。

这时高欢作为尔朱兆的部将，统率着原北镇叛民二十余万。他以调度粮食为名，率部向东方进军，兵临信都（今河北省衡水市冀州区）。已经占据信都的高乾等河北望族察觉到高欢有背离尔朱氏独立的野心。531年，双方成立联盟，共同推戴北魏宗室元朗，在其名义下建立起了联合政权。

翌年，高欢等人的联军占领邺城。尔朱兆等为了讨灭他们，从各地征调了号称二十万的大军，云集于邺城周边。两军在邺城郊外的韩陵山之战中一决胜负。尔朱氏大败，彻底失去了统辖麾下诸军的能力。出自旧北镇叛民系统的诸军，原本就对尔朱氏及其部族的横行霸道深感不满，于是借此机会，反过来开始歼灭尔朱氏。

在尔朱氏被歼灭于洛阳之后，高欢入城，将尔朱氏所立的皇帝（前废帝）和自己派系在信都拥立的皇帝（后废帝）一并废黜，改立元脩为帝，是为孝武帝（532—534年在位）。但实权只不过是从尔朱氏转移到了高欢手中而已。从尔朱荣独擅大权时开始，北魏帝国就已经在事实上灭亡了。

高欢于晋阳（今山西省太原市）开幕府，操控洛阳的北魏朝廷。当时，在以长安为中心的关中，有宇文泰等人从六镇之一的武川镇南下，形成了独立的势力。孝武帝不满于受到高欢掣肘，于534年从洛阳出逃至宇文泰旗下。高欢无奈，只得另立皇族元善见为帝，是为孝静帝（534—550年在位）。

如此一来，奉戴孝静帝的高欢和将孝武帝迎至长安的宇文泰，便成为东西对峙的华北两大势力。北魏就此分裂为东西两部，史称东魏、西魏。高欢将孝静帝从临近西魏的洛阳转移到邺城，将此处作为新的首都。自此以后，洛阳便成为东魏与西魏相争的惨烈战场。这座极尽繁华的大都市的命运急转直下，再度沦为瓦砾山积的断井颓垣之地，而这也正是北魏这一外观气派堂堂的贵族制国家土崩瓦解的缩影。

东之高欢与西之宇文泰

以六镇叛乱为肇端，6世纪20年代以来的十余年间，大动乱的狂风暴雨席卷华北，彻底瓦解了北魏帝国，催生出以高欢和宇文泰为中心的东、西两大新势力。这些新势力得以产生的首要原因，就是在北魏帝国整顿转型为贵族制国家的过程中，日益贱民化的镇民、城民等为了恢复自由身份，揭竿而起。北族战士们这种熊熊燃烧的能量汇聚起来，凝成了新政权的第一构成要素。

关于这一点，只要看高欢原本出身怀朔镇民，宇文泰也是出自武川镇民的人物，就不难明白。关于高欢的出身，史书称其为渤海郡名族，不免可疑。自其祖父以来，其家族就长期居于北方，早已鲜卑化了，他甚至有个鲜卑式的名字叫贺六浑。

另一方面，宇文泰则不消说是属于宇文部族的北族。这些人物度过了北镇叛乱时期、与尔朱氏或分或合的时期，以及东西分立对决时期这三个艰苦阶段，才分别确立起自身的霸权。他们能从大动乱的漩涡中最终胜出，其身负在此期间千锤百炼而成的卓越武功，以及足以收买人心的政治才能，也是不言而喻的。

然而他们的成功，并非仅凭个人资质达成的，而是因为有那些与他们一样从镇民当中，或者从各地动乱之中锻炼起来的骁将，率领着追求自由的镇民及其他民众，一同齐心协力，从困境中杀出重围，收拾乱局。

他们是与高欢或者与宇文泰一同缔造了新政权的功臣，当时称为"勋贵"。例如辅佐高欢的侯景等人，就是这样的勋贵。他们所创建的军事政权，同时也是这些"勋贵"（实质上就是发迹了的武将们）的松散集合。

不管高欢还是宇文泰，都是和这些"勋贵"一起同甘共苦奋斗过来的伙伴。高欢、宇文泰虽说是"勋贵"中的第一号人物，但也无法立刻压倒多数同伴，自己登上皇帝宝座。即便只是为了整合这个发迹武将的松散集合，使他们的政权得以维持，也有必要继续奉戴作为传统文化与权威象征的北魏朝廷。东魏（534—550）、西魏（535—556）这两个朝廷就是这么成立起来的。

接下来，在分别争相主张自己才是北魏正统后继者的时候，双方实权人物的幕府非置于军事要地不可。于是，高欢于晋阳开幕府，派遣重臣进入邺城的东魏朝廷，进行远距离操控。宇文泰则于华州（今陕西省大荔县）置幕府，宰制长安的西魏朝廷。形成了朝廷与幕府分别位于不同场所，幕府遥控朝廷的二重政权形态。这真令人不禁想起日本的幕府时代，特别是南北朝[1]分立相争的时代。

东西二政权的使命

作为幕府的主宰者，高欢与宇文泰所面临的使命，一方面是监视宰制朝廷，另一方面则要利用朝廷权威，压制"勋贵"同伴，将自己的地位抬高到他们之上。换言之，他们的使命在于既要一边压制"勋贵"，又不能失去他们的协力，在这样的形态之下实现以自身为核心的战斗力统合。"勋贵"大多是出身北镇的胡族，或者已胡化了的汉人。高欢军中的号令之类都是用鲜卑语的。可是上一节中也已经提到，高欢政权的缔造，同时也是以渤海高乾兄弟为首的华北各地的汉人名门望族结集当地民众，率领当时所谓"乡兵"部队，与北镇势力通力合作的成果。"乡兵"部队支撑着东西对峙的两个政权，分别占据了其战斗力的重要部分，这

---

1 这里的南北朝，指日本史上的南北朝时代（1336—1392），征夷大将军足利尊氏（室町幕府开创者）于京都拥立光明天皇，是为北朝。被迫退位的后嵯峨天皇则从京都逃出，在吉野建立政权与之对抗，是为南朝。

一点不管对宇文泰还是高欢来说都是一样的。所以其中的功臣如汉人高乾兄弟之类，也都身在"勋贵"之列。因此，以怎样的形式来统合"勋贵"的问题就与胡族、汉族的统合，以及其背后的"乡兵"组织化问题联系在一起了。

换言之，高欢和宇文泰面对的首要问题，就是要针对北魏末期贵族制国家所造成的极端严重的身份落差矛盾，将镇民、城民及乡兵等掀起的要求恢复自由的能量，统合、组织成最高效的战斗力，在持续调动民众自发性的同时，打造出堪称军国主义的体制。这就是能够击倒对面的敌国，继续生存下去的唯一道路。这里不妨先透露一下结局：成功走上了这条道路的是宇文泰开创的西魏—北周国家，而未能径直朝这条道路前进，最终灭亡了的，则是高欢的东魏—北齐国家。

然则，西魏—北周是如何获得成功的呢？这且待后文分解；我们先来看看东魏—北齐的情形。东魏—北齐之所以没能像西魏—北周那样顺畅地转型为自发性的军国主义体制，首要的原因就在于该国是以今河北省、河南省为中心立国的，这片地区汇聚了许多富有文化修养的名门望族，而他们的文治主义与军国主义之间发生了冲突。这种冲突以北族系武将和汉人贵族相抗争的形式呈现并尖锐化，又与胡汉统合问题相互缠绕着呈现出更为复杂的形态。

不仅如此，东魏还显著地受到当时仍然繁荣足夸的南朝梁帝国的影响，也强烈地受其高水平文化的刺激。并且，东魏—北齐不但在文化水平上高于西魏—北周，在交换经济上也比西境要活跃得多，这无疑有着受梁帝国刺激的成分在内。而西域的粟特商人们自从北魏以来就已进入东魏—北齐地域，尽管被西魏—北周截断了从西方直接进入的通道，但他们似乎仍能借道北方的突厥，与西域保持活跃的交通往来。这样活跃的经济活动和高超的文化水平阻碍了东魏—北齐，使其无法简单地走上军国主义道路。

下面，就让我们来追踪这种种因素是如何在东魏—北齐的政治历程中表现出来的吧。

三 东魏—北齐的悲剧

东魏的苦恼

534年，已奉孝静帝迁都邺城的高欢在营造邺都的同时，自己则以晋阳为根据地，将尔朱氏残存势力一扫而空，集中全力准备与西魏对决。

546年，他以辅佐朝政的名义，将继承人高澄送到了邺都，实际上是命他监视朝廷。高澄重用汉人名士崔暹，致力于擢用人才，将孝静帝身边的汉族知识人都拉拢到了自己幕下。这固然是削弱朝廷实力的有效方法，然而，高澄幕下的汉人贵族们企图压抑"勋贵"的动向却也自此萌芽了。

这一时期，在发迹武将中早已出现了倚仗权势暴力侵夺民众财货、收受贿赂等渎职行为成风的倾向。高欢想要伺机挑衅西魏，而汉族知识人却相反，主张应对外敌的先决条件乃是"先除内贼"[1]。所谓"内贼"，指的就是"勋贵"。高欢对此的回答是：

---

1 《北齐书》卷二四《杜弼传》："及将有沙苑之役，弼又请先除内贼，却讨外寇。高祖问内贼是谁。弼曰：'诸勋贵掠夺万民者皆是。'"

"自从北魏以降，贪污之风由来已久。如今武将家属留在关中者甚多，宇文泰正在招降这些武将，人情并不安定。江南又有老翁萧衍（梁武帝），专心于学问礼乐，我中原士大夫视其为文明所在之地，甚为向往。倘若当下就严峻纲纪，毫不留情地加以弹压，武将便都要投奔宇文泰，而士大夫则都逃向萧衍了。人才一旦流失，国家也必瓦解。暂且少安毋躁为是。"[1]

这一番话，正鲜明地象征着东魏被夹在西境的军国主义和南境的文明之间、眼看着就要被撕裂的痛苦立场。

在当面的场合，高欢反而要给"勋贵"们戴高帽子，鼓动他们奋起讨伐西魏。与西魏的决战在537年到543年间数次展开，高欢也曾从今山西省南部渡河，进军关中，却一度在沙苑大败而归。虽然在543年，洛阳郊外的邙山决战中，高欢给宇文泰以决定性打击，令其败走关中，但北齐也已在连年的战争中疲敝不堪，无余力继续追击了。于是两国以洛阳以西、陕州（弘农，今河南省三门峡市）以东为界，进入休战状态，各自转向整修内政。

弹压勋贵与北齐诞生

被搁置了的"勋贵"弹压政策，在高欢的首肯下，从544年开始逐步展开。这是为了提升高氏权威，最终废黜东魏朝廷，建立高氏政权的必要措施。其推手则是高欢的继承人高澄，以及围

---

1 《北齐书》卷二四《杜弼传》："弼以文武在位，罕有廉洁，言之于高祖。高祖曰：'弼来，我语尔。天下浊乱，习俗已久。今督将家属多在关西，黑獭常相招诱，人情去留未定。江东复有一吴儿老翁萧衍者，专事衣冠礼乐，中原士大夫望之以为正朔所在。我若急作法网，不相饶借，恐督将尽投黑獭，士子悉奔萧衍，则人物流散，何以为国？尔宜少待，吾不忘之。'"

绕在其身边的崔暹等汉人贵族。在高氏麾下，源远流长的文人贵族开始着手压制新近发迹的武将"勋贵"了。

　　在弹压"勋贵"时，他们的渎职行径成了绝佳的口实。中央"勋贵"及其相关人等都被下狱或受免职处分，弹劾名单中也包括了侯景的名字。侯景这时已经担任河南大将军[1]，兼司徒这一最高官位，是负责经营黄河以南领土的主帅。他是高欢的老友，兄事高欢，并不把继承人高澄之流放在眼内，曾经如是透露心声："高王在世之时，自不敢有异心。然而一旦他不在世，我岂能辅佐这等鲜卑小儿？"[2]

　　546年，当高欢卧病在床之际，侯景接到了命其前往中央的调令。虽然看起来是高欢的亲笔书信，侯景却看破这实际上是出于高澄之意。素来就对高澄弹压勋贵政策心怀不满的侯景，遂于翌年（547）以高欢之死为契机，最终掀起了对东魏的叛乱。在被高澄的讨伐军所败之后，他归降梁帝国，将江南卷入了大动乱中，这在第八章中已经叙述过了。

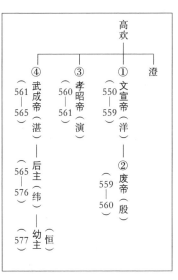

北齐高氏谱系图

1　河南大将军为侯景投梁后萧衍所署官职，侯景在东魏时所任职位应为南道行台。
2　《北齐书》卷二《神武纪下》："侯景素轻世子，尝谓司马子如曰：'王在，吾不敢有异，王无，吾不能与鲜卑小儿共事。'"

高澄将侯景驱逐到南方后，继续与身边的汉人贵族一同推进让魏孝静帝禅位的计划。然而，549年爆发了突然事件：就在他们屏退余人、密谈计划之际，高澄被从事杂役的奴隶刺杀了。

高澄的弟弟高洋继位，罔顾勋贵们的反对，于550年强行实施禅让。支持推进这一行动的仍然是杨愔等汉人贵族阶层。东魏朝廷就此覆亡，高洋成为北齐的开国之君，号为文宣帝（550—559年在位）。

文宣帝之昏乱

文宣帝初期，重用杨愔，励精图治。依财产多少划分民户为九等，按户等负担相应的赋税力役，选拔鲜卑勇士充实近卫军，汉族勇士则编入国防军队，收获了对柔然、突厥等的大胜。此外还修筑万里长城、整备法制、整理削减纷然林立的郡县，这些举措稳固了北齐的根基，建设起强有力的国家。然而没过多久，他却急剧蜕变为残虐淫乱的皇帝。

如前所见，他是罔顾勋贵反对、在汉人贵族支持下强行登上帝位的。其才略不及乃父高欢和乃兄高澄，是即位之前已有的定评。面对反对魏齐禅让者，汉人贵族支持者的逻辑是："正是因为不及父兄，才有必要早日登上帝位。"[1]换言之，需要以皇帝之名的权威，来弥补作为霸主之资质不足的缺点。

文宣帝努力追求名副其实，然而在内对于反对其即位的"勋

---

1 《北史》卷七《齐本纪中》："于是徐之才盛陈宜受禅。帝曰：'先父亡兄，功德如此，尚终北面，吾又何敢当。'之才曰：'正为不及父兄，须早升九五。如其不作，人将生心……'"

贵"们怀有不安，在外则焦灼于西魏—北周的军国主义体制一步步切实推进。当努力未能以显著可见的形式带来预期成果时，这种不安与焦灼就更成倍地增加。为了消愁解忧，文宣帝的酒量急速增长。内心受责不安，却越发地自尊护短——这种暴君形象已屡屡见于第七章中所述的南朝宋、齐两王朝。与此如出一辙，文宣帝将魏朝的拓跋／元氏杀戮殆尽，又相继杀死反对即位的"勋贵"和进谏的重臣等，完全陷入了酒精中毒的昏乱当中，于559年死去了。

值得注意的是，在暗地里操纵着这种昏乱的诛杀"勋贵"之举的，恐怕正是杨愔等汉人贵族。也可以说，是传统汉人贵族与暴发武将"勋贵"之间的对立，把昏乱的皇帝摆弄成了一个扯线木偶。

文宣帝死后，杨愔试图在太子殷（废帝）名下集中权力。诸王及勋贵一方郁积已久的反抗旋即爆发。560年，他们发动政变，将杨愔诛杀。于是当年八月，在诸王、勋贵的推举下，文宣帝之弟常山王演即位，是为孝昭帝（560—561年在位）。

北齐的末路

孝昭帝实行"勋贵"路线，矫正文宣帝时代的弊病，以高欢时代为追求的榜样，然而因为发生坠马事故，即位后仅仅一年便去世了。其弟武成帝高湛（561—565年在位）依遗诏继位。在这一时期，北族系勋贵实力和汉人贵族间的争执再度升温，而出身西域商人的和士开等恩倖也通过谄媚君主培植起庞大的势力。恩倖得势的背后，是经济活动的活跃，以及出现了以西域商人为首的政治商人。这一点和南朝在5世纪下半叶以后的表现又是共通的。这么一来，政界就变成了北族系勋贵、汉人贵族和恩倖三足鼎立的角斗场。

武成帝是和文宣帝一个模子里印出来的昏君。恩倖和士开的势力急速膨胀，政界上演了"有钱能使鬼推磨"的乱象。尽管如此，汉人贵族祖珽却与和士开勾结，为强化君权以及维持和士开与君权密不可分的权势而出谋献策：只要武成帝让位于太子纬（后主），成为太上皇，和士开便能身受前后两代皇帝的恩宠了。565年，禅让实施，后主（565—576年在位）即位。太上皇于568年死去，而和士开将恩倖同类都纠合起来，权势越发如日中天。

571年，诸王、勋贵对和士开专权的不满爆发出来，发动政变将和士开斩杀。汉人贵族祖珽于是借此机会，与残余的恩倖勾结，说动后主下决心弹压勋贵，甚至连威镇北周的名将斛律光都被杀害，防御北周攻势的力量由此骤减。

成功排除了勋贵的祖珽，在学术机构文林馆中召集汉人贵族、知识人等。对他们来说，最后的敌人只有恩倖势力了。祖珽等已经做好准备面临最后的对决，然而他们反而在573年败北，祖珽下台病死，文林馆的知识人也被杀戮殆尽，以悲剧收场。再接下来，就只剩下了恩倖主导的一片乱象。北齐，早在北周进攻之前，就已经旦夕崩溃，脆弱得不堪一击了。

四 西魏—北周的成功

新军团组织——府兵制

577年，已经在不断走向自杀性崩溃的北齐，被北周武帝（560—578年在位）的军队所灭，华北再度统一。最初组织起北周军事力量的，就是那位西魏的实权人物宇文泰。尽管和东魏的高欢相比，宇文泰手上只有数量远逊的兵力和贫弱的民力，然而他却将其编成了效能极高的军队。

　　支持着宇文泰军的力量，首先是以从武川镇等北镇南下的北族系军士为核心的镇民势力，其次则是与之齐心合力的关中豪族所率的乡兵集团。这一点与高欢并无二致。然而必须注意到的地方在于，宇文泰自觉主动地使这种乡兵集团组织化了。

　　兵力不及高欢的宇文泰，在与高欢决战期间，尤其是在543年败于邙山后，指定任命各地有名望的豪族为"乡帅"，积极组织集结各自地区的乡兵。这些乡兵部队并不只有汉人，还包含了五胡十六国时代以来大量流入关中的胡族。近卫军团主要是以昔日北魏系镇民部队为主力构成的，与此相对，这些乡兵部队则最终被整编成了号称府兵的军团组织。

　　府兵制是到550年前后才成立的，一共由二十四军组成，称为"开府"的司令官分别统率一军。其上有"大将军"统辖二"开府"亦即二军，更其上则是号为"柱国"的最高司

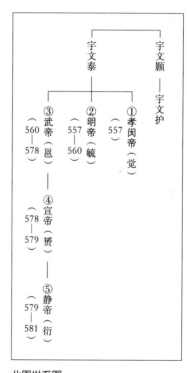

北周世系图

宇文颢 —— 宇文护

宇文泰
- ①孝闵帝（觉）（557）
- ②明帝（毓）（557—560）
- ③武帝（邕）（560—578） —— ④宣帝（赟）（578—579） —— ⑤静帝（衍）（579—581）

令官，指挥二"大将军"，合计四军。而西魏共有六"柱国"。这么一来，西魏军队就通过府兵制而被系列化，构成了八柱国—十二大将军—二十四开府的系统。至于全军的统帅，则是西魏丞相兼总司令官的宇文泰。

在"军"这一单位之下，又有若干"团"，以仪同将军、大都督、帅都督、都督的序列设置指挥官。乡兵部队被整合进如上的军团组织，已经不再被称为"乡兵"，而是被称为"府兵"了。府兵免除"租、庸、调"及力役负担，每一战士所需的马匹食粮，则由六户人家提供。这是所谓自给自足的兵士，表现为光荣的战士自发参军的形态。

北魏末年的大动乱，是以北族系战士要求恢复旧日光荣身份的运动为开端的；而现在这一府兵制度仍与此相关联，可以说走在了激发战士自发能动性的方向上。在奋起的汉人乡兵部队中，也有对腐败贵族制中身份落差的反抗，有恢复自由的志向。在我看来，这个制度就是乘着这一潮流，激发出民众自发能动力的产物。不言而喻，这样的政策大大减轻了国家在蓄养军队方面的财政负担。

在如是整编成军团组织的西魏，拥有柱国、大将军头衔的军队司令官是最高的实权人物，地位则是由军功高低来决定的。像东魏—北齐那种传统文人贵族阶层，在这里几乎无足轻重。毋宁说汉族式的教养主义是遭到反对的。自北魏孝文帝以来已改为汉姓的胡姓，在549年又奉命重新恢复为胡姓，甚至连汉人官僚也被赐予胡姓，这反而表现出使汉人社会胡族化的倾向。

沿着这一方向发展下去，到了554年，功勋最高的诸将军被当作北魏建国前的三十六部的后裔，位居其次者则视同拓跋部以外归属北魏的九十九部的子孙，诸将军统率的军士也都分别改从将军姓。西魏的军团被比拟为过去部族联合形式下的那种自发性战士集团。西魏的军国主义，则是与这种带有复古色彩的军团重组相匹配的。

周礼式官制的施行

这种复古色彩，在官制上也有所表现。首先，取得宇文泰信任、实行了富国强兵政策的苏绰，摹拟《书经》文体而作《大诰》，用作公文书的范本。这是试图通过复古来对魏晋以来的文章进行根本性的改革。在556年公布的"六官之制"中，这一点体现得更为清晰。

"六官之制"试图一改汉魏以来的烦冗官制，改为取法《周礼》的简洁朴素形态。这同样是由苏绰着手实施的，在他546年去世后，卢辩赓续其业，最终完成。

《周礼》所记的周代官制，大略分为六种，也就是取象天、地、春、夏、秋、冬，分为天官、地官、春官、夏官、秋官、冬官六个部门。天官的长官称为大冢宰，负责行政，用现在的话来说就是总理大臣；地官的长官为大司徒，执掌教育；春官的长官大宗伯、夏官的长官大司马、秋官的长官大司寇、冬官的长官大司空，则分别掌管仪礼、军事、刑狱法律和土木工艺。

在556年，被任命担当西魏"六官"的人物见下页表格。有必要注意到的是，这些人物和前文所述府兵军团的最高司令官，亦即"六柱国"正是同一批人物。他们作为行政官的职掌，是否与《周礼》所述一致，尚有疑问。不过，府兵军团的司令官同时也担任最高行政官，这正意味着一种军国主义体制已经完全确立起来了。

西魏六官之制

官名	人名
大冢宰	宇文泰
大司徒	★李弼
大宗伯	★赵贵
大司马	独孤信
大司寇	于谨
大司空	侯莫陈崇

加★号者为汉人，其余则皆出身北族。

宇文泰在担任府兵军团最高统帅的同时，先是作为丞相，后来则作为大冢宰，成为领导全体行政官的"总理"。然而另一方面，他对于西魏天子而言是臣子；作为柱国大将军以及六官之一，又与其他柱国、五官是平等的。

像这样，既包含着横向联结的同僚关系，又配合着统率与从属的纵向关系，从这些地方可以看到这一组织的性质。与东魏—北齐直到最后都未能彻底掌控勋贵的情形相对，西魏则以《周礼》古制与北族性的部族联盟形态交织，并巧妙地将其作为制度确定了下来。在复古色调的面纱之下激活现实势力关系的全新原理与制度，就此缔造出来了。

这一制度刚刚完成，宇文泰便于556去世了。历经孝武帝—文帝—废帝—恭帝数朝的西魏朝廷，被继宇文泰之后手握大权的兄子宇文护所逼，实行了禅让。于是宇文护让宇文泰的继承人宇文觉受禅，即"天王"位，北周王国就此建立。而军权在握的宇文护则将自己比作了上古时代周王朝的周公旦。这与宇文泰在西魏朝廷的地位相同，意味着前述西魏的周礼式府兵制国家构造及原理被原封不动地继承了下来。

北周帝国的华北统一

557年，宇文护与天王宇文觉发生对立冲突，将其废黜，改立其弟宇文毓，又于560年杀之，再改立其弟宇文邕，这就是号称明君的北周武帝（560—578年在位）。直到572年被武帝诛杀为止，宇文护一直如是压制着朝廷，同时逐步杀戮勋贵，使其他五官隶属于自己担任的大冢宰之下，强化权力集中。换言之，虽然仍披着《周礼》形式的外袍，北周"六官"的实质却已被改变了。

这一集权化路线，反映出《周礼》式原理已不可能原封不动地适应国家新的发展形势。而且事实上，如果没有这样的集权化作为底子，武帝也不可能统一华北。如果不是其分统体制被集中于一点，同时府兵制国家的军团又仍然存留着自发能动性的话，北周是很难建立统一帝国的。武帝从宇文护手中接过已经集中化了的权力后，正是二者处于平衡的时机，因此成功吞并了北齐。

如上节所述，这时的北齐非但没能统合国内的各种力量，还因为"勋贵"、汉人贵族与恩倖的三角纷争而走向了自毁。最后胜出的是恩倖之徒，而北齐后主在他们围绕奉承之下，沉溺于自私自利的享乐主义乱流当中，已经只知道追求刹那欢愉了。

如第八章所述，南朝陈的势力在宣帝治下，于573年从长江北岸扩张到淮水一线，从北齐手中夺回了江淮地区，而北齐已经连还手之力都没有了。

576年，北周武帝看透了北齐的衰弱无力，下令进攻北齐。号令严整的北周府兵军团，兵锋直指北齐的军事要地晋阳。北齐后主携同宠妃，在游猎之余顺带督师迎战的北齐军。晋阳的北齐军士虽然善战，但在这种统帅的指挥之下，也实在是无力抵挡府兵军团的攻势了。

北齐后主抛下了全线溃退的军队，率先逃回首都邺城，却已完全束手无策。北周建德六年（577）正月元旦，北齐后主让位于年仅八岁的皇太子，逃避追击而来的北周大军，于正月三日从邺都出逃到今山东省一带。这一行动是基于颜之推等人的进谏，希望能侥幸在黄河之南募兵卷土重来，而万一到了山穷水尽的时候，也还能亡命到南朝的陈朝去。

被让位的年幼皇太子也在六天之后逃出首都，追随其父的脚步而去。北周武帝于正月二十日进入邺城，仍然继续追捕逃到青州（今山东省青州市）的后主与幼帝。各地北齐军已作鸟兽散，投降北周者络绎不绝。仅带了数十名随从的后主一行虽想逃到陈朝，但一直以来最为宠信的恩倖之中出现了与北周暗通款曲、只求保全自身之辈。后主听信恩倖之言：

"周军未至，且在青州集兵，未须南行。"[1]

还在磨磨蹭蹭的当口，北周大军已经杀到。而带头投降的，就是这名恩倖。后主一行全数被北周军捕获。据说该恩倖与北周暗通款曲时，就是约定了条件要生擒后主等人的。

---

1 《北齐书》卷五十《恩倖·高阿那肱传》："后主走度太行后，那肱以数千人投济州关，仍遣觇候。每奏：'周军未至，且在青州集兵，未须南行。'"

五　迈向新时代的展开

北周灭亡

北周武帝轻而易举地灭亡宿敌北齐，成功统一了华北，平定天下已是前途光明，指日可待。对于乘北齐衰弱之机北上的南朝陈军，他也给予迎头痛击，使其一蹶不振。自4世纪初西晋崩溃以来将近三百年的中国大分裂时代，凭着北周武帝统帅的新府兵军团之力，终于渐渐看到了终结的尾声。

武帝本人也燃起了统一天下的雄心，开始朝这一方向前进。吞并北齐次年（578），他大败陈军，令其闻风丧胆；随即掉转矛头，兴师亲征北方的游牧帝国突厥。这是由于北齐的残余分子逃入突厥，北方局势仍未稳定。然而就在亲征途中，武帝病倒了。他被迫终止亲征，回师首都长安，在壮志未酬的慨叹声中，以仅仅三十六岁的盛年离开了人世。

继承帝位的宣帝（578—579年在位），毫无绍述父亲伟业的能力。在父亲刚刚吞并了北齐的这一时期，为了统治原北齐国土，各种各样的棘手问题应当是多如山积才对。此外，尽管从宇文护到父亲的时代，府兵制诸军团已在皇帝的统辖下得到了强有力的整编，但为了整合旧北齐辽阔领土上所配备的诸军团，恐怕也非得配合占领地政策来考虑新的统辖措施不可。

然而，在父亲的严厉管束下成长起来的宣帝一旦即位，便从父亲的威压下解放出来，恣意追求个人欲望，性情流荡所至，毫无约束，立时付诸行动。沉湎酒色自不必说，还接二连三地诛杀令其不快的功臣，随心所欲朝令夕改，行事也从来不与大臣商议。

宣帝即位次年，就早早地让位给了太子宇文衍。这时候太子年仅七岁，是为静帝（579—581年在位）。于是宣帝自号天元皇帝，自称为"天"，禁止除自己以外的人使用"天""高""上""大"等名称，将"高"姓改为"姜"姓，含有这些字眼的官名也都悉数改易。这只不过是歇斯底里、毫无意义地追求权威的表现而已，正如过去北齐文宣、武成二帝的情形一样，甚至更为变本加厉地让我们看到，脱轨天子的昏乱之举，反而源自其内心的不安与焦躁。

像这样，渐渐被群臣抛弃了的天元皇帝，于次年（580）便即死去，年仅二十二岁就走到了他昏乱人生的尽头。其后，皇后之父杨坚被朝臣推举为执政，不久便打倒敌对势力，于581年逼迫静帝禅让，开创了隋朝。北周宣帝的昏乱，让周隋革命之路变得轻而易举。

杨坚现如今成了隋文帝，当年就将残存的原北周皇室宇文氏杀戮一空。昏乱天子周宣帝不仅给他本人，同时也亲手给国家和整个家族都掘好了墓穴。

分裂时代的终结

隋文帝杨坚自从父亲杨忠的时代开始，就是六柱国之一，是统率府兵军团的一方诸侯。北周宣帝死后，杨坚占据了执政之位。坐镇北齐旧领土中心地域的尉迟迥眼见杨坚有篡夺野心，立即兴兵讨伐杨坚。这位尉迟迥也同样早就身居柱国大将军之位，是府兵军团的中流砥柱。双方的对决乃是府兵军团的同袍对决，从中诞生的胜利者的权力，也同样不外乎是以府兵军团军事力量为根基的产物。

因此，杨坚在打倒尉迟迥等之后建立的隋帝国，归根结底是以北周以来的府兵制作为立国根基的。隋文帝继承了北周武帝达成的华北统一大业，在周隋革命之后，致力于平定包括北齐旧土在内的华北全境，兼且整顿府兵军团。在此之后，于589年凭借这一优势军力，一举粉碎了苟延残喘于江南一隅的陈王朝，终于结束了长达四百年之久的分裂状态。

在这一意义上，经由周隋革命而成立的隋帝国，正是继承了北周的府兵制国家，并将其发展壮大的产物。最终收拾了漫长混乱与分裂局面的原动力，不妨说，就在于从西魏—北周到隋朝期间，被发展性地继承下来的府兵制军团的军事力量吧。

府兵制，如前一节中所述，原本是将以武川镇为中心的北族系军士的恢复身份运动，以及关中各地乡帅—乡兵群体的恢复自由之志，予以高度有效的统合，使其组织化了的一种制度。如果从胡族、汉族统合的视角来看的话，这与过去北魏孝文帝以双方的社会上层为核心，打造胡汉统合的贵族制社会的尝试不同，是以颠覆这种自上而下的贵族制社会的形式，由更下层的胡族、汉族齐心协力缔造出来的制度。华北地区的胡汉融合，从社会的更深层次出发，跨越了更为广泛的阶层而向前推进。有效结集了双方力量的府兵制国家，成功地开辟了下一个新时代。

与此相对，北齐却没能成功实现这种统合，分散的各方势力相互斗争，结果走向了自我毁灭，这已见于前文所述。未能顺利结集力量这一点，在南朝的陈也是一样。如第七、第八章所述，在5世纪到6世纪期间的江南，自下而上突破贵族制社会而迫使其发生变革的浪潮，也正在一步步地活跃起来。

这一浪潮，以侯景之乱为契机爆发了出来。如是掀起的6世纪中叶大动乱正是一幕巨大的下克上现象。在贵族没落下去之后，运转江南社会的那些新实力人物，都不过是些在各地纠集盗贼恶棍团伙的发迹之徒，或者穷乡僻壤的土豪。陈朝并没能开创出一套制度，将这些林立的小集团都井然有序地拧成一股力量。

如上所述，正因为不管北齐还是陈都没能充分统合国内的各种势力，或者更准确地说，是因为北齐和陈都面临着如此难以凝聚社会各方势力的形势，维持发展了府兵制国家统一力量的北周—隋帝国才最终成功称霸了全中国。

新时代的使命

不过，如第八章中所述，在陈朝治下的江南，各种社会势力之所以难以统合，是因为下克上的现象难以收拾。而这种下克上现象之所以兴起，在我看来至少有一个重大的原因，就是江南的货币经济已发展到了超出我们一般想象的高水准。而且，在梁代达到顶点的南朝高超文化水准，即使到了陈朝，也仍然在相当程度上得以维持，这也妨碍了陈像北周那样发展出军国主义体制。

民间活跃的经济活动，还有高超的文化水准，都导致军国主义统制难以实行。这种情形在北齐也是一样的。在武将"勋贵"的对面，还存在商人系统的恩倖与汉人贵族的对抗，就表现出这一点。换言之，在这一意义上，北齐和陈都是当时的发达地区。而最终只有以落后地区关中为根据地的北周，才成功地打造出了强有力的军国主义体制。

因此，北周以及延续了其血脉的隋王朝，为了吞并作为先进地区的旧北齐国土，更进而混一旧南朝疆域，将统一帝国维持发展下去，便不得不在继续以北周以来的府兵军团为主干的同时，进行各种各样的变革。进入隋王朝后，西魏—北周以来的《周礼》式古典官制旋即被废除，复归于魏晋以来的制度，不过就是其中的一个例子而已。

不过，那也并非单纯的复归，而是必须将北魏至北齐传承下来的制度与南朝发展了的制度相融合，并且去其弊端，谋求新的综合。隋唐各种制度是如何从北周系统、北齐系统、南朝系统这三个渊源中发展形成的呢？关于这个问题，在陈寅恪氏的名著《隋唐制度渊源略论稿》，以及同为讲谈社学术文库的布目潮沨、栗原益男二氏所著《隋唐帝国》中都已有所论述了。

在这里，我们只来看一看先进地区的一位知识人，从南朝萧梁到西魏，再到北齐，更由北周入隋，辗转流离，在如此艰难时世中勉力生存下来之余，会产生怎样的思考。就让我们通过这样的观察，来尝试理解这一新时代的使命所在吧。

知识人的愿望——《颜氏家训》

这位知识人，就是前边已经好几次提到的颜之推（531—591）。如第八章中所述，他原本仕于南朝的萧梁，虽然算不上第一流的贵族，却也是生于名门的知识人。他被卷入侯景之乱掀起的江南社会大变局中，目击了首都建康的惨状，又于554年江陵陷落之际，在西魏军的鞭扑驱赶下，被挟持到了关中。青年时代的这种体验，促使他对南朝贵族的腐败堕落进行了痛切的反省。

然而，好不容易才抵达了关中，这里却已成为一片荒凉世界，上古繁荣的文化连痕迹都已找不到了。虽然新兴的胡族军人在若干汉族士大夫的协力下，鼓吹什么《周礼》式的复古主义意识形态，可是在颜之推看来，那不过就是为了给部族联合制这种野蛮的军事专制统治披上一层装点门面的面纱罢了。

颇有一些从南朝被绑架而来的知识人，迫不得已任职于这个令人窒息的西魏—北周军国主义政权。兄长颜之仪也选择了这条道路，但看来颜之推无论如何都无法忍受。他开始着手制订了周密的亡命出逃计划。

据推断，出逃的时间是557年年初。他带着妻子及若干同侣，毅然决然乘船从暴涨的黄河驶出，一鼓作气顺流而下，历经280千米的长途颠沛，成功逃入了北齐。从北周国境流入北齐国境的黄河河段，有所谓砥柱之险，是激流中岩石累累突出的绝地。在黄河水量正常的时候，船只极易遇难。他选择水势增大的时机，乘着滔滔大河奔流，才最终冒险跨越了难关。

在北齐，如前一节中所述，汉人贵族也面临着种种的困难局面。然而对于在南朝文化的自由空气中成长起来的颜之推而言，这里要比北周舒心得多。他出仕北齐王朝，逐步晋升，在祖珽主持的学术机构文林馆中从事重要的文化事业。573年，悲剧降临到文林馆知识人的头上，他好不容易才得以从惨祸中幸免。接下来，在走向自我毁灭的朝廷中，尤其是在北周的浩大攻势之下，叛徒贼子已层出不穷，而他坚定地伴随着王朝走到了最后，还献策建议北齐后主逃亡陈朝。只是这一计策未能实施，北齐终究还是灭亡了，这已见于上一节的叙述。

作为征服者的北周武帝，这回郑重其事地将文林馆系统的知识人迁往关中。颜之推也仍然身在其中。只是对他而言，在严苛依旧的北周政权下的关中生活，绝说不上是什么好日子。他在尽可能自我抑制、默默无言的时日中，走过了从北周到隋代的变迁。

应该是在此期间，他将过去长年累月写下来的文字，作为对子孙的训诫而撰成了《颜氏家训》。流传至今的这部著作，有名到什么程度呢？只要提到"家训"，指的就是这本书了。在书中，他基于自己的切身体验，吐露心声，期待自己的孩子能真正像人一样生存下去。可以说，这已经不仅仅是针对着颜氏子孙，而是在面对着新的时代，展示出理想中的人类面貌了。

知识人的强韧性

《颜氏家训》中的论说多歧。其详细内容，已有宇都宫清吉氏施以精密注释的著名译本出版（收入平凡社"中国古典文学大系"及同社"东洋文库"），尚祈读者参看。下面只是引用其中若干文字，看看他是如何揭示出知识人的重生之道的：

"父兄不是一直都可依靠的。故乡的宗族也好，国家的制度也好，都谈不上是长久稳定的保障。一旦漂泊流离，谁又能保证一定会有人来加以援手呢。只能自己来守护自己的生活而已。谚语不是也说'积财千万，不如薄技在身'吗？而技艺当中最容易学习，又最为贵重的，则莫过于读书的本事了……"[1]

---

1 《颜氏家训·勉学篇》："父兄不可常依，乡国不可常保。一旦流离，无人庇荫，当自求诸身尔。谚曰：积财千万，不如薄伎在身。伎之易习而可贵者，无过读书也。"

"有学艺在身者，无论去到什么样的地方，都能找到安身立命之处。自（侯景）大乱以来，身陷俘虏之惨的人物比比皆是。其中即使是累世身份低微的无阶级之人，也有些只因能读点《论语》《孝经》之类的书籍，便得以称为人师。而反过来，那些虽生于历数十代不失官爵的尊贵家门却根本无心读书之徒，便无一例外只能耕田养马了。看看这些实例，有谁还会不深受鞭策、兴起向学之心呢？如果家中能时常藏有数百卷书籍，纵使经历千百世代，至少也绝不会沦落到无身份的阶层吧。"[1]

"邺（北齐）被平定之后，我们都被迫迁徙到关中。当时长子思鲁（大约应是二十岁出头年纪）曾对我说过这么一番话：

在官场上没有路子能得到官位俸禄，家里也没有积蓄的财产。既然如此，自然应该从事体力劳动，供养父亲大人才是。而父亲总是对我督促功课，要求专心勤读经史。作为儿子难道真的可以心安理得吗？我对此实在不能没有疑问啊。

我站在父亲的立场上，对思鲁明明白白地说道：

儿子不能不供养父亲，这种心情作为儿子来说是理所当然的。不过，父亲不可荒废对儿子的学问教育，作为父亲来说，这也是理所当然的想法。纵使我要求你抛荒学问，沉迷于求财，让我丰衣足食，难道我就真能心安理得食之甘味吗？难道我就真能心安理得衣之丰暖吗？如果你能够将古圣王开示之道作为自己前进的方向，努力将我们家这方面代代相传的学问继承下去，哪怕

---

1 《颜氏家训·勉学篇》："有学艺者，触地而安。自荒乱已来，诸见俘虏。虽百世小人，知读《论语》《孝经》者，尚为人师。虽千载冠冕，不晓书记者，莫不耕田养马。以此观之，安可不自勉耶？若能常保数百卷书，千载终不为小人也。"

只给我粗茶淡饭、穿简陋的衣服，我反而会觉得满心欢喜啊。"[1]

通往科举之道

前面引用的文字或许略嫌冗长，却向我们痛切地展示出，从大动乱漩涡中生存下来的知识人，是如何在离乡别井的孤独之中，重新确认了学问与教养的必要性，越来越坚定地树立起"生存之道在于读书学问"之信念的。

于是，通过读书来学习"古圣王之道"、护持文明的根基及其传统，这一点立刻就与现实中的生存，与获得官职、维持身份直接捆绑在了一起。社会已将乡村共同体瓦解，连个人也被驱离了亲族共同体，这一趋势越是往前推进，个人越是在这种社会惊涛骇浪中被颠簸翻弄，单个的家庭就越是会成为人们最后的生存支点，也会越来越强烈地自觉呈现在知识人的这种意识当中。

像这样的一种意识，绝不会是颜之推个人的特殊表现。与他同时代的知识人生存在同样的环境下，无疑也或多或少会怀抱着同样的意识。不妨说，《颜氏家训》这部著作，至少鲜明地反映出了同时代人意识的一个侧面。而且，这一作品获得许多人阅读传承的现象本身，就是这种意识之普遍存在的最有力证据。它不但鲜明地展示出中国知识人在乱世中的强韧性，也是一个路标，指示着在乱世终结以后的新世界中，知识人应当如何继续生存下去。

---

1 《颜氏家训·勉学篇》："邺平之后，见徙入关。思鲁尝谓吾曰：'朝无禄位，家无积财，当肆筋力以申供养。每被课笃，勤劳经史，未知为子可得安乎？'吾命之曰：'子当以养为心，父当以学为教。使汝弃学徇财，丰吾衣食，食之安得甘，衣之安得暖？若务先王之道，绍家世之业，藜羹缊褐，我自欲之。'"

吞并统一了文化先进地域的北周—隋帝国，也必须将与颜之推具有相同思想的知识人群体罗致麾下，考虑如何才能获得他们积极协助的政策。不仅如此，在四分五裂的社会中，生成了无数的小集团，如何才能将其中的有力人物培养成颜之推所指示的那种读书人？为了稳定国家社会的秩序，让这些新型知识人充当辅佐，发挥作用，对统一帝国而言也是必要的。而从这种状况中诞生出来的制度，就是6世纪末隋文帝治下开创的科举。

　　科举这种考试制度，不问应者的出身，而是仅凭考试来选拔优秀的读书人，保障及第者从政的职位与身份。这与颜之推所言那种只要通过读书来学习"古圣人之道"，便能获得官职、维持身份的读书人理念，正是相通的。而科举就是在国家规模上追求实现这一理念。颜之推的见解，与科举制度的旨趣是完全一致的。

　　催生出这种见解、促发这一制度构思的事态，在当时就已经出现了。那就是"自那次大乱以来……即使是累世身份低微的无阶级之人，只因能读书籍，便得以称为人师。而反过来，那些虽生于历数十代不失官爵的尊贵家门，却根本无心读书之徒，便无一例外只能耕田养马"的现实。身份与阶层序列固化的贵族制社会不断地崩溃下去。正是这样一种巨大的扁平化现象，成为催生出新型读书人理念，追求实现这一目标，推动人们继续前进的根本原因。

　　众所周知，科举制下诞生的真正新型读书人阶级，还必须要等到经历过隋唐三百年以后，在10世纪的宋代才最终形成。然而，在6世纪末的隋代，科举制度已经起步，也自觉产生了读书人理念，这意味着已朝这一方向跨出了一大步。之所以未能立刻朝着宋代的阶段直线迈进，那应当是因为以旧北齐境内所谓"山东"贵族（华山以东的中原贵族）为核心的知识人群体，并不是那么容易像颜之推一样自我蜕变为新型读书人，拱手让出政治性、社会性、文化性霸权。正是这种蜕变与转型，形成了隋唐时代继兴的新贵族主义。

事实上，从颜之推的家门世系中，就诞生出了卓越的史学家颜师古，以及著名的书法家颜真卿等人，推进发展了新的唐代文化。在这一意义上，颜之推不但是六朝时代的闭幕者，也是开辟新时代的路标。

结语

我们追踪着魏晋南北朝这个错综复杂的可怕时代的历史，终于来到了隋帝国再度统一的大分裂状态闭幕时刻。这是自从汉帝国所统合的上古世界崩溃以来，各地区各民族分别追求独立，同时又联结互动，探索新秩序的苦闷时代。在各种各样的地区、各种各样的时期所发生的动乱，无非就是这些苦闷的呐喊。

然而，一如"绪言"所述，即使在这个可怕的动乱时代，华夏文明也在一边引进新的胡族性元素，一边切实地前进，变得更加丰富而深邃。在动乱当中，它的文明圈反而膨胀起来，形成了东亚文明世界。这个时代鲜明地展现出了华夏文明的柔软与强韧，与此同时，肩负着这个文明的中国人，尤其是知识人的强韧，更令人不由得深为注目。

"推动历史的是人民群众"，这是人们常常挂在嘴边的口号。而在本书中，我毋宁说却是将重点置于文明的中坚承担者，文人贵族/知识人的身上，去追踪历史的展开。这一立场或许会招来非议，以为是在与上面的口号反其道而行。然而，如果只是一味地把"民众""人民"之类的词语抽象出来夸夸其谈，"推动历史的人民群众"的具体形象反而会在不知不觉中消失不见。要真正接近过去时代的"民众",唯一的办法就是时常关注:民众的意志在种种历史现象当中,究竟是以怎样的具体形态展现的?

在大动乱延绵不断的六朝时代,对"民众"而言,可以想见只有武力才是可靠的力量。尽管如此,柔弱无力的文人贵族和知识人最终却拒绝了武士阶级的形成。文人贵族和知识人何以能够维持如此强大的力量?他们的强大,恐怕绝不是仅仅来自他们自身的力量。毋宁说唯一的解释只能是:大多数的所谓"民众",并没有选择武人,而是选择了文人乃至知识人来作为他们的指导者。

文人贵族乃至知识人之强大,是贯穿这整个大动乱时期都可见到的具体历史现象。而"民众"对此是以怎样的方式来支持,或者来否定的呢?其具体形态,单靠抽象地设定所谓"民众"这种概念,是绝对无法探明的。既然能够用于具体理解当时"民众"的史料极为稀少,我们倒不如采取迂回战略,从当时统治阶层的行动和思想出发,探究他们得到了"民众"怎样的支持,或者受到了怎样的否定。除此以外,也就没有别的具体办法了。因此之故,对于文人贵族和知识人,以及对于与其对立的军人和商人等,在我看来还大有继续推进相关研究的必要。

基于以上的思考,我以文人贵族和知识人为中心,同时将与其错综共存的军人、商人等交织进来,将这一时代的历史整理成本书现在的形态。这不言而喻是受惠于至今为止大量学者积累起来的研究,但直到第八章为止,是尽可能基于我的思考,力图一以贯之的。其中第七、第八章对人物往来社版《東洋の歴史4・分裂の時代》(《东洋历史4·分裂时代》)[1]中由我执笔的《江南の開発》(《江南的开发》)一文多有利用。这是因为我本人的见解基本上并无变化，而该书自人物往来社解散以来又应已绝版，就此多所沿用，想来也是无妨的吧（该书后来收入中公文库《中国文明の歴史》4，2000年）。

第九章以下，则是以名古屋大学教授（现京都大学名誉教授）、畏友谷川道雄氏[2]的思路为基本脉络，再参照各种研究，就我的想法组织而成的。事实上，这个部分一开始就是打算请谷川氏本人执笔的，然而由于我的拖延，第八章之前的部分完成得太晚，最终已无法向谷川氏提出请求，结果只好由我自己来执笔完成。谷川氏的学说对我来说是最好理解的，故而将其借用为基本脉络；然而不言而喻，其中也会有我自作主张添油加醋之处。本书中若有错误，一切责任都应由我承担。

如上所言，我在撰写本书之际，为了尽可能使论旨一以贯之，不断加入了我自己尚未得到学界认可的许多意见。因此希望读者不要将书中所写的内容看作确凿不移的定论汇总，而应只看作我个人提出的一种解释。关于历史事实，固可期待其尽可能正确无误；但事实中所包含的意义，却有许多是我个人的解释，这是希望读者谅解的。在我看来，所谓历史学，就是看能将历史上的各种事象整合性地解释到何种地步的试验。

在本书中，对于文化性的现象记述不多，私心甚感遗憾。六朝时代在佛教、道教等宗教方面，在学问与思想、艺术与文学等

1　该书出版于昭和四十二年（1967）。
2　谷川道雄教授已于2013年逝世。

各领域，值得论及之处多如山积。本书付诸阙如的这些问题，尚希读者分别参看相关的文献。

最后，本书撰写中参照了许多学者的研究，此致谢意；同时对协助制作本书地图、世系图及选定图版的衣川强氏和桑山正进氏深表谢忱。对由于我太过拖延而受累的编辑部沦清光氏以下许多人士，都谨此表示深切的歉意。

解说

气贺泽 保规

绪言

本书是1974年刊讲谈社版《中国历史》全十卷中的第三卷《魏晋南北朝》的文库本。作为概说这一时代的名著，本书深受好评，对于文库本，广大读者也是早已翘首以盼。然而著者川胜义雄于1984年在京都大学教授（人文科学研究所）任上不幸早逝，遂致再版迁延日久。作为亲炙著者教导的弟子之一，我这次有幸得以协力从事再版工作。所做的处理，仅是最低限度地修正原著中的文字误植，将国名、地名等改为现用名，以及由于已从系列丛书中独立出来，故对相关的说明文句加以改订，还有加注汉字假名等。此外，还替换了一部分图表，于卷末追加了旧版以后日本新出的主要刊行著作一览表。除此以外，皆一本原貌，未做改动。

在为了出版文库本而重新细读本书的过程中，我又一次次地仿佛亲接先师謦欬般，再度体味到了深深的敬佩与充实感。那样一字一句都斟酌再三、浅显易解的表现力，那样将时代的形态与内涵都栩栩如生地讲述出来的笔力，再加上全体一以贯之的柔软思考和骨力坚朗的构想，还有对于历史的真确视角和透彻洞见，正反映出著者全身心投入到历史研究当中的身姿。同时也就可以明了本书出版以来经历近三十年岁月，却依然不失新鲜，获得高度评价的理由所在了。

魏晋南北朝这一时代，可以说是处于中国进入历史阶段以后最为漫长的一段分裂状态中。如果将标志着东汉灭亡的184年黄巾之乱作为起点，那么直到589年隋朝征服割据江南的最后一个政权陈朝为止，这个时代前后经历了四百余年岁月。不过，本书更进而将作为其前奏的整个东汉时代都纳入视野中，具体而言，则是从东汉中叶的公元100年前后开始说起的。

之所以会采用这种稍有变格的方式，与以下的情形有关：在原初的系列丛书中，本书的前一卷是同样得到高度评价的名著的西嶋定生所著《秦汉帝国》（后收入讲谈社学术文库），而此书只写到东汉前期便搁笔了。这一方面是由于西嶋氏精致且大胆地构筑起来的秦汉帝国像，无法将东汉后半期的动向也妥帖地组合进来；同时恐怕也是基于本书立场进行考虑的结果：只有立足于东汉时代的动向，才能鲜明地捕捉到魏晋南北朝的构造和特质。对时代认知存在差异的东京学者与京都学者之间，却相互存在着如此默契的体察，也是引人兴味的话题。总而言之，本书是将东汉尤其东汉后半段作为重要的助跑阶段而出发的。

围绕着中世论的西洋与中国——华丽的"黑暗时代"

前有汉代（西汉、东汉），后有隋唐，魏晋南北朝是夹在中

国史上这两大帝国之间的低谷时代。照中国史的传统说法，就是
"一治一乱"循环中"乱"的时代。对于这个时代，著者赋予了"华
丽的黑暗时代"这一从来无人使用过的刺激性表述，将贯穿本书
的主题与著者深刻的洞察力都凝缩其中。

翻开本书，首先切实感受到的便是，在著者川胜心中萦绕
着与西欧历史世界相比较的视角。魏晋以降被称为五胡的异族之
跋扈，正与古代罗马帝国的崩溃以及欧洲中世的情形相似。东西
双方的情形都肇端于来自蒙古高原的匈奴的流动，也就是说，北
匈奴一系西进而成为匈族，引发了日耳曼民族迁徙；南匈奴南下
则开启五胡时代，促进了自北向南的民族迁徙。又比如，西有基
督教，东有佛教，都出现了宗教存在感强化的趋势。著者在谈论
这些话题的同时，还引用自身居住过的法国勃艮第古都欧坦的历
史，以及比利时中世史家亨利·皮雷纳的学说为例，而将目光投
向了从古罗马帝国时期的地中海古典世界崩溃，到形成西欧天主
教式、日耳曼式中世文化的变迁历程。

这种强烈意识到西欧历史的姿态，在中国史学者中实在并不
普遍，说得上是著者史观的特色之一。为何在思考中国史时，要
如此留意于西洋史呢？主要理由有二，分别在于其共通性，以及
差异性·独特性。

大约很多读者都知道，日本的中国史学界围绕着如何定位魏
晋南北朝到隋唐时期的问题，在第二次世界大战后发生了旷日持
久的激烈论战。一方认为东汉到魏晋，亦即2世纪后半叶到3世
纪之际，发生了巨大的历史断裂，到东汉为止是上古，其后至隋
唐则是中世。这是京都学派的持论。与之相对，"历史学研究会"

派或曰东京学派则并不认可这一时代发生过如此积极的断裂，而是认为直到隋唐为止都是一以贯之的漫长上古时代。而在这两个学派中，著者正是站在京都学派立场上，将魏晋南北朝定位为中国中世的先锋旗手。

立于这一位置的著者，将封建中世纪取代古罗马帝国而来临，与魏晋南北朝从汉帝国的崩溃中成立，这两个历史过程重叠了起来。这正是在针对战前以来以马克思主义史学家为中心传播的亚细亚停滞论、东洋特殊性史观，明确指出中国史也有与欧洲史相匹敌的历史发展地平线；同时也是在赋予"魏晋南北朝无疑就是中国的中世"这一立论以正当性。上述"华丽的黑暗时代"中的"黑暗时代"，就是对文明衰退后的欧洲中世有所意识的措辞。

川胜中国中世论与贵族制——"华丽的"黑暗时代

不过，对著者而言，将欧洲上古、中世引为参照的意义，实际上在另一方面含有更重大的分量。那是在差异性·独特性的方面，也是"华丽的黑暗时代"中"华丽"一语所包含的问题。

诚然，魏晋南北朝时代的展开，有与欧洲史共通的性质。尤其在东汉后半开始登场的新兴豪族各拥私兵，强化武力性的分权统治，其中就包含着向封建领主发展的本质。著者将其称为"豪族的领主化倾向"。其后，在江南扩张势力的三国孙吴政权的开发领主型统治体制，以及南朝历代王朝创业时的军事政权色彩、北方以五胡政权统治层为中心的军事封建性构造等，也都有着与封建制相通之处，隶属于各地军团的兵士的世袭形态（世兵制）

则出现了武士的萌芽。从见于魏晋时期以降社会各阶层的"门生故吏"关系——源于老师与门生、上司与下级关系的人际关系——之中，也可以解读出封建性的主从关系性质。

这种滑向封建制的状态层出不穷，然而理应居于其中心地位的豪族，结果却未能贯彻成为封建领主之路，这又是为什么呢？

在著者看来，阻碍豪族领主化的因素，一言以概之，就是来自以乡村社会为基点的共同体方面的抵抗。在汉代，农民在称为"里"的百户规模的组织（集落）中经营日常生活，接受称为"父老"的长老式人物领导。在这个基本单位之上，重重叠叠的地域社会圈子向外扩展，根据在这种空间中形成的舆论（乡论）来推荐人才，充当汉朝的官僚。著者将这一构造称为"乡论的重层构造"，又简称为"乡论主义"。所谓封建领主化路线，就是要从根本上强行改造支撑着这种乡论主义的社会秩序，既然如此，其会受到来自乡村共同体的正面抵抗，也就是理所当然的了。

与乡论主义相关，著者的另一个关注点，是由此凸显出来的，那些身具儒家教养的官吏和读书人的出处去就。他们尽管遭到日益当道的宦官政治及领主化路线的严酷弹压，却在黄巾之乱后的政治形势中，凭借着对乡村社会的影响力，作为名士而浴火重生。随后，他们以魏晋九品官人法（九品中正制）为阶梯，转化成了盘踞社会上层的贵族。换言之，在下一个时代成为主角的贵族，正导源于从东汉末的严酷时代中劫后余生的乡论主义知识人。

阻碍了豪族领主化的乡论主义，最终发展成了魏晋南北朝时期的贵族制。这就是著者的持论。因此贵族制既不只是附属于皇权的寄生官僚制，也不只是文化上的象征物，而堪称植根于时代与社会而诞生的统治体制。因此，从这种理解出发，也就不妨将这个时期概称为"贵族制时代"。本书就是这样，以"贵族制社会的形成（形成的前奏）—成立—定型—变貌—崩溃"的形态，追踪了魏晋南北朝的全部历史。

不是武人领主，而是由文人贵族来构成统治阶层。著者将这一点看作中国中世与西欧相异的特质，更进而论曰：中古中世在经历了与西洋相同的异族入侵与战乱，破坏杀戮永无宁日的这个时代，创造出了惊人的新文明。书法有王羲之，绘画有顾恺之，更不必说陶渊明等大量诗人，而最重要的是发展完善了"骈俪体"这一均整华丽的文章体式，还编纂了《文选》，等等，都是文学艺术领域的表现。老子、庄子的道家（老庄）思想，佛教、道教的宗教信仰，以及由其发展带来的高密度的宗教、思想时代的来临，也都是在这个时期。

并且，至此为止集中于华北的华夏文明，由于受到五胡入侵华北而向四周流溢。中国南方自不必言，还促进了东方各国的民族觉醒与主动性的文明接受，引发了东亚文明圈的形成。另一方面，以佛教为首，通过丝绸之路积极接纳西方的文化与人物。说起来，与西洋的走向文明衰退正好相反，这一时期的中国，以主体的汉族文化加上胡族和西方的影响，走上了文明扩散膨胀之路。

西方与东方，同时处于严酷的时代形势之下，中国方面的魏晋南北朝却创造出贵族制，以及影响垂及后世、高度发达而且华丽的贵族文化，将其文明圈拓展到了整个东亚。而位于其核心的，则是强韧不拔地生存下来的文人贵族阶层。凝缩在"华丽的黑暗时代"一题中的著者意图，至此已经不言而喻。而我们也应能从本书中重新感受到，魏晋南北朝在中国史乃至东亚史上所占有的重要地位了。

著者川胜义雄与西洋学

本书就是这样，通过与欧洲史的比较来定位魏晋南北朝，并且形塑出了中国史所具备的厚重分量与独有个性。这种独有的个性，如著者所自言，并不是以欧洲为基准来呈现的，而是从普遍历史，从各地域的对等关系中发现的。本书所叙述的内容，在几年后开花结果，出版为大著《六朝贵族制社会研究》（岩波书店1982年）；而另一方面，从比较史视角来观察中国史的眼光，则转化为《史学论集》（朝日新闻社1973年）这一成果。

可是，中国史家川胜义雄对西洋史的造诣与关心，又是从何而来的呢？

川胜于1922年，出生于京都市东山知恩院附近的粟田口，是"粟田烧"陶器匠人家庭的四男。经历京都一中、旧制三高而进入京都大学研习东洋史，就此奉职于人文科学研究所，终生留任。在此期间，20世纪60年代上半叶，曾留学巴黎远东学院两年；于70年代后半叶，又先后两次为了调查研究，以巴黎为中心度过了共计一年有余的时光。除此之外，就没有长久不在京都的时期了。换言之，在他的一生里，除特定时期居于欧洲外，竟未曾离开过京都一步。而如今，他已长眠在东山的西大谷墓地之中。

关于其人及其工作，岛田虔次（已故京都大学教授）已做过满怀慈爱的介绍（川胜著《中国人的历史意识》的"编后语"，平凡社1986年），本文不复赘言。不过，关于他从何得以开眼看西洋学问这一点，则其姐夫，西田（几多郎）哲学门下俊杰下村寅太郎氏（已故东京教育大学教授）的影响恐怕是无论如何都不能忽视的。据说对于这位比自己年少二十岁的妻弟，下村氏从川胜还在中学生的时代就对他加以启蒙，给予他踏上东洋史之路的契机，并在那之后也一直是他学问的路标（前揭《史学论集·后记》）。此外，在大学时期，他又出入于西洋中世史的铃木成高教授门下，接受熏陶；入职人文科学研究所后，复得以近距离接触桑原武夫氏以下济济一堂的西洋学阵营。从如此年轻的时代开始，就有机会接触到如此优质的西洋学问，再加之在法国受到的锤炼，这都确实地转化成他在中国史研究中采用的新视角。

川胜有一句话常常挂在嘴边："我讨厌京都（人）。"这应该是指因为京都人的守旧性与形式主义、表里心口不一的二重性等所导致的苦闷感吧。然而在我看来，正是有着这样的眼光、感觉，或者说在这种泰然自若的气度当中所蕴含的千锤百炼的感受力，才称得上是京都人。不但如此，在我的心中还暗暗觉得，也只有京都人，才会对从艰难时代生存下来的文人贵族以及他们的贵族制世界，投去如此无限眷恋的感想与目光。以此观之，则川胜的中国中世史论、贵族制社会论，不能不说乃是纯粹的京都人的感觉和西洋式的视角相重叠以后，个性独特地诞生出来的了。

我于川胜从法国留学归国之初，忝列课堂的末席，正好是在进入专业课程后的学部三年级时。那以后直到他逝去的将近二十年间，接受了不计其数的指导。而其中难以忘怀的是，他于20世纪70年代末受法国高等研究院邀请而居住在巴黎期间，有一次寄来一封厚厚的信，里边悄然夹着街边金合欢树的干花。当时我正在种种方面都觉得前路不通，而信中就中国史研究的意义、研究者应有的状态等，恳切地予以教示。信末写道："是否也可以考虑学习法语，从法国东洋学的立场返观中国史呢？"

只是，那时候年轻的我最终选择了直接踏上中国的黄色大地，结果是把恩师的建议当作了耳边风。如今恍然梦回，才惊觉自己已身处美国东北端的小城市，正与本书相对，写下这些文字。虽然这片土地与法国的传统、风情都截然有异，但从外部观察中国和亚洲的立场是一样的。此刻的心境，宛如绕了一圈之后又重新回到从前老师布置下的功课一般。本书所揭示的贵族制社会像，以及作为其根底的时代认识，依然鲜明地浮现在在我的眼前，在今后的研究中，也将一直成为我的指路明灯吧。

2002年9月记于美国哈佛大学燕京图书馆

（作者为明治大学教授）

参考文献

　　首先列述本卷执笔之际参考的文献及相关成果。本卷未能充分论及的文化史相关文献则列示于后，以供参考。[1]

一、全书参考文献

　　（1）《中国中古の文化》（《中国中古文化》），内藤虎次郎（教养文库），弘文堂，1947年（收入《内藤湖南全集》第10卷，筑摩书房，1969年）。

　　（2）《魏晋南北朝通史》，冈崎文夫，弘文堂，1932年。

　　多少已有些老旧，但作为系统性的通史，至今仍未失去其作为名著的价值，随处都包含着作者深刻的洞察力。

　　（3）《南北朝における社会经济制度》（《南北朝社会经济制度》），冈崎文夫，弘文堂，1932年。

　　关于贵族制度、土地问题、建康历史等问题的论文集。

　　（4）《魏晋南北朝经济史》，武仙卿，宇都宫清吉、增村宏译，生活社，1942年。

　　（5）《六朝史研究　政治·社会篇》，宫川尚志，日本学术振兴会，1956年。

1　为保存原书学术信息以及便于读者理解，译文保留日文、法文著作的标题原貌，同时于日文著作标题后注出中文译名（全为汉字，不涉及假名者则不注）；法文著作数量较少，且学术信息较繁复，则在译注中注明著作及作者、出版社的中译。

（6）《六朝史研究　宗教篇》，宫川尚志，平乐寺书店，1964年。

第（5）（6）两种，都是专门研究该时代多方面问题的论文集。

（7）《匈奴史研究》，内田吟风，创元社，1953年。

构成本卷第一章关于民族问题，尤其第九章以后叙述基础的研究。

（8）《漢代社会経済史研究》，宇都宫清吉，弘文堂，1955年。

如该书标题所示，以汉代为主要研究对象，不过也收入了著名论文《世説新語の時代》，是本书第三、第四章相关部分的基础。

（9）《九品官人法の研究——科挙前史》（《九品官人法研究——科举前史》）（《东洋史研究丛刊》），宫崎市定，东洋史研究会，1956年。

塑造了这一时代官僚制度及贵族存在形态的名著。

（10）《大唐帝国》，宫崎市定（《世界の歴史》7），河出书房，1968年。

此书为平易近人的概论，标题虽给人以唐代为主的印象，但有大量篇幅论及六朝时代，可以窥见作者深刻的洞察力。

（11）《秦漢隋唐史の研究》（《秦汉隋唐史研究》）（上、下），滨口重国，东京大学出版会，1966年。

包括多篇著名论文在精准把握的基础上，解明六朝的时代制度、社会阶层等问题。

（12）《中国古代の家族と国家》（《中国上古的家与国家》）（《东洋史研究丛刊》），守屋美都雄，东洋史研究会，1968年。

包括对六朝时代的南人、北人问题，家训问题等的研究。

（13）《魏晋南北朝の政治と社会》（《魏晋南北朝的政治与社会》），越智重明，吉川弘文馆，1963年。

（14）《門閥社会史》，矢野主税，长崎大学出版会，1965年。

（15）《中国経済史研究》，西嶋定生，东京大学出版会，1966年。

包括农业技术（如"火耕水耨"问题）、屯田研究等。

（16）《魏晋南北朝租税の研究》（《魏晋南北朝租税研究》），吉田虎雄，大阪屋号书店，1943年；大安，1971年再版。

（17）《中国文明と官僚制》（《中国文明与官僚制》），エチアヌ・バラーシュ[1]，松村祐次译，みすず书房，1971年。

虽以中国整体考察为主，其中也有关于4世纪以后土地制度的论文。

（18）《中国中世史研究》，中国中世史研究会编，东海大学出版会，1970年。

（19）岩波讲座《世界歴史》（第五卷，古代5），岩波书店，1970年。

第（18）（19）包含有多种与本卷叙述密切相关的论题。

1　［法］白乐日《中国文明与官僚制》（Etienne Balazs: *Chinese Civilization and Bureaucracy*, 1964）。

以下列示中国学者著作中重要者。

（20）《中国通史简编》（修订本），第二编，范文澜，北京：人民出版社，1958年。

（21）《两晋南北朝史》（上、下），吕思勉，上海：开明书店，1948年。

（22）《隋唐制度渊源略论考[1]》，陈寅恪，商务印书馆，1944年；后收入《陈寅恪先生文史论集》，台北："中央研究院"历史语言研究所，1971年。

（23）《陈寅恪先生文史论集》（上、下），香港：文文出版社，1972、1973年。

网罗了除第（22）以外，这位大学者关于六朝时代的多数论稿。

（24）《魏晋南北朝史论丛》，唐长孺，北京：三联书店，1959年。

（25）《魏晋南北朝史论丛续编》，唐长孺，北京：三联书店，1959年。

（26）《三至六世纪江南大土地所有制的发展》，唐长孺，上海人民出版社，1957年。

（27）《魏晋南北朝史论集》，周一良，北京：中华书局，1963年。

（28）《魏晋南北朝隋初唐史（上）》，王仲荦，上海人民出版社，1961年。

二、各章参考文献

在各章的叙述当中，引用了多位学者的论说，也有部分引述了其姓名。以下以这些学者的著作、论文为中心，分章列举关系密切的文献。包含在已见于"一"的作者论集中的，则概从省略。

第一章

（29）《文明の生態史観》（《文明的生态史观》），梅棹忠夫，中央公论社，1967年。

（30）《乾燥地域の国家》（《干燥地域的国家》），谷泰，收入《人间——今西锦司博士还历记念论文集》，川喜田二郎等编，中央公论社，1966年。

（31）《照葉樹林文化》（中公新书），上山春平编，中央公论社，1969年。

所谓生态史观，以第（29）为著名；但第（30）更进而与具体历史相结合，读之有益。（31）则主要以日本为对象。

（32）《校訂訳注齐民要术》，西山武一、熊代幸雄译，亚洲经济出版会，1969年。

1　原文如此，"考"当为"稿"之误植。

（33）《六朝時代の地方誌について》（《六朝时代的地方志》），青山定雄，《东方学报（东京）》13-1，1942年。

（34）《中国古歳時記の研究》（《中国古代岁时记研究》），守屋美都雄，帝国书院，1963年。

其中收录了周处《阳羡风土记》的译注。

（35）《荆楚歳時記》，守屋美都雄校注，帝国书院，1950年。

（36）《後漢における知識人の地方差と自律性》（《东汉知识人的地方差异与自主性》），勝村哲也，收录于第（18）。

对汝、颖的优劣论争有讨论。

（37）《乌桓与鲜卑》，马长寿，上海人民出版社，1962年。

（38）《チッベトの文化》，R·A·スタン，山口瑞凤、定方晟译，岩波书店，1971年。[1]

（39）《古代闽越人语台湾土著族》，凌纯声，《学术季刊》，1-2，台北，1952年。

（40）《日本文化の基礎構造》（《日本文化的基本构造》），冈正雄，《日本民俗学大系》二，1958年。

第二章

（41）岩波讲座《世界歴史》（第六卷，古代6），岩波书店，1971年。

其中关于朝鲜、日本的国家形成问题，自榎一雄《中央アジア·オアシス都市国家の性格》（《中亚绿洲都市国家的性质》）以下，阐述了亚洲内陆由游牧国家、粟特商人、丝绸之路联系起来的东西文化交流及佛教传播等问题，读之有益。

（42）《埋もれた金印》（《埋藏的金印》）（第二版，岩波新书），藤间生大，岩波书店，1970年。

（43）《倭の五王》（《倭五王》），藤间生大，岩波书店，1968年。

（44）《日本の古代文化》（《日本上古文化》）（日本历史丛书），林屋辰三郎，岩波书店，1971年。

（45）《六一七世紀の東アジア》（《6至7世纪的东亚》），西嶋定生，岩波讲座《日本歴史》第二卷，1962年。

（46）《西域文明史概論》（《西域文明史概论》），羽田亨，弘文堂，1931年。

（47）《西域文化史》，羽田亨，座右宝刊行会，1948年。

（48）《西域文化研究》（六册），西域文化研究会编，法藏馆，1958—

---

1 ［法］石泰安《西藏的文明》（Rolf Alfred Stein: *Civilization Tibetain*, 1962）。按此书有中译本，耿升译，中国藏学出版社2012年（新版）。

1963年。

（49）《さまよえる湖》（角川文庫），S・ヘディン，岩村忍译，角川书店，1968年。[1]

（50）《楼蘭》（东洋文库），A・ヘルマン，松田寿男译，平凡社1963年。[2]

第三章

（51）《後漢王朝と豪族》（《后汉王朝与豪族》），五井直弘，岩波讲座《世界歷史》第四卷，古代4，岩波书店，1970年。

（52）《県郷亭里制度の原理と由来》（《县乡亭里制度的原理及来由》），古贺登，《史林》56-1，1973年。

（53）《廿二史箚記》，赵翼，汲古书院影印和刻本，1973年。

（54）《支那家族研究》，牧野巽，生活社，1944年。

（55）《後漢党錮事件の史評について》（《论后汉党锢事件之史评》），增渊龙夫，《一橋論叢》44-6，1960年。

（56）《宦官》（中公新书），三田村泰助，中央公论社，1963年

（57）《紀元二世紀の政治＝宗教的道教運動について》，R・A・スタン，川胜义雄译，《道教研究》二，1967年。[3]

（58）《黄巾の乱と五斗米道》（《黄巾之乱与五斗米道》），大渊忍尔，收入第（19）。

（59）《三国志实録》，吉川幸次郎，筑摩书房，1962年。

（60）《三国志の世界》（《三国志的世界》）（人与历史系列），狩野直祯，清水书院，1971年。

（61）《三国志》（全十册，岩波文庫），小川环树、金田纯一郎译，岩波书店，1953—1973年。

（62）《三国志演義》（上、下，中国古典文学大系），立间祥介译，平凡社，1958年。

第（61）（62）均非正史《三国志》，而是小说《三国演义》的译本。

（63）《シナ中世貴族政治の成立について》（《中国中世贵族政治的成立》），川胜义雄，《史林》33-4，1950年。

1　［瑞典］斯文·赫定《漂泊之湖》（Sven Hedin: *The Wandering Lake*, 1940）。按此书有中译本《游移的湖》，江红译，新疆人民出版社2000年。

2　［德］阿尔伯·赫尔曼《楼兰》。按此书有中译本，姚可崑、高中甫译，新疆人民出版社2013年。

3　［法］石泰安《公元2世纪道教政治宗教运动评述》（Rolf Alfred Stein: *Remarques sur les mouvements du taoïsme politico-religieux au 1 Ie siècle après Jésus-Christ*, 1963）。

（64）《貴族制社会の成立》（《贵族制社会的成立》），川胜义雄，收入第（19）。

本章主要是在第（63）（64）等的基础上整理撰成的。

第四章

（65）《中国思想通史》，第二、三卷，侯外庐等，北京：人民出版社，1957年。

（66）《中国の隠者》（《中国的隐者》）（岩波新書），富士正晴，岩波书店，1973年。

（67）《范曄と後漢末期》（《范晔与后汉末期》），吉川忠夫，《古代学》13-3・4，1967年。

（68）《世說新語》（世界文学大系），刘义庆，村上嘉实等译，筑摩书房，1964年。

（69）《晋武帝の戸調式に就いて》（《晋武帝的户调式》），宫崎市定，收入氏著《アジア史研究》第一，东洋史研究会，1957年。

（70）《西晋の田制と税制》（《西晋的田制与税制》），藤家礼之助，《史観》73，1966年。

关于户调式的解释，在本书写作完成后，最近又有：

（71）《魏晋の占田・課田と給客制の意義》（《魏晋的占田、课田与给客制的意义》），堀敏一，《東洋文化研究所紀要》62，1974年。

本章对各种观点进行再检讨，提出了与本书相异的说法。

（72）《漢末のレジスタンス運動》（《汉末的抵抗运动》），川胜义雄，《東洋史研究》25-4，1967年

（73）《曹操軍団の構成について》（《曹操军团的构成》），川胜义雄，《人文科学研究所創立二十五周年記念論集》，1954年

本章是以第（64），以及（72）（73）等为中心整理撰成的。

第五章

（74）《孫呉政権の成立をめぐって》（《论孙吴政权的成立》），大川富士夫，《立正史学》31，1967年。

（75）《魏晋南朝の門生故吏》（《魏晋南朝的门生故吏》），川胜义雄，《東方学報》28，1958年。

（76）《諸葛孔明》（桃源选书），宫川尚志，桃源社，1966年。

（77）《諸葛孔明》（中国人物丛书），狩野直祯，人物往来社，1966年。

（78）《貴族制社会と孫呉政権下の江南》（《贵族制社会与孙吴政权下的江南》），川胜义雄，收入第（18）。

（79）《孫呉政権の崩壊から江南貴族制へ》（《从孙吴政权的崩溃到江南贵族制》），川胜义雄[1]，《東方学報》44，1973年。

本章是以第（78）（79）为中心整理撰成的。

第六章

（80）《中国の仙人——抱朴子の思想》（《中国的仙人——抱朴子的思想》）（サーラ丛书），村上嘉实，平乐寺书店，1956年。

（81）《抱朴子》（中国古典新书），村上嘉实译，明德出版社，1967年。

（82）《抱朴子外篇簡注》（四册），御手洗勝，广岛大学中国哲学研究室，1965-1970年。

（83）《抱朴子》（中国古典文学大系），本田济译，平凡社，1969年。

（84）《王羲之を中心とする法帖の研究》（《以王羲之为中心的法帖研究》），中田勇次郎，二玄社，1960年。

（85）《王羲之》（人与历史系列・东洋），吉川忠夫，清水书院，1972年

（86）《劉宋政権の成立と寒門武人》（《刘宋政权的成立于寒门武人》），川胜义雄，《東方学報》36，1964年。

（87）《中国前期の異端運動》（《中国前期的异端运动》），川胜义雄，收入《異端運動の研究》，京大人文科学研究所，1974年。

本章是以第（79），以及第（86）（87）为中心整理撰成的。

第七章

（88）《劉裕》（中国人物丛书），吉川忠夫，1966年。

（89）《玉台新詠集》（三册，岩波文库），铃木虎雄译，岩波书店，1954—1956年。

（90）《梁の武帝》（《梁武帝》）（サーラ叢书），森三树三郎，平乐寺书店，1956年。

（91）《文選》（世界文学大系），斯波六郎、花房英树译，筑摩书房，1963年。

（92）《文選（詩篇）》（新译汉文大系），网祐次、内田泉之助译，明治书院，1963—1964年。

（93）《文選（文章篇）》（全译汉文大系），小尾郊一译，集英社，1974年。

（94）《文心雕龍》（世界古典文学全集25），兴膳宏译，筑摩书房，1972年。

（95）《詩品》，兴膳宏译，收入《文学論集》，朝日新闻社，1972年。

1　原书脱漏作者，今补正。

（96）《世說新語の編纂をにめぐって》（《论世说新语的成书》），川胜义雄，《東方学報》41，1970年

（97）《侯景の乱と南朝の貨幣経済》（《侯景之乱与南朝的货币经济》），川胜义雄，《東方学報》32，1962年

（98）《南朝貴族制の没落に関する一考察》（《关于南朝贵族制没落之一考察》），川胜义雄，《東洋史研究》，20-4，1962年

本章是以第（86），以及第（96）（97）（98）为中心整理撰成的。

第八章

（99）《侯景の乱始末記》（《侯景之乱始末記》）（中公新书），吉川忠夫，中央公论社，1974年。

（100）Kawakatsu，Y：La décadence de l'aristocratie chinoisesous les Dynasties du Sud（Acta Asiatica 21，1971）.[1]

本章是以第（97）（98），以及（100）为基础整理撰成的。

第九至十一章

（101）《隋唐帝国形成史論》，谷川道雄，筑摩书房，1971年。

将自五胡十六国经过北朝至隋初的历史展开，作为造就隋唐帝国的过程来加以探究。本卷此部分的叙述，是以此书为基础的。此外还参考了：

（102）《中国南北朝史研究》，福岛繁次郎，教育书籍，1962。

（103）《北魏洛陽の社会と文化》（《北魏洛阳的社会与文化》），服部克彦，ミネルヴァ书房，1965年。

（104）《北朝经济试探》，韩国磐，上海人民出版社，1958年。

（105）《北朝胡姓考》，姚薇元，北京：中华书局，1962年。

关于均田制，则参考第（106）（107）。

（106）《均田制と租庸調制の展開》（《均田制与租庸调制的展开》），堀敏一，收入第（19）。

（107）《均田制》，池田温，1963年收入《古代史講座》8，学生社。

此外，第（108）为大册的巨著。

（108）《中国经济史研究——均田制度篇》，西村元佑，京大东洋史研究会，1970年。

（109）《府兵制度考释》，谷霁光，上海人民出版社，1962年。

第（109）与（11）并为府兵制度研究的基本文献。

1　应即川胜义雄本人论文第（98）的法文版。

（110）《顔氏家訓》（中国古典文学大系），宇都宫清吉译，平凡社，1970年
除译注之外，还有卷首解说，有益于理解颜之推。

三、文化史关系的参考书

除在"一""二"中已经举出的部分之外，主要仅列示日本刊行的单行本。

【思想·宗教】

（111）《魏晋学術考》，狩野直喜，筑摩书房，1968年。

（112）《魏晋時代における喪服礼の研究》（《魏晋丧服礼研究》），藤川正数，敬文社，1960年。

（113）《中国古典解釈史·魏晋篇》，加贺荣治，劲草书房，1964年。

（114）《六朝思想史研究》，村上嘉实，平乐寺书店，1974年。

（115）《東洋思想史研究》，福井康顺，书籍文物流通会，1960年。
收入道教相关论文若干种。

（116）《道教の基礎的研究》（《道教的基础性研究》），福井康顺，理想社，1952年。

（117）《道教の研究》（《道教研究》），吉冈义丰，法藏馆，1952年。

（118）《道教経典史稿》，吉冈义丰，道教刊行会，1955年。

（119）《道教史の研究》（《道教史研究》），大渊忍尔，冈山大学共济会书籍部，1964年。

（120）《道教——不死の探求》，H·マスペロ[1]，川胜义雄译，东海大学出版会，1966年。

（121）《列仙伝·神仙伝》，泽田瑞穗译，与（83）合刊。

（122）《六朝宗教史》，宫川尚志，弘文堂，1948年；国书刊行会，1974年修订增补版。
应一并参考同作者第（6）。

（123）《道教と仏教》（《道教与佛教》）一，吉冈义丰，日本学术振兴会，1959年。

（124）《道教と仏教》（《道教与佛教》）二，吉冈义丰，丰岛书房，1970年。

（125）《魏晋釈老志の研究》（《魏书释老志研究》），塚本善隆，佛教文化研究所出版部，1961年；后收入《塚本善隆著作集》第一卷，大东出版社，

1　应即［法］马伯乐《道教与中国宗教》（Henri Maspero: *Le Taoïsme et les Religions chinoises*, 1950）。

1974年。

（126）《支那仏教史研究·北魏篇》，塚本善隆，弘文堂，1942年；清水弘文堂，1969年再版。

（127）《肇論研究》，塚本善隆编，法藏馆，1955年。

汇集僧肇所撰论文的译注及其相关研究。

（128）《慧遠研究》（遺文篇、研究篇），木村英一编，创文社，1960—1962年。

（129）《中国仏教通史》第一卷，塚本善隆，铃木学术财团，1968年。

（130）《支那中世仏教の展開》（《中国中世佛教的展开》），山崎宏，清水书店，1942年；法藏馆，1971年第三版。

（131）《考証法顕伝》，足立喜六，三省堂，1936年。

（132）《弘明集研究》（上、中），牧田谛亮编，京都大学人文科学研究所，1973—1974年。

关于数量庞大的中国佛教史相关文献，则可见于第（133）（134）等所附录的参考文献。

（133）《改訂新版中国仏教史》，道端良秀，法藏馆，1965年

（134）《仏教史概説·中国篇》，野上俊静等，平乐寺书店，1968年

【文学】

（135）《中国散文論》，吉川幸次郎，弘文堂，1949年；筑摩书房，1966年。

（136）《吉川幸次郎全集》（第七卷·三国六朝篇），吉川幸次郎，筑摩书房，1969年。

其中收入除第（135）外，关于历史、思想学术的考论多种。

（137）《中国文学における孤独感》（《中国文学中的孤独感》），斯波六郎，岩波书店，1958年。

（138）《中国中世文学研究》，网祐次，新潮社，1960年。

（139）《中国文学に現れた自然と自然観——中世文学を中心として》（《中国文学所见的自然与自然观——以中世文学为中心》），小尾郊一，岩波书店，1962年。

（140）《洛神の賦》（《洛神赋》），目加田诚，武藏野书店，1966年。

（141）《中国文学論集》，吉川幸次郎编，新潮社，1966年。

其中收入一海知义《陶淵明論》及高桥和巳《六朝美文論》。

文学理论方面，第（94）（95）为基础文献。与第（91）—（93）《文选》相关的文献则有如下：

（142）《古詩選》（新订中国古典选），入谷仙介，朝日新闻社，1966年。

（143）《漢·魏·六朝詩集》（中国古典文学大系），伊藤正文、一海知义编译，平凡社，1972年。

（144）《漢·魏·六朝·唐·宋散文選》，（中国古典文学大系），伊藤正文、一海知义编译，平凡社，1970年。

（145）《曹植》（中国诗人选集），伊藤正文，岩波书店，1958年。

（146）《潘岳·陸機》（中国诗文选），兴膳宏，筑摩书房，1973年。

（147）《陶淵明詩解》，铃木虎雄，弘文堂，1948年。

（148）《陶淵明伝》（新潮丛书），吉川幸次郎，新潮社，1956年；1958年列入新潮文库；后收入第（135）。

（149）《陶淵明》（中国诗人选集），一海知义，岩波书店，1958年。

（150）《陶淵明》（世界古典文学全集），一海知义译，筑摩书房，1968年[与第（94）合刊]。

（151）《六朝唐宋小說集》（中国古典文学全集），前野直彬译，平凡社，1959年。

（152）《六朝唐宋小說選》（中国古典文学大系），前野直彬译，平凡社，1968年。

在六朝小说选译方面，第（151）和（152）略有出入。

（153）《搜神記》（东洋文库），竹田晃译，平凡社，1964年。

【美术】

（154）《六朝時代美術の研究》（《六朝美术研究》），长广敏雄，美术出版社，1969年。

（155）《中国の石窟寺》（《中国的石窟寺》）（世界文化史迹），长广敏雄编，讲谈社，1969年。

（156）《中国の仏教美術》（《中国的佛教美术》），水野清一，平凡社，1968年。

（157）《中国石仏像》，北野正男，综艺会，1958年。

（158）《雲冈と龍門》（《云冈与龙门》），长广敏雄，中央公论美术出版，1964年。

（159）《中国絵画史研究——山水画論》，米泽嘉圃，東京大学東洋文化研究所，1961年。

（160）《増補·漢六朝の服飾》（《增补·汉六朝服饰》），原田淑人，东洋文库，1967年。

（161）《世界美術全集》8，中国Ⅱ，平凡社，1950年。

（162）《世界美術大系》第九卷，《中国美術》Ⅰ—Ⅲ，讲谈社，1963—1965年。

（163）《世界美術全集》14，《中国》（3）《六朝》，角川书店，1963年。

（164）《書道全集》三（三国·西晋·十六国）、四（东晋）、五（南北朝Ⅰ）、六（南北朝Ⅱ），平凡社，1960—1966年。

四、基本史料

"一"至"三"中已举出多种译成日语的六朝文献，而历史学方面的基本史料首推正史。六朝时代的正史数量甚多，以下合记其卷数及编著者：

1、《三国志》六十五卷，晋·陈寿。

2、《晋书》百三十卷，唐·太宗皇帝编[1]。

3、《宋书》百卷，南朝梁·沈约。

4、《南齐书》五十九卷，南朝梁·萧子显。

5、《梁书》五十六卷，唐·姚思廉。

6、《陈书》三十六卷，唐·姚思廉。

7、《魏书》百十四卷，北齐·魏收。

8、《北齐书》五十卷，唐·李百药。

9、《周书》五十卷，唐·令狐德棻等。

10、《南史》八十卷，唐·李延寿。

11、《北史》百卷，唐·李延寿。

其中1—6及10、11有汲古书院影印和刻本，1、4—6、8、9则已由北京中华书局出版了点校本，利用十分便利。此外，已译成日语的部分如下：

（165）《三国志》（中国古典新书），宫川尚志译，明德出版社，1970年。

（166）《晋书》（中国古典新书），越智重明译，明德出版社，1970年。

（167）《漢書·後漢書·三国志列伝選》（中国古典文学大系），本田济译，平凡社，1968年。

（168）《訳注中国歴代刑法志》，内田智雄编，创文社，1964年，收入《晋书·刑法志》及《魏书·刑罚志》译注。

（169）《訳注続中国歴代刑法志》，内田智雄编，创文社，1970年，包括《隋书·刑法志》，为六朝时代刑法的基本资料。

（170）Balazs,Etienne, *Le traité juridique du 'Souei-chou'*, Leiden, E. J. Brill, 1954.[2]

《隋书·刑法志》法语译本。

---

1 《晋书》编者通作房玄龄等。

2 [法]白乐日《隋书刑法志译注》，博睿学术出版社，1954年。

（171）Balazs,Etienne, *Le traité économique du 'Souei-chou'*, Leiden, E. J. Brill, 1952.[1]

《隋书·食货志》（六朝时代经济史的基本史料）法语译本。

此外，司马光《资治通鉴》中的六朝部分，有其并非仅是归纳正史的价值所在。汲古书院影印和刻本（山名留三郎训点）较易入手。又《国訳漢文大成》中收有训读文本。

参考文献补遗
（旧版刊行后出版的日本著作）

一、概论·通史·研究动向

《図説中国の歴史3·魏晋南北朝の世界》（《图说中国史3·魏晋南北朝的世界》），冈崎敬，讲谈社，1977年。

《中国史》（上），宫崎市定，岩波书店，1977年。

《中国の歴史》（五）《動乱の群像》,（六）《世界帝国へ》（《中国史》（五）《动乱的群像》、（六）《走向世界帝国》），陈舜臣，平凡社，1981年，其后有同出版社的丛书版。

《長安の春秋》（《长安春秋》），《人物中国史》6，驹田信二编，集英社，1981年。

《東アジアの世界帝国》（《东亚的世界帝国》），《看得见的世界史》8，尾形勇，讲谈社，1985年。

《戦後日本の中国史論争》（《战后日本的中国史论争》），谷川道雄编，河合文化教育研究所，1993年。

《アジアの歴史と文化2·中国史—中世》（《亚洲的历史与文化2·中国史—中世》），藤善真澄编，同朋舍出版，1995年。

《中国史2·三国—唐》（世界历史大系），松丸道雄等编，山川出版社，1996年。

《魏晋南北朝隋唐時代史の基本問題》（《魏晋南北朝隋唐时代史的基本问题》），谷川道雄等编，汲古书院，1997年。

《隋唐帝国と古代朝鮮》（《隋唐帝国与上古朝鲜》），《世界史》6，砺波护、武田幸男，中央公论社，1997年。

1　[法]白乐日《隋书食货志译注》，博睿学术出版社，1952年。

《遊牧民から見た世界史—民族も国境もこえて—》(《从游牧民看世界史——超越民族与国境》), 杉山正明, 日本经济新闻社, 1997年。

《中国史概説》, 熊本崇编, 白帝社, 1997年。

《中華の分裂と再生》(《中华的分裂与再生》),《岩波讲座世界历史》9, 妹尾达彦等, 岩波书店, 1999年。

《人物中国五千年 4 · 対立から融合へ（三国 · 南北朝時代）》(《人物中国五千年 4 · 从对立到融合（三国 · 南北朝时代）》), 久米旺生编, PHP研究所, 1999年。

《中国文明の歴史 4 · 分裂の時代—魏晋南北朝》(《中国文明史 4 分裂时代——魏晋南北朝》), 森鹿三, 中央公论新社, 2000年。

《中国通史—問題史としてみる—》(《中国通史——作为问题史的观察》), 堀敏一, 讲谈社, 2000年。

二、政治·制度·贵族制

《均田制の研究—中国古代国家の土地政策と土地所有制—》(《均田制研究——中国上古国家的土地政策与土地所有制》), 堀敏一, 岩波书店, 1975年。

《門閥社会成立史》, 矢野主税, 国书刊行会, 1976年。

《六朝貴族制社会の研究》(《六朝贵族制社会研究》), 川胜义雄, 岩波书店, 1982年。

《中国史上の民族移動期—五胡、北魏時代の政治と社会—》(《中国史上的民族移动期——五胡、北魏时代的政治与社会》), 田村实造, 创文社, 1985年。

《六朝貴族制研究》, 中村圭尔, 风间书房, 1987年。

《中国貴族制社会の研究》(《中国贵族制社会研究》), 川胜义雄、砺波护编, 京都大学人文科学研究所, 1987年。

《漢三国両晋南朝の田制と税制》(《汉三国两晋南朝的田制与税制》), 藤家礼之助, 东海大学出版会, 1989年。

《西晋の武帝　司馬炎》(《西晋武帝司马炎》), 福原启郎, 白帝社, 1995年。

《中国中世史研究 · 続編》, 中国中世史研究会编, 京都大学学术出版会, 1995年。

《天空の玉座—中国古代帝国の朝政と儀礼—》(《天空的玉座——中国上古帝国的朝政与礼仪》), 渡边信一郎, 柏书房, 1996年。

《府兵制の研究—府兵兵士とその社会—》(《府兵制研究——府兵兵士及

其社会》），气贺泽保规，同朋舍，1999年。

《漢魏晋史の研究》（《汉魏晋史研究》），多田狷介，汲古书院，1999年。

《六朝都督制研究》，小尾孟夫，溪水社，2001年。

《古代中国の皇帝祭祀》（《上古中国的皇帝祭祀》），金子修一，汲古书院，2001年。

三、社会·经济·都城

《中国古代中世史研究》，宇都宫清吉，创文社，1977年。

《荊楚歳時記》，守屋美都雄译，布目潮渢、中村裕一补订，平凡社，1978年。

《中国民衆叛乱史（一）秦—唐》，谷川道雄、森正夫编，平凡社·东洋文库，1978年。

《平城の歴史地理学的研究》（《平城历史地理学研究》），前田正名，风间书房，1979年。

《魏晋南北朝水利史研究》，佐久间吉也，开明书院，1980年。

《中国古代の社会と経済》（《中国上古社会与经济》），西嶋定生，东京大学出版会，1981年。

《中国古代社会論》，渡边信一郎，青木书店，1986年。

《六朝江南の豪族社会》（《六朝江南的豪族社会》），大川富士夫，雄山阁出版，1987年。

《中国中世社会の探求—歴史と人间—》（《探究中国中世社会——历史与人》），谷川道雄，日本editor school出版部，1987年。

《中国古代農業技術史研究》，米田贤次郎，同朋舍出版，1987年。

《中国の城郭都市—殷周から明清まで—》（《中国的城郭都市——从殷周到明清》），爱宕元，中央公论社，1991年。

《中国歳時史の研究》（《中国岁时史研究》），中村乔，朋友书店，1993年。

《魏晋南北朝社会の研究》（《魏晋南北朝社会研究》），佐藤佑治，八千代出版，1998年。

四、民族·东亚国际关系·东西交流

《北アジア史—鲜卑柔然突厥篇—》（《北亚史——鲜卑柔然突厥篇》），内田吟风，同朋舍出版，1975年。

《中国古代国家と東アジア世界》（《中国上古国家与东亚世界》），西嶋定生，东京大学出版会，1983年。

《中国古代の諸民族》（《中国上古诸民族》），李家正文，木耳社，1989年。

《古代遊牧騎馬民族の国―草原から中原へ―》（《上古游牧骑马民族国家——从草原到中原》），船木胜马，诚文堂新光社，1989年。

《高句麗史と東アジア―「広開土土碑」研究序説 》（《高句丽史与东亚——"广开土王碑"研究序说》），武田幸男，岩波书店，1989年。

《中国と古代東アジア世界―中華の世界と諸民族―》（《中国与上古东亚世界——中华世界与诸民族》），堀敏一，岩波书店，1993年。

《華南民族史研究》，谷口房男，绿荫书房，1997年。

《匈奴―古代遊牧国家の興亡―》（《匈奴——上古游牧国家的兴亡》），泽田勋，东方书店，1996年。

《古代東アジアの民族と国家》（《上古东亚的民族与国家》），李成市，岩波书店，1998年。

《魏晋南北朝時代の民族問題》（《魏晋南北朝时代的民族问题》），川本芳昭，汲古书院，1998年。

《東アジア文化圏の形成》（《东亚文化圈的形成》），李成市，山川出版社，2000年。

《五胡十六国―中国史上の民族大移動―》（《五胡十六国——中国史上的民族大迁徙》），三崎良章，东方书店，2002年。

五、艺术·文化·出土文物

《六朝の美術》（《六朝美术》），大阪市立美术馆编，平凡社，1976年。

《敦煌講座》全九卷，大东出版社，1980—1988年。

《中国絵画史》上，铃木敬，吉川弘文馆，1981年。

《中国書道史》，神田喜一郎，岩波书店，1985年。

《王羲之の書翰》（《王羲之书翰》），森野繁夫、佐藤利行，第一学习社，1985年。

《中国書道全集（二）魏·晋·南北朝》，中田勇次郎，平凡社，1986。

中国石窟系列《敦煌莫高窟》《炳霊寺石窟》《麦積山石窟》《雲冈石窟》，平凡社，1980—1990年。

《ビジュアル書芸術全集》（《看得见的书法艺术全集》）（四）三国―東晋、（五）南北朝，西林昭一编，雄山阁出版，1991年。

《中国中世の文物》（《中国中世文物》），砺波护编，京都大学人文科学研究所，1993年。

《中国仏教彫刻史論》，松原三郎，吉川弘文馆，1995年。

《華陽國志》，中林史朗，明德出版社，1995年。

《西域文書からみた中国史》（《西域文书所见的中国史》），关尾史郎，山川出版社，1998年。

《やさしく極める"書聖"王羲之》（《典雅极致的"书圣"王羲之》），石川九杨，新潮社，1999年。

《流沙出土の文字资料—楼兰·尼雅出土文书を中心に—》（《流沙出土的文字资料——以楼兰、尼雅出土文书为中心》），富谷至编，京都大学学术出版会，2001年。

《毒薬は口に苦し—中国の文人と不老不死—》（《毒药苦口——中国文人与不老不死》），川原秀城，大修馆书店，2001年。

六、思想·宗教·精神世界

《中国仏教通史》，塚本善隆，春秋社，1979年。

《羅什》，横超慧日、诹访义纯，大藏出版社，1982年。

《中国宗教史研究（一）》，宫川尚志，同朋舍出版，1983。

《六朝精神史研究》，吉川忠夫，同朋舍出版，1984。

《南北朝の仏教》（《南北朝佛教》）（上）（下）（中国佛教史3、4），镰田茂雄，东京大学出版会，1984、1990年。

《六朝思想の研究—士大夫と仏教思想—》（《六朝思想研究——士大夫与佛教思想》），中岛隆藏，平乐寺书店，1985年。

《中国人の歴史意識》（《中国人的历史意识》），川胜义雄，平凡社，1986年。

《六朝士大夫の精神》（《六朝士大夫的精神》），森三树三郎，同朋舍，1986年。

《道教の世界》（《道教的世界》），窪德忠，学生社，1987年。

《六朝道教史研究》，小林正美，创文社，1990年。

《中国の千年王国》（《中国的千年王国》），三石善吉，东京大学出版会，1991年。

《シリーズ·東アジア仏教》（《系列·东亚佛教）1—5，高崎直道、木村清孝编，春秋社，1995—1997年。

《中国南朝仏教史の研究》（《中国南朝佛教史研究》），诹访义纯，法藏馆，1997年。

《北魏仏教史論考》，佐藤智水，冈山大学文学部，1998年。

《六朝道教の研究》（《六朝道教研究》），吉川忠夫，春秋社，1998年。

《六朝道教儀礼の研究》（《六朝道教礼仪研究》），山田利明，东方书店，1999年。

《六朝道教思想の研究》（《六朝道教思想研究》），神塚淑子，创文社，1999年。

七．文学

《中国中世文学評論史》，林田慎之助，创文社，1979年。

《世説新語と六朝文学》(《世说新语与六朝文学》)，大矢根文次郎，早稻田大学出版部，1983年。

《中国人の機知—「世説新語」を中心として—》(《中国人的机智——以〈世说新语〉为中心》)，井波律子，中央公论社，1983年。

《中国の隠遁思想—陶淵明の心の軌跡—》(《中国的隐遁思想——陶渊明的心灵轨迹》)，小尾郊一，中央公论社，1988年。

《陶淵明とその時代》(《陶渊明及其时代》)，石川忠久，研文出版，1994年。

《陶淵明の精神生活》(《陶渊明的精神生活》)，长谷川滋成，汲古书院，1995年。

《南朝の門閥貴族と文学》(《南朝门阀贵族与文学》)，佐藤正光，汲古书院，1997年。

《六朝美文学序説》，福井佳夫，汲古书院，1998年。

《文選の研究》(《文选研究》)，冈村繁，岩波书店，1999年。

《陶淵明伝論—田園詩人の憂鬱—》(《陶渊明传论——田园诗人的忧郁》)，和田武司，朝日新闻社，2000年。

《六朝詩人伝》，兴膳宏编，大修馆书店，2001年。

《六朝詩人群像》，兴膳宏，大修馆书店，2001年。

《西晋文学論—玄学の影と形似の曙—》(《西晋文学论——玄学之影与形似的曙光》)佐竹保子，汲古书院，2002年。

八、三國志相关

《「三国志」の智恵》(《〈三国志〉的智慧》)，狩野直祯，讲谈社，1985年。

《曹操—矛を横たえて詩を賦し—》(《曹操——横槊赋诗》)，川合康三，集英社，1986年。

《三国志曹操伝》，中村愿，新人物往来社，1986年。

《三国志の世界》(《三国志的世界》)，加地伸行编，新人物往来社，1987年。

《三国志人物事典》，渡边精一，讲谈社，1989年。

《人间三国志》(一)—(六)，林田慎之助，集英社，1989—1990年。

《諸葛孔明—三国志の英雄たち—》(《诸葛孔明——三国志的英雄们》)，立间祥介，岩波书店，1990年。

《三国志の英傑》(《三国志的英杰》)，竹田晃，讲谈社，1990年。

《三国志演義の世界》(《三国志演义的世界》)，金文京，东方书店，1993年。

《三国志人物縦横談》，高島俊男，大修馆书店，1994年。

《三国志の英傑・曹操伝》(《三国志的英杰・曹操传》)，守屋洋，总合法令出版，1995年。

《カラー版　三国志の風景》(《彩色版 三国志的风景》)，小松健一，岩波书店，1995年。

《三国志研究要覧》，中林史朗、渡边义浩，新人物往来社，1996年。

《三国志曼荼羅》，井波律子，筑摩书房，1996年。

《曹操－魏の武帝－》(《曹操——魏武帝》)，石井仁，新人物往来社，2000年。

《関羽伝》，今泉恂之介，新潮社，2000年。

《曹操－三国志の真の主人公－》(《曹操——三国志真正的主角》)，堀敏一，刀水书房，2001年。

年表

公历	年号	中国	东亚各国	世界
	汉光武帝			
25	建武元年	刘秀（光武帝）即位，建立东汉（—220）。赤眉军势犹盛		
27	三年	赤眉军投降光武帝		32 耶稣受刑
36	十二年	光武帝平蜀，天下再度统一		
48	二十四年	匈奴日逐王比为南单于，来降	48 匈奴南北分裂	54 尼禄皇帝即位
57	中元二年	光武帝死，明帝即位	57 倭奴国首领朝贡东汉，受印绶	
	汉明帝			
58	永平元年	功臣邓禹、耿弇死		
60	三年	图汉中兴功臣二十八将像于云台		60 保禄于此时期前往罗马
64	七年	阴太后死。此时期楚王英已奉佛		
73	十六年	窦固伐北匈奴，班超出西域	74 西域诸国入朝	70 罗马摧毁耶路撒冷
	汉章帝			
76	建初元年	昨年明帝死，章帝即位		
79	四年	马太后死		
87	章和元年	北匈奴五十八部来降		
88	二年	章帝死，和帝即位，窦太后摄政		
	汉和帝			
89	永元元年	窦宪大胜北匈奴，为大将军		
92	四年	窦宪被诛，宦官势力开始上升		
97	九年	窦太后死。班超派遣甘英赴大秦		98 图拉真为罗马皇帝（—117），罗马版图于其治下达到最大
102	十四年	班超死。宦官郑众封侯		
105	元兴元年	和帝死，出生仅百余日的殇帝即位，邓太后摄政		
	汉殇帝			
106	延平元年	殇帝死，安帝即位，邓太后继续摄政		
	汉安帝			
107	永初元年	羌族叛乱，废西域都护	107 倭国王帅升等朝贺	
114	元初元年	羌族掠夺汉中		
121	建光元年	邓太后死，大将军邓骘自杀	121 鲜卑入寇云中，复攻马韩等	
	汉少帝			
125	延光四年	安帝死，少帝即位，于十月死。宦官立顺帝。宦官十九人为列侯		
	汉顺帝			
126	永建元年	陇西羌族叛乱	128 鲜卑入寇渔阳	

续表

公历	年号	中国	东亚各国	世界
135	阳嘉四年	准宦官以养子袭爵。梁商为大将军	135乌桓入寇云中	
139	永和四年	宦官张逵等被诛		
140	五年	南匈奴叛乱，被平定。羌族入寇畿内		
144	建康元年 汉冲帝	顺帝死，两岁的冲帝即位。梁冀为大将军		144贵霜王朝迦腻色迦王即位（—173）。佛典结集。犍陀罗美术鼎盛期
145	永嘉元年 汉质帝	冲帝死，质帝即位		
146	本初元年 汉桓帝	太学生增至三万人。梁冀毒杀质帝，迎立桓帝		
148	建和二年	安息僧人安世高前来洛阳，译出佛经		
159	延熹二年	梁皇后死。梁冀被诛。宦官单超为列侯	156鲜卑控制蒙古	
166	九年	第一次党锢事件爆发。学者马融死	166南匈奴、乌桓、鲜卑入寇	
167	永康元年 汉灵帝	赦党人，终身禁锢。桓帝死，灵帝即位		
168	建宁元年	大将军窦武、太尉陈蕃谋诛宦官，被杀	168乌桓称王	
169	二年	开始彻底弹压第二次党锢	177鲜卑入寇辽西	
176	熹平五年	昨年于太学门外立石经。是年扩大禁锢令范围至党人一族子弟		
178	光和元年	实行卖官，公千万、卿六百万钱	179鲜卑入寇幽并二州。是时倭国大乱	180罗马贤帝马可·奥勒利乌斯（161—）死
184	中平元年	二月，黄巾之乱起。三月，大赦党人		
185	二年	崔烈入钱为司徒。宦官以平黄巾贼张角功为列侯。黑山贼起	183倭女王卑弥呼立，内乱平定	
187	四年	荥阳、长沙叛乱。陈寔死	186鲜卑复入寇幽并二州	
188	五年	白波贼起。朝廷设州牧，置西园八校尉		
189	六年 汉献帝	外戚何进征召天下名士荀攸等。四月，灵帝死。少帝即位。八月，何进为宦官所杀，袁绍借机尽杀宦官。九月，董卓控制洛阳，废少帝，立献帝。辽东太守公孙度自立称侯		
190	初平元年	正月，东方诸州起兵伐董卓。三月，董卓迁都长安		
191	二年	袁绍领冀州。荀彧开始辅佐曹操		
192	三年	正月，孙坚战死。四月，董卓被杀，关中陷入大乱。曹操降伏青州黄巾军。这一时期，张鲁于汉中建立五斗米道的独立国家		

公历	年号	中国		东亚各国	世界
195	兴平二年	孙策进入江南。曹操为兖州牧			
196	建安元年	曹操将逃出关中的皇帝迎入许都，在周边屯田		198高句丽筑九都城	
200	五年	官渡之战，曹操破袁绍。孙策死			
201	六年	曹操破刘备于汝南，刘备败走荆州			
205	十年	昨年，曹操取邺，为冀州牧。是年平袁氏余党，大致控制华北			
208	十三年	赤壁之战，曹操为刘备、孙权联军所败，天下三分之势成。曹操为丞相			
212	十七年	孙权着手经营建业。荀彧自杀			
213	十八年	曹操为魏公，开始谋划禅让			213安息最后的国王阿尔塔邦五世即位（—226）
215	二十年	曹操伐张鲁，五斗米道王国瓦解。刘备与孙权瓜分荆州			
216	二十一年	曹操为魏王。南匈奴单于内属魏			
220	延康元年 魏文帝	正月，曹操死。制九品官人法，置中正		220倭女王卑弥呼此时与韩同属辽东公孙氏	
	黄初元年	十月，曹丕受禅（文帝）。魏朝成立			
221	二年	四月，刘备即帝位（昭烈帝），诸葛亮为丞相			
222	三年	十月，孙权改元黄武，建立吴国。天下三分			
		魏	**蜀·吴**		
223	四年	文帝死。明帝即位	昭烈帝死。后主即位		
226	七年 魏明帝		魏、吴连年攻战		226萨珊波斯建立（—651）
227	太和元年	翌年，公孙渊继承家业。魏拜其为辽东太守	诸葛亮上出师表讨魏，屯汉中		
229	三年	与吴、蜀连年交战	孙权称帝		
230	四年	司马懿攻汉中	吴伐夷州		
234	青龙二年	明帝亲征吴至寿春	诸葛亮于五丈原死		235罗马进入军人皇帝时代
236	四年	陈群死	吴铸大钱	236高句丽斩吴使节送于魏	
238	景初二年	司马懿灭辽东公孙氏	吴铸当十大钱		
239	三年	明帝死。齐王芳即位	蜀蒋琬为大司马	239卑弥呼遣使诣魏，受"亲魏倭王"诏书印绶	
240	魏齐王芳 正始元年	曹爽等专权			

续表

公历	年号	中国		东亚各国	世界
24?	三年		去年吴太子孙登死。是年孙和为太子	243卑弥呼再次向魏朝贡	242摩尼开始在波斯传教
249	嘉平元年	司马懿发动政变，杀曹爽、何晏等。王弼死。置州大中正	吴太子一派与鲁王霸一派对立	248卑弥呼死	249罗马对基督教徒大迫害
250	二年	大破吴于江陵	孙权废太子和，赐鲁王霸死		
252	四年	去年司马懿死。是年其子司马师为大将军	吴大帝孙权死。孙亮即位（废主）		
253	五年	击破吴军北伐	吴诸葛恪被杀，孙峻为丞相		
254	魏高贵乡公 正元元年	司马师废齐王芳，立文帝孙高贵乡公髦			
255	二年	毌丘俭等讨司马师失败。司马师死。弟司马昭嗣	蜀姜维伐魏		
256	甘露元年	魏将邓艾破姜维	吴孙峻死。孙綝接掌实权		
258	三年	司马昭平定诸葛诞反抗军	吴孙綝废君，立孙休（景帝）。景帝诛孙綝		
260	魏元帝 景元元年	高贵乡公反抗司马昭，被杀。司马昭立元帝奂		261韩向魏朝贡	260罗皇帝被萨珊王朝军队俘虏。波斯图穆斯率高卢驻军，史称"高卢帝国"
262	三年	嵇康被处死	蜀姜维再伐魏		
263	四年	司马昭为相国晋公	蜀军败，蜀亡		
264	咸熙元年	司马昭为晋王	吴景帝死。孙皓继位（乌程侯）		
265	晋武帝 泰始元年	八月，司马昭死。子司马炎十二月受禅于魏帝，建立晋朝		266倭女王壹与朝贡东晋	
268	四年	律令成。太保琅邪王祥死			
274	十年	山涛为吏部尚书	名臣陆抗死		
278	咸宁四年	杜预为镇南大将军			

公历	年号	中国	东亚各国	世界
280	太康元年	去年十一月，大举伐吴，是年三月，吴亡，天下一统。十月，大幅削减州郡兵。发布占田课田法		284 罗马戴克里先即位（—305）。开始君主专制政治
285	六年	去年杜预死。鲜卑慕容廆入寇辽西	286 高句丽攻带方郡	
289	十年	慕容廆归顺，以为鲜卑都督。以刘渊为北部都尉		
	晋惠帝			
290	永熙元年	武帝死。惠帝立。外戚杨骏执政。刘渊为匈奴五部大单于		
291	元康元年	贾皇后杀杨骏、楚王玮，专权		
292	二年	贾后杀杨太后	293 慕容廆攻高句丽	293 罗马帝国开始四帝共治
296	六年	氐族首长齐万年叛乱。翌年周处战死		
299	九年	平定齐万年叛乱。江统论当"徙戎"，不听	294 慕容廆据大棘城	296 "高卢帝国"最终瓦解
300	永康元年	赵王伦诛贾后一党，复杀张华、裴𬱟等名臣		
301	二年	赵王伦称帝，幽禁惠帝。八王之乱开始。成都王颖等杀赵王伦。氐族首长李特入蜀，攻成都		
302	太安元年	长沙王乂杀齐王冏	302 高句丽侵玄菟郡	
303	二年	李特被杀，李雄嗣，据益州。成都王颖等讨长沙王乂。荆州张昌之乱起，石冰进军江南		
304	永兴元年	长沙王乂被杀。琅邪王睿自洛阳逃至封地。刘渊称汉王，李雄称成都王，皆独立。江南豪族共平石冰之乱		
305	二年	成都王颖据洛阳。江南陈敏之乱起		
306	光熙元年	李雄即帝位，国号大成。成都王颖、河间王颙相继被杀		306 君士坦丁一世成为罗马皇帝（—337）
	晋怀帝			
307	永嘉元年	陈敏之乱平定。琅邪王睿、王导等入建邺。慕容廆称鲜卑大单于		
308	二年	刘渊于平阳即帝位。江南豪族共推琅邪王睿		
310	四年	刘渊死。刘聪杀兄即帝位。周玘平定江南吴兴之乱		
311	五年	石勒聚歼王衍等。刘曜等陷洛阳，虏怀帝，迁于平阳。琅邪王睿灭周馥军		

续表

公历	年号	中国		东亚各国	世界
	晋愍帝				
313	建兴元年	刘聪杀怀帝。愍帝于长安即位。琅邪王睿为丞相,讨江西华轶。王敦为总指挥			313 宣布米兰法令,承认基督教会
314	二年	石勒据襄国(河北省邢台),灭王浚,控制全河北。事实上独立于凉州之前凉张轨死,张寔嗣。江南豪族周勰叛乱,旋被镇压			
316	四年	刘曜陷长安,降愍帝,西晋彻底灭亡			
	东晋年号	**五胡十六国至北朝**	**东晋至南朝**		
	晋元帝				
317	建武元年	刘聪杀愍帝	琅邪王睿为晋王。《抱朴子》成书		
318	太兴元年	石勒灭刘琨	琅邪王睿即帝位(元帝)		
319	二年	刘曜改国号为赵(前赵)。石勒亦称赵王(后赵)	祖逖北进,与石勒军交战		
320	三年	前凉张寔被杀,张茂嗣			320 笈多王朝旃陀罗笈多一世即位(—335)
321	四年		祖逖死		
322	永昌元年	后赵至此时控制山西以东	王敦反。元帝死。明帝即位		
	晋明帝				
324	太宁二年	前凉张茂死,张骏嗣	王敦死		
325	三年		明帝死。成帝即位。庾太后摄政		325 尼西亚大公会议。决定放逐阿里乌斯派
	晋成帝				
327	咸和二年		苏峻、祖约等叛乱		
328	三年	石勒与刘曜战于洛阳,杀之	苏峻控制首都建康		
329	四年	石勒灭前赵,控制华北	陶侃等平定苏峻之乱		
330	五年	石勒称皇帝			
333	八年	慕容廆死,慕容皝嗣。石勒死,石弘嗣	陶侃死。庾亮统帅西府		
334	九年	成国李雄死。李越立李期。石虎杀石弘,为居摄天王			

公历	年号	中国		东亚各国	世界
335	咸康元年	后赵迁都邺。佛图澄为国师			
337	三年	石虎杀太子邃。慕容皝称燕王（前燕）			
338	四年	成国李寿杀李期自立，改国号为汉。鲜卑拓跋部什翼健为代王			
339	五年	燕王慕容皝攻高句丽	王导、郗鉴死。翌年庚亮死		339 萨珊王朝开始迫害基督教
342	八年 晋康帝	前燕迁都龙城	成帝死。康帝即位		
343	建元元年	成汉李寿死，子势立			
344	二年 晋穆帝	前燕灭宇文部	康帝死。穆帝即位。褚太后摄政		
345	永和元年	张骏称凉王（前凉）	会稽王昱执政。庚翼死。桓温掌西府	346百济建国	
347	三年	成汉灭亡。去年张骏死，张重华嗣	桓温灭成汉，蜀入晋		
348	四年	慕容皝死，子儁嗣	桓温为征西大将军		
349	五年	石虎称帝病死，后赵陷入大乱。冉闵屠杀胡族	征北大将军褚裒北伐败归		
350	六年	冉闵建立魏国。前燕南下，迁都蓟。中原动乱不休			
351	七年	氐族族长苻健入长安，称天王大单于	殷浩、桓温对立		
352	八年	苻健即帝位。前燕杀冉闵，魏亡。慕容儁即帝位	殷浩北伐无功		
353	九年	前凉张重华死。张祚立	殷浩北伐失败。王羲之等兰亭集会		
354	十年	前秦击退桓温，控制关中	殷浩下台。桓温掌实权。桓温北伐入关中，退却		

续表

公历	年号	中国		东亚各国	世界
355	十一年	前秦符健死, 符生嗣。前凉张祚被杀, 张玄靓立			
356	十二年	前燕、前秦、东晋于河南混战	桓温北伐, 夺回洛阳	356 新罗建国	
357	升平元年	前秦符坚杀暴君符生, 为天王。前燕迁都邺	穆帝亲政		
360	四年	前秦慕容儁死, 慕容暐嗣	谢安出仕桓温幕		
361	五年 晋哀帝		穆帝死。哀帝即位		
363	兴宁元年	前凉张天锡弑君自立	桓温为大司马都督中外诸军事		
365	三年	前燕占领洛阳	哀帝死。海西公奕即位。洛阳失陷	366 开始交涉任那问题	
367	晋废帝 太和二年	前燕慕容恪死	去年, 会稽王昱为丞相		
369	四年	前燕慕容垂破桓温于枋头, 后亡命至前秦	桓温北伐失败	369 百济近肖古王大胜高句丽, 统一百济。设任那府	
370	五年	前秦王符坚陷邺, 前燕亡			
371	晋简文帝 咸安元年		桓温废帝, 立会稽王昱		
372	二年	王猛为前秦宰相	简文帝死。孝武帝即位		
373	晋孝武帝 宁康元年	前秦从东晋夺取蜀地	桓温死, 谢安执政		
375	三年	王猛死			375 西哥特人向罗马境内移动, 日耳曼民族大迁徙开始
376	太元元年	前秦吞并前凉			
380	五年	符坚分散配置关中氐族十五万户于东方	去年王羲之死	381 东夷西域六十二国朝贡前秦	
383	八年	符坚伐东晋, 大败于淝水。华北再次陷入动乱	谢石、谢玄等与前秦军战于淝水, 大获全胜		376 印度笈多王朝鼎盛期

公历	年号	中国		东亚各国	世界
384	九年	慕容垂独立(后燕)。羌族姚苌称秦王(后秦)。慕容冲独立(西燕)	晋军北伐,控制河南,入洛阳		
385	十年	姚苌杀苻坚。吕光于姑臧独立(后凉)。乞伏国仁称大单于(西秦)	刘牢之部攻邺,退军。谢安死		
386	十一年	拓跋珪为代王。四月,改代为魏。后燕定都中山。后秦定都长安。前秦苻登即帝位,据南安			
388	十三年	西秦乞伏国仁死。弟乾归嗣	谢玄死。谢石死		
392	十七年		殷仲堪掌西府		
394	十九年	去年后秦姚苌死,子兴嗣。前秦彻底为后秦所灭。后燕灭西燕	山东方面为后秦夺回。司马道子自此专权		395罗马帝国东西分裂
396	二十一年	后燕慕容垂死。子宝嗣,内政乱。北魏侵攻后燕	孝武帝死。安帝即位。司马道子与王恭间一触即发		
397	晋安帝隆安元年	南凉、北凉独立。北魏陷中山,南下,控制中原黄河以北。慕容宝逃至龙城,维持后燕	北府首脑王恭逼司马道子改革内政,道子不得已,诛王国宝		
398	二年	北魏迁都平城,拓跋珪即帝位(道武帝)。解散部落。慕容德独立于滑台(南燕)。慕容宝被杀,慕容盛嗣	刘牢之叛杀王恭		
399	三年	吕光死,后凉乱,吕纂嗣。法显赴印度求法(—413)	发布奴客征发令。孙恩之乱爆发。桓玄与殷仲堪交战,杀之,掌西府	399倭军、百济共伐新罗	

续表

公历	年号	中国		东亚各国	世界
400	四年	西秦归降后秦。西凉独立于敦煌。南燕迁都广固	刘牢之、刘裕等讨孙恩		
401	五年	后凉吕纂被杀，吕隆立。沮渠蒙逊杀段业，夺北凉	孙恩水军进逼建康，刘裕击退之		401西哥特王阿拉里克入侵意大利
402	元兴元年	北魏与后秦交战	孙恩自杀。卢循南进。桓玄东下控制建康。司马道子、刘牢之等被杀	402柔然称霸漠北	
403	二年	后秦灭后凉	桓玄受禅于安帝，建立楚国（永始元年）		
404	三年	翌年，鸠摩罗什为后秦国师	刘裕政变成功，桓玄被杀，安帝复位	404-405高句丽与后燕交战。倭军为高句丽败退	406汪达尔人、阿兰人等入侵高卢
407	义熙三年	赫连勃勃建立夏国。后燕被高句丽旁支高云篡夺，亡国			
409	五年	冯跋建立北燕。西秦再度脱离后秦独立。北魏道武帝被杀，明元帝嗣	刘裕伐南燕		
410	六年	晋宗室司马国璠等自刘裕控制下之江南逃亡后秦	刘裕灭南燕。卢循进逼建康，刘裕击退之		410阿拉里克攻陷掠夺罗马
411	七年		卢循被追奔至越南，自杀		
412	八年		刘裕灭刘毅	412高句丽好太王死	
414	十年	西秦灭南凉	去年实施土断		
416	十二年	后秦姚兴死。后秦乱	刘裕加中外大都督，北伐陷洛阳	413倭王赞朝贡东晋。高句丽好太王子连朝贡东晋，封高句丽王	415西哥特王国于伊比利亚半岛成立
417	十三年	后秦亡。司马休之、国璠、王慧龙等东晋流亡者入魏	刘裕陷长安，灭后秦		
418	晋恭帝 十四年	夏国取长安，制关中	刘裕为宋公。杀安帝，立恭帝		

公历	年号	中国		东亚各国	世界
420	宋武帝 永初元年	北凉攻西凉，翌年灭之	刘裕受禅即位(武帝)。东晋亡，刘宋成立	421倭王赞受官于宋	
422	三年		武帝死。少帝即位		
423	宋少帝 景平元年	北魏明元帝死。太武帝立	徐羡之等专权		
424	宋文帝 元嘉元年		少帝被废，文帝立		
425	二年	夏赫连勃勃死。太武帝逐柔然于漠北	文帝亲政	425倭王赞朝贡刘宋	425嚈哒开始入侵萨珊王朝
426	三年	北魏伐夏，占领长安	诛徐羡之。灭谢晦于江陵		426奥古斯丁撰成《上帝之城》
427	四年	北魏占领夏国首都统万	陶渊明死		
431	八年	夏灭西秦，吐谷浑灭夏。北魏占领关中全境	去年，发行四铢钱	430倭王再次朝贡刘宋	
433	十年	北凉沮渠蒙逊死	谢灵运被处死		
436	十三年	北魏灭北燕	功臣檀道济被杀	437西域十六国朝贡北魏	
439	十六年	北魏占领北凉，统一华北。南北朝对峙之势成		438倭王赞死，珍嗣，朝贡刘宋	439汪达尔王攻略迦太基，以为首都
445	二十二年	北魏占领鄯善，翌年，弹压佛教	用元嘉历。《后汉书》作者范晔被处死	443倭王济朝贡刘宋	443勃艮第王国成立于罗讷河上游（—534）
448	二十五年	北魏占领焉耆，破龟兹	苦于货币对策		
449	二十六年	北魏大胜柔然			
450	二十七年	北魏南征刘宋，大振国威。崔浩因国史事件被处死。弹压汉人士大夫	北伐失败。北魏蹂躏江北，建康震动	451宋封倭王济为安东大将军	
452	二十九年	太武帝被宦官暗杀，文成帝即位。佛教复兴			452匈族阿提拉军入侵意大利
453	三十年		文帝被皇太子暗杀。皇子刘骏讨太子，即帝位		

续表

公历	年号	中国		东亚各国	世界
454	宋孝武帝 孝建元年		南郡王义宣之乱。 发行四铢钱		455嚈哒族自中 亚入侵西北印度
459	大明三年	翌年，开始开凿云 冈石窟	竟陵王诞之乱	460汉人阚氏为 高昌王。倭国朝 贡刘宋	
464	八年 宋废帝		孝武帝死。前废帝即位	462宋封倭王兴 为安东将军	
465	泰始元年	文成帝死。献文帝 即位。冯太后摄政 宋宗室刘昶亡命北 魏	发行二铢钱。允许私 铸。币制混乱，商卖 不行。帝相继诛杀诸 王及沈庆之等，最终 自身亦被杀。明帝立。 改革币制		
466	宋明帝 二年		晋安王子勋之乱		
469	五年	取宋青州			
471	七年	献文帝让位于五岁 的太子宏(孝文帝)， 自称太上皇帝			
472	泰豫元年 宋后废帝	柔然侵魏	明帝死。后废帝即位		
474	元徽二年 宋顺帝		桂阳王休范之乱。 萧道成平定之		
477	升明元年	去年，冯太后杀献 文帝，摄政	萧道成废帝，立顺 帝。袁粲等讨萧道 成，败死	478倭王武朝贡 刘宋，封安东大 将军	476西罗马帝国 灭亡
479	齐高帝 建元元年		三月，萧道成为齐 公，四月，受禅， 号齐国。宋亡	479进倭王武为 镇东大将军	481法兰克王 国克洛维即位。 墨洛温王朝成 立（—751）
482	四年	翌年，禁止同姓通婚	高帝死。武帝即位		
485	永明三年	发布均田法			
486	四年	实行三长制			
490	八年	冯太后死。孝文帝 亲政	巴东王子响之乱		488萨珊王朝喀 瓦德一世即位。 玛兹达克运动兴
492	十年	制定均田法规、令文			起，喀瓦德改宗
493	十一年	强行迁都洛阳	武帝死。废帝立		

公历	年号	中国		东亚各国	世界
494	齐明帝 建武元年	在邺接见从南朝亡命而来的王肃。开始开凿龙门石窟	萧鸾杀帝自立（明帝）。竟陵王子良死		
496	三年	详定姓族。去年开始发行五铢钱			
498	永泰元年		王敬则之乱。明帝死。东昏侯立	498鞠氏高昌成立	
499	齐东昏侯 永元元年	孝文帝死。宣武帝立	东昏侯暴虐		
500	二年		萧衍于襄阳起兵		
501	齐和帝 中兴元年	大举营造洛阳	萧衍奉南康王宝融进军。东昏侯被杀。萧衍控制建康		
502	梁武帝 天监元年		萧衍受禅于南康王，梁朝成立，南齐亡	502梁封倭王为征东大将军	
508	七年	京兆王愉之乱。高肇杀彭城王勰	改九品官阶为十八班		
513	十二年		沈约死	513百济送五经博士于倭国	511克洛维死。法兰克王国分裂
515	十四年	宣武帝死。孝明帝立。诸王诛高肇。胡太后摄政。大乘贼起			
519	十八年	羽林之变爆发。去年，宋云赴印度求法			
520	普通元年	元义幽禁胡太后	与北魏和亲	520新罗颁律令	
523	四年	六镇之乱爆发。宋云从西北印度归来	改法定货币为铁钱		
524	五年	改镇为州。动乱大蔓延			
525	六年	胡太后再次摄政			
528	大通二年	胡太后鸩帝。尔朱荣入洛阳，虐杀太后以下宗室朝士	去年，武帝于同泰寺舍身		527东罗马查士丁尼大帝即位（—565）
529	中大通元年	梁军奉魏南奔宗室北伐，一度攻入洛阳，最终败退	武帝再于同泰寺舍身		

公历	年号	中国		东亚各国	世界
530	一年	孝庄帝杀尔朱荣。尔朱兆杀帝。东方诸豪族举旗反尔朱氏			
531	三年	尔朱氏立节闵帝。高欢自立，与东方豪族立废帝	昭明太子死。萧纲为太子（后为简文帝）		531萨珊王朝库萨和一世即位（—579）。时为萨珊王朝黄金王朝
532	四年	高欢占领邺，灭尔朱氏，于洛阳立孝武帝			
534	六年	孝武帝自洛阳投奔宇文泰。高欢立孝静帝，迁都于邺。宇文泰杀孝武帝	去年，武帝于同泰寺讲般若经		534勃艮第王国灭亡，被法兰克王国吞并。克洛泰尔一世破坏欧坦
535	大同元年	宇文泰立文帝。魏东西分裂		536新罗始立年号	
537	三年	高欢攻宇文泰，败于沙苑	于长干寺修阿育王塔，设大法会（译注：原书作"法要"，当误。）	538百济迁都泗沘，改称扶余。百济圣明王送佛像、经论于倭国	
542	八年	西魏置六军			
543	九年	邙山决战，高欢大败宇文泰		541梁给百济佛经、工匠、画师	
544	十年	高欢开始弹压勋贵			
546	中大同元年	西魏苏绰死	武帝于同泰寺讲佛经	545新罗始撰国史	
547	太清元年	高欢死。高澄嗣。侯景反	武帝于同泰寺舍身。受侯景降		
548	二年		侯景之乱爆发		
549	三年	西魏恢复胡姓	侯景陷建康。武帝死，简文帝立		
550	梁简文帝大宝元年	高澄被杀，高洋受禅于孝静帝，东魏亡，北齐成立（文宣帝）。西魏实施府兵制	侯景自称汉王		550聂斯托利派流行于萨珊王朝境内
551	二年	西魏文帝死。子钦立（废帝）	侯景杀简文帝，称汉帝		
552	梁元帝承圣元年		王僧辩、陈霸先讨灭侯景。湘东王绎于江陵即位（元帝）		

公历	年号	中国		东亚各国	世界
554	三年	宇文泰废帝，立恭帝。西魏军陷江陵，掳梁百官至关中	江陵失陷，元帝被杀	554百济圣明王攻新罗，战死	
555	梁敬帝 绍泰元年	北齐立萧渊明为梁帝	后梁成立（—587）。陈霸先杀王僧辩，立萧方智为帝(敬帝)		
556	太平元年	西魏实施六官之制。宇文泰死，子觉为周公	陈霸先奋战击灭建康周边的北齐军		
557	陈武帝 永定元年	宇文觉受禅于恭帝。西魏亡，周朝成立。宇文护废觉立毓(明帝)	陈霸先受禅于敬帝。梁亡，陈朝成立（武帝）		558克洛泰尔一世再次统一法兰克王国
559	三年	北齐文宣帝死，废帝立	武帝死。文帝立		
560	陈文帝 天嘉元年	北齐常山王演废帝自立（孝昭帝）。杀杨愔等	陈军击灭王琳与北齐联军，王琳走北齐		
561	二年	北齐孝昭帝死。武成帝立		562新罗灭任那日本府	
564	五年	北齐破北周军	灭福建陈宝应，统一江南		
565	六年	齐武成帝让位于太子纬（后主），自号太上皇帝		565陈给新罗僧人及佛经	
566	陈废帝 天康元年		文帝死。废帝立		
568	光大二年	齐太上皇帝死。北周杨忠死，子坚嗣	安成王顼废帝，翌年正月即位（宣帝）		570穆罕默德生于麦加
571	陈宣帝 太建三年	齐琅邪王俨杀和士开等。俨亦被杀			
572	四年	周武帝诛宇文护，亲政。齐名将斛律光被杀		572突厥东西分裂	

续表

公历	年号	中国		东亚各国	世界
573	五年	齐祖珽下台。文林馆之汉人士大夫群被杀	伐北齐，取江北数郡		
574	六年	周武帝弹压佛教、道教	翌年，智颛开天台宗	574新罗铸皇龙寺丈六佛像	
577	九年	周灭齐，统一华北		577新罗破百济。	
578	十年	周武帝死。宣帝立		百济送经论及造	
579	十一年	宣帝让位于太子(静帝)，自号天元皇帝	江北诸郡被北周夺取	像造寺工匠于倭国	
580	十二年	天元皇帝死。杨坚掌握实权，为隋王			580此时法兰克王国三分鼎立，宫相权力强化
581	十三年	杨坚废静帝，隋朝成立			
582	十四年	隋于龙首山南营造新都	宣帝死，后主即位		
	陈后主				
583	至德元年	迁都大兴城	后主改元		
587	祯明元年	灭后梁		587苏我马子灭物部守屋	
589	三年	平陈，天下一统	陈亡。后主等被俘往关中		

＊本表年号仅能采用魏晋南朝为准。此非出于正闰观念，但为篇幅所限耳。